W0085848

Das Buch

In *2032 – Das Goldene Zeitalter* präsentiert Diana Cooper eine Bestandsaufnahme der Menschheit in ihrer evolutionären Entwicklung und eine Betrachtung des gegenwärtigen Übergangs hin zum Aufstieg in ein neues Goldenes Zeitalter, das im Jahr 2032 beginnt. Die faszinierenden Prognosen einer der beliebtesten spirituellen Lehrerinnen unserer Zeit beleuchten die wirtschaftlichen, politischen und klimatischen Umwälzungen in der Zeit des Wandels. Und sie zeigt nicht nur auf, *welche* spirituellen Energien unseren Planeten erreichen, sondern auch *wie* und *wo* sie die Erde beeinflussen.

Diana Coopers eingehende Schilderung ist eine hilfreiche Wegleitung für die nächsten zwanzig Jahre. Sie ermöglicht es, sich auf die spirituellen Kräfte einzuschwingen und auf den Aufstieg in die fünfte Dimension vorzubereiten. Praktische Übungen und Visualisierungen erleichtern diesen Prozess für jeden einzelnen und für uns alle.

Anmerkung: Bei dem vorliegenden Band handelt es sich um eine überarbeitete, aktualisierte und neu übersetzte Ausgabe des Diana-Cooper-Titels *Der große Übergang 2012–2032*. Das Buch enthält sowohl Material aus den beiden früheren Titeln *2012: Die Welt nimmt Kurs auf das neue Goldene Zeitalter* und *Der Große Übergang 2012–2032* als auch neue Informationen.

Die Autorin

Die Heilerin und mediale Schriftstellerin Diana Cooper machte während einer Lebenskrise eine transformierende Erfahrung mit einem engelhaften Wesen, das sie auf eine innere Reise ins Universum mitnahm. Dieses Erlebnis bewog sie, ihr Leben der Heilung und dem Dienst an der Menschheit zu widmen und sich dabei von den Engeln unterstützen zu lassen. Diana Cooper hat zahllosen Menschen geholfen, ihre Berufung im Leben zu finden, ihr Potenzial auszuschöpfen und ihrem Dasein mehr Sinn zu geben.

Diana Cooper

2032 –
das Goldene Zeitalter

Geburt einer neuen Zivilisation

Aus dem Englischen übersetzt
von Manfred Miethe

WILHELM HEYNE VERLAG
MÜNCHEN

Die englische Originalausgabe erschien 2013 unter dem Titel »Birthing a New Civi-
lization. Transition to the New Golden Age in 2032« bei Findhorn Press, Schottland.

Diese neu zusammengestellte und neu übersetzte Ausgabe enthält Texte aus Diana
Coopers früheren Titeln *2012 – Die Welt nimmt Kurs auf das neue Goldene Zeitalter*
und *Der große Übergang 2012–2032. Prognosen für die Menschheit und ihre Bewusstseins-
entwicklung*, beide im Ansata Verlag erschienen.

MIX
Papier aus verantwor-
tungsvollen Quellen
FSC® C014496

Verlagsgruppe Random House FSC® N001967.

5. Auflage
Taschenbucherstausgabe 01/2015
Copyright © 2009/2011, 2013 by Diana Cooper
First published by Findhorn Press, Scotland.
Copyright © 2009/2011 by Ansata Verlag, München,
in der Verlagsgruppe Random House GmbH
Copyright © 2015 dieser Ausgabe by Wilhelm Heyne Verlag,
München, in der Verlagsgruppe Random House GmbH
Neumarkter Straße 28, 81673 München
Alle Rechte sind vorbehalten. Printed in Germany
Kartenabbildungen: Damian Keenan
Umschlaggestaltung: Guter Punkt, München
Umschlagmotiv: © T. L. Furrur/shutterstock
Herstellung: Helga Schörnig
Satz: Greiner & Reichel, Köln
Druck und Bindung: GGP Media GmbH, Pößneck

ISBN 978-3-453-70270-7

www.heyne.de

Inhalt

Eine kleine Zahl entschlossener Geister, die durch den unerschütterlichen Glauben an ihre Mission befeuert wird, kann den Lauf der Geschichte verändern.

MAHATMA GANDHI

Einleitung

Der lang erwartete kosmische Moment am 21. Dezember 2012 mit seinen gewaltigen energetischen Verschiebungen, die alle aufgerüttelt haben, ist vorbei. Wenn sich die Lage wieder etwas beruhigt hat, wird sich der Nebel lichten, und wir alle werden auf unserem Weg voranschreiten können.

Ich hatte natürlich mit etwas Außergewöhnlichem gerechnet, aber das Ereignis war noch stärker und außergewöhnlicher, als ich es mir vorgestellt hatte. In diesem Buch beschreibe ich, was sich tatsächlich ereignet hat, und wie die Ereignisse uns und den Planeten in das neue Goldene Zeitalter katapultieren werden, das im Jahre 2032 beginnen wird.

Dieses Buch enthält zudem Vorhersagen in Bezug auf die weltweiten klimatischen, ökonomischen und politischen Veränderungen, die auf dem gegenwärtigen Bewusstseinsstand beruhen. Wir beginnen die gewaltigen neuen Energien zu spüren, die sich langsam durchzusetzen beginnen und die bereits Veränderungen mit sich bringen, die wir uns vor ein paar Jahren noch gar nicht hätten vorstellen können.

Ich hoffe, dass einige dieser Informationen Ihren eigenen Erleuchtungs- und Aufstiegsprozess in Gang setzen werden. Ich bin überzeugt, dass sie Ihnen Mut machen und Sie inspirieren werden, während Sie Teil des Läuterungsprozesses des Planeten und der Umwandlung des planetarischen Bewusstseins sind. Gemeinsam werden wir unglaubliche, neue spirituelle Technologien hervorbringen und kristalline Körper entwickeln, damit wir mehr Licht in uns tragen und an der Erschaffung des sechsten Goldenen Zeitalters auf Erden mitwirken können.

Mein Führer Kumeka und Erzengel Metatron hatten mir versichert, dass sie mich mit allen Informationen ausstatten würden, die für dieses Buch nötig sind. Zudem erhielt ich Informationen von den Einhörnern und den Elementarwesen, die in meinem Garten und dem nahegelegenen Wald leben. Während des Schreibens wurde jeder Tag zu einem neuen Abenteuer.

Vor ein paar Jahren hatte ich mir Metatrons goldorangenen Mantel verdient. Ich war von dieser großen Ehre natürlich begeistert, und es ist mir gelungen, den Mantel auf Tausende Menschen zu übertragen, die bereit sind, Metatrons Licht zu tragen. Außerdem trage ich den golden-silbernen Mantel des perfekten Gleichgewichts und der vollkommen Harmonie, obwohl es zuzeiten so scheint, als würde er von mir abfallen. Zudem trage ich Mutter Marias Mantel des aquamarinblauen Lichts der Heilung, des Mitgefühls und der Liebe.

In diesem Buch übertrage ich dies alles auf Sie, und ich hoffe, dass Sie diese Gaben auf energetischem Wege empfangen, damit die Übergangsphase für Sie etwas leichter wird.

Die Zeit ist reif. Sie haben sich nicht nur inkarniert,

um das neue Goldene Zeitalter voranzubringen, sondern auch, um an der Geburt einer neuen Zivilisation
mitzuwirken. Es wird viel von Ihnen erwartet, aber es
wird Ihnen auch viel gegeben werden, während Ihre
Entwicklung sich beschleunigt.

Diana Cooper

September 2013

Teil I

Das Jahr 2012

1 Die Goldenen Zeitalter

Seit der Geburt unseres Planeten hat es fünf Goldene Zeitalter gegeben, und zurzeit bereiten wir uns auf das sechste Goldene Zeitalter vor, das ab dem Jahr 2032 beginnen wird. Ein Zeitalter wird golden genannt, weil das Land und alles auf ihm eine goldene Aura hat.

Angala, das erste Goldene Zeitalter

Das erste Goldene Zeitalter war die eigentliche Geburt der Erde. Es war ein goldener Moment, als die Erde ein Gedanke im göttlichen Geist und von den Engeln umgeben und beschützt wurde. Wenn Sie einen schöpferischen Impuls verspüren oder eine Vision haben und sich voller Vertrauen auf die Energie dieses Moments einstimmen, werden der göttliche Quell und die Engel Ihr Projekt energetisch unterstützen. Dann ist sein Potenzial unbegrenzt.

Petranium, das zweite Goldene Zeitalter

Dieses Zeitalter fand statt, als Afrika in seiner ganzen göttlichen Herrlichkeit besamt wurde. Es wurde von den großen siebendimensionalen Wesen Afra und Serapis Bey beaufsichtigt, die halfen, die ägyptischen Pyramiden zu errichten.

Während des Goldenen Zeitalters von Petranium war das ganze Land mit üppiger grüner Vegetation bedeckt. Als in allen Universen der Ruf nach weisen Wesen erging, um dieses Land zu besiedeln, meldeten sich viele siebendimensionale Wesen. Sie wussten um die Geheimnisse des Wassers, konnten das Wetter beeinflussen und arbeiteten mit den Elementarmeistern zusammen. Viele von ihnen sind auch heute noch hier und versuchen den heute lebenden Menschen zu helfen, auch wenn sie für diese unsichtbar sind. Wenn sich eine ausreichend große Zahl von Menschen wieder mit ihnen, der uralten Weisheit Afrikas und den Elementarmeistern verbindet, werden wir in der Lage sein, Afrika seine Fruchtbarkeit zurückzubringen und dort Überfluss zu generieren.

Mu, das dritte Goldene Zeitalter

Die Zivilisation, die Lemuria vorausging, hieß Mu, und ihr Zentrum lag ebenfalls im Pazifik. Da die Bewohner von Mu ein vier- bis fünfdimensionales Bewusstsein hatten und nicht verkörpert waren, blieb von diesem Zeitalter nichts erhalten. Die Wesen von Mu halten noch immer das Leben der Berge aufrecht, indem sie die richtigen Töne singen. Sie liebten die Erde und die vier Aufstiegsgestirne Plejaden, Orion, Sirius und Neptun. Diese

Liebe bewahren sie zum Zwecke, die gesamte Weisheit zu vereinigen, noch immer im Metatron-Würfel im Zentrum unseres Planeten. Zu den Zeiten Mus lebten auch die Dinosaurier, und die Pelikane bewahren noch immer die Erinnerung an dieses Zeitalter im Gedächtnis, um uns daran zu erinnern.

Lemuria, das vierte Goldene Zeitalter

Wesen aus allen Universen kamen zur Erde, um am Experiment Lemuria teilzunehmen. Ihre Energie war in Australien, Neuseeland, Hawaii, der Inselwelt Polynesiens, in Teilen Alaskas und dem Nordwesten Afrikas am stärksten. In Afrika kann noch ein kleiner Teil Lemurias in Marokko und Teilen von Guinea gefunden werden. Mauretanien, Algerien, Mali und Senegal waren einmal vollständig lemurisch.

Diese Wesen waren alle fünfdimensional, androgyn und hatten das starke Verlangen, die Erde zu heilen. Aber da sie ätherisch waren und keine physischen Körper besaßen, war ihr Bewusstsein mehr auf die geistigen Dimensionen ausgerichtet. Sie ließen sich durch das Universum treiben und heilten die Orte, mit denen sie in Kontakt kamen.

Sie waren mit Neptun, Orion, Sirius und den Plejaden verbunden und zogen das Licht und die Liebe Gottes durch das kosmische Herz in die Erde hinein. Jeder dieser Sterne, Planeten und Sternensysteme stand mit einem anderen Teil der Welt in Verbindung, und diese

Orte waren von Lemuriern »bevölkert«, die aber nicht vollständig verkörpert waren.

Diese Liebe, dieses Licht und andere göttliche Eigenschaften sandten die Lemurier in die Erde, um ihre atemberaubenden Kristalle zu erschaffen, die mit bedingungsloser Liebe und kosmischen Verbindungen programmiert waren. Einige dieser Kristalle in der Erde sind Speichermedien und bilden kosmische Gitternetze, welche die Erde mit den Sternen verbinden. Sie waren eigens dazu gedacht, jetzt wieder hervorzutreten, um uns beim Übergang ins neue Goldene Zeitalter zu helfen.

Die Lemurier waren sehr mit der materiellen Erde verbunden und liebten sie. Wenn Sie sich also an Ihre eigene lemurische Weisheit erinnern wollen, müssen Sie die Erde berühren, auf ihr gehen und das Gefühl des Bodens unter den Füßen genießen. Die Lemurier waren auch sehr gut auf das Reich der Elementarwesen eingestimmt.

Viele der alten Lemurier mit ihren Heilkräften und ihrer Liebe zur Erde verkörpern sich gerade jetzt, um die Erde mit ihren Kristallen zu heilen. Mutter Maria war eines der kosmischen Wesen, die Verantwortung für Lemuria trug.

Heilung in Lemuria

Mir wurde mitgeteilt, dass es sehr wichtig ist, jetzt all jene Menschen zu aktivieren, die in Lemuria dabei waren, damit sie sich an ihre Heilkräfte erinnern können.

Diese werden jetzt gebraucht, um die Verwerfungen und Bruchlinien in der Erde zu heilen.

Lemurische Heilung wurde immer von mehr als einer Person betrieben. Wie alle Energien, so kann auch diese zum Guten wie zum Bösen eingesetzt werden, daher werden alle aus dem alten Lemuria gebeten, mit den Einhörnern Kontakt aufzunehmen, da diese nur mit Menschen arbeiten, die ihre Energie korrekt einsetzen. Kumeka zufolge ist aber selbst dieses keine Garantie, da diese besonderen Heilkräfte, wie Reiki, heute auch ohne das rechte Verständnis eingesetzt werden können.

Einzelne Personen können einen Kristall programmieren und ihn so einsetzen, dass er die Kristalle in der Erde reinigt, besonders jene in Afrika, aber das ist nicht so wirksam, als wenn eine ganze Gruppe dies tut.

Lemurische Heilung wird gemeinsam in einer Gruppe vollbracht, die als Einheit fungiert und keinen Führer hat. Diese Energie wurde schon immer eingesetzt, um die Erde zu heilen, aber sie kann auch eingesetzt werden, um Menschen zu heilen. Da sie aber möglicherweise für viele Menschen zu stark ist, sollte sie nur behutsam und vorsichtig eingesetzt werden.

Lemurische Heilung ist sehr wichtig, um dem Planeten während der Übergangsphase ins neue Goldene Zeitalter zu helfen.

Übung: Heilung

1. Bekräftigen Sie, dass Sie das lemurische Licht in sich tragen, solange die Gruppe beisammen ist.

2. Verbinden Sie sich mit den Einhörnern und geben Sie sich ihrer Energie hin.

3. Solange Sie als Einheit fungieren, sind Sie alle »angeschaltet«. Trennt sich die Gruppe, werden alle automatisch »abgeschaltet«.

4. Die Gruppe wird kollektiv eine Botschaft erhalten, welche Art von Heilung sie aussenden soll. Kein Einzelner übernimmt eine Führungsrolle. Alle werden eins.

5. Konzentrieren Sie Ihre Heilkräfte auf einen bestimmten Ort, der Ihnen mitgeteilt wird.

6. Bedanken Sie sich bei den Einhörnern.

7. Öffnen Sie die Augen und kehren Sie in die Gegenwart zurück.

Atlantis, das fünfte Goldene Zeitalter

Das atlantische Experiment währte zweihundertsechzigtausend Jahre, also ein ganzes kosmisches Zeitalter lang. Zehntausend Jahre dauerte die Vorbereitung, zweihundertvierzigtausend Jahre lief es, und weitere zehntausend Jahre waren nötig, um es wieder zu beenden und die richtigen Schlüsse daraus zu ziehen. Es wurde 2012 beendet.

Das Intergalaktische Konzil begann ein Experiment nach dem anderen, um herauszufinden, ob Menschen einen physischen Körper und einen freien Willen haben und dennoch mit Gott verbunden bleiben könnten. Vor dem fünften Experiment erging der Ruf nach vierundachtzigtausend Siedlern, und nur jene, die sich am oberen Ende des fünfdimensionalen Spektrums befanden, wurden erwählt.

Sie mussten zusammenarbeiten, um zu überleben, und schließlich entstand das letzte Goldene Zeitalter von Atlantis, das eintausendfünfhundert Jahre lang Bestand hatte. Die Atlanter hielten ihre hohe Schwingungsfrequenz aufrecht, indem sie sich tief entspannten, das Land miteinander teilten und es und die Tiere respektierten. Ihre zwölf Chakras waren offen und strahlten, und die zwölf Stränge ihrer DNA waren vollständig aktiviert. Sie besaßen spirituelle und mediale Gaben, die unser gegenwärtiges Vorstellungsvermögen übersteigen, und entwickelten eine unglaubliche spirituelle Technologie.

Vögel, Tiere, Delfine und die Engel von Atlantis beginnen jetzt damit, das alte Wissen auf jene Menschen zu übertragen, die bereit sind.

Das sechste Goldene Zeitalter

2032 wird das gesamte Universum in die fünfte Dimension eintreten. Jene Menschen, die in Harmonie leben, zusammenarbeiten, teilen und schöpferisch und liebevoll mit der Natur arbeiten möchten, werden spirituelle Gemeinschaften bilden und eine andere Zivilisation erschaffen.

Die Seelen jener Menschen, die nicht an dieser höheren Schwingungsfrequenz teilhaben möchten, werden entweder auf die inneren Ebenen zurückkehren, um dort unterwiesen zu werden, oder auf ihre Heimatplaneten in anderen Universen. Manche werden auch weiterhin dreidimensionale Erfahrungen in einem dreidimensionalen Universum machen wollen. Für sie alle wird dies vollkommen in Ordnung sein.

Wenn das Licht wahrhaft auf Erden zu scheinen beginnt, wird es weder Grenzen noch Pässe geben. Alle werden sich überall willkommen fühlen und das Göttliche ineinander sehen. Wir werden eine spirituelle Technologie hervorbringen, die jene des Goldenen Atlantis noch übertreffen wird.

Wir werden keine kohlenstoffbasierten Körper haben, die in einer Welt der Dualität leben. Wir werden Träger einer höheren Schwingungsfrequenz sein und kristalline Körper entwickeln. Weil wir gewaltfrei leben und den Schöpfer ehren werden, dürfen wir ab 2050 die Universen erforschen. Wir sind wahrlich gesegnet, in dieser Zeit zu leben und die Möglichkeit zu haben, zu dieser neuen Seinsweise zu finden.

Die Energie des Goldenen Zeitalters hervorbringen

1. Stellen Sie sich auf die Erde – wenn möglich barfuß.

2. Stellen Sie sich vor, dass goldenes Licht aus Ihren Füßen in die Erde dringt.

3. Lassen Sie sich Zeit, damit es sich in alle Richtungen ausbreiten kann.

4. Stellen Sie sich vor, dass Gräser, Büsche, Bäume, Blumen und die ganze Natur so weit Sie sehen können von dieser leuchtenden Energie erleuchtet werden.

5. Immer wenn Sie diese Übung ausführen, fügen Sie etwas zu der Energie hinzu, die ein Goldenes Zeitalter erschafft.

(Detailliertere faszinierende Informationen über die Goldenen Zeitalter finden Sie in meinem Buch *The Keys to the Universe*[1], das ich gemeinsam mit Kathy Crosswell schrieb.)

---

1 Deutsch: Diana Cooper und Kathy Crosswell: *Schlüssel zur höheren Welt. Entfalte die Energie und Weisheit des Universums in dir.* Heyne, München 2013

2 Das Jahr 2012

Jede Ausatmung Gottes währt sechsundzwanzigtausend Jahre. Während dieser Zeit der Schöpfung entwickelt sich alles auf Erden. Gegen Ende der Ausatmung wird alles Hervorragende seiner Vollendung entgegengeführt, Karma wird ausgeglichen und das Überholte nähert sich seinem Zusammenbruch. Genau das geschieht gegenwärtig auf unserem Planeten und im ganzen Universum.

Dann beginnt die Einatmung und alles wird zur Gottheit zurückgeführt. Während dieser Phase löst sich das Alte auf und verwandelt sich. 2012 stellte das Ende eines Zyklus auf zehn Ausatmungen dar. Ein solcher Zyklus, der zweihundertsechzigtausend Jahre währt, wird als kosmische Ära bezeichnet. Nach dem Ende jeder Ausatmung folgt eine Einatmung. Vom Ende der vorigen kosmischen Ära 2012 an gerechnet, dauert die Einatmung elf Jahre und endet 2023. Dann folgt eine neunjährige Pause, woraufhin die nächste Ausatmung beginnt und die Zeit der Schöpfung weitergeht.

Nach 2032 wird es einen neuen Plan für die Erde, die Menschheit und das Universum geben, sodass ein weiteres Goldenes Zeitalter auf einer höheren Frequenz als das vorhergegangene beginnen kann.

Um 11.11 Uhr am 21.12.2012 ereignete sich ein kosmischer Moment, der das Ende der letzten kosmischen

Ära kennzeichnete. Dies war ein gewaltiges Ereignis, während dem das reine Licht des göttlichen Quells auf den Planeten strömte. Ob Sie nun bereit waren oder nicht, Ihr Herzzentrum wurde einen Augenblick lang davon erhellt – ebenso wie die Herzzentren aller Wesen in allen Galaxien, also auch die Herzzentren aller Galaxien, Sterne und Planeten. Alle zwölf Universen begannen den Prozess des Aufstiegs.

All jene Menschen, die auf diesen Moment vorbereitet, offen und empfänglich waren, wurden vom Licht des göttlichen Quells erleuchtet. Während ihre Zellen in reiner Energie badeten, wurde all das »alte Zeug« in ihren Zellen durcheinandergeschüttelt. Viele Menschen hatten in dieser Zeit Grippe- oder Erkältungssymptome. Wenn sich das wieder beruhigt hat, werden die Menschen im Allgemeinen glücklicher und zufriedener mit ihrem Leben sein.

Ein planetarischer »Umzug« beginnt

Wir werden gegenwärtig mit den Herausforderungen eines »Umzugs« planetarischen Ausmaßes konfrontiert. Wir sind immer noch beim Aufräumen und Aussortieren, wir werfen das Alte fort und überlegen uns, was wir mitnehmen wollen. Die Skandale in der Politik, im Bankensektor, in der Nahrungsmittel- und Gesundheitsindustrie lassen uns erkennen, dass Überholtes auf den Prüfstand gehört und durch etwas ersetzt werden muss, das besser zu der höheren Schwingung der Erde passt.

Das alte dreidimensionale Paradigma aus Gier, Egoismus, Kontrollsucht und Manipulation wird nicht mehr toleriert werden können. Wir haben bereits erlebt, dass sich überall Menschenmassen dagegen erheben. Während wir im Laufe der nächsten zwanzig Jahre in das neue Paradigma hineinwachsen, wird das alte durch Gemeinschaftssinn, ökologisches Denken, Reichtumsbewusstsein, Arbeit zum Wohle aller, Kreativität und Liebe zur Natur und den Kindern ersetzt werden.

Aussortieren und sauber machen

Wenn wir ein altes Haus aufräumen, gehen wir zunächst einmal alle Schubladen und Schränke durch. Wenn alles sortiert und verpackt ist, findet das Großreinemachen statt. Wie oben so unten. Auch unser Planet muss gereinigt werden. Das bedeutet, dass das alte Karma des Landes aufgelöst werden und blockierte Leylinien gereinigt werden müssen, damit die Energie wieder ungestört fließen kann. Dieser Prozess hat in vielen Ländern der Erde – die sozusagen die Schubladen und Schränke symbolisieren – bereits begonnen. Das richtige Großreinemachen wird allerdings erst zwischen 2017 und 2022 stattfinden. Während dieser Zeit wird die Natur mithilfe der Elemente Feuer, Erde, Luft und Wasser alle Regionen reinigen, die noch niedere Schwingungen aufweisen. Wenn wir Licht in die Erde schicken, können wir die betreffenden Gebiete auch mit unserer Energie reinigen.

Den neuesten Vorhersagen zufolge wird das allerdings nicht ausreichen, daher ist es wichtig, sich auf die große Reinigung durch die Natur vorzubereiten. Ich gebe Ihnen mit diesem Buch Werkzeuge in die Hand, die es Ihnen ermöglichen werden, mit den Elementen und den Engeln zusammenzuarbeiten, damit Sie gestärkt aus dieser Reinigungsphase hervorgehen.

Eine Übung: Aufräumen

1. Je mehr Sie in Ihrem eigenen Leben aufräumen – und zwar physisch wie emotional –, desto weniger bleibt für den Planeten zu tun, da alles miteinander verbunden ist. Wenn Sie aufräumen, sollten Sie dies in dem Vertrauen tun, dass das Universum Ihnen alles, was Sie brauchen, zum richtigen Zeitpunkt bringen wird.

2. Misten Sie Ihr Heim und Ihren Arbeitsplatz gründlich aus.

3. Werden Sie all Ihre Bücher jemals wieder lesen? Warum verschenken Sie sie nicht? Neue werden zum rechten Zeitpunkt den Weg zu Ihnen finden.

4. Werden all die Kleider, die in Ihrem Kleiderschrank hängen, weil Sie Ihnen zu groß sind, wirklich kleiner werden? Vielleicht ist es an der Zeit, sie zu verschenken.

5. Entfernen Sie tote Blätter von Ihren Hauspflanzen und rechen Sie das Laub im Garten zusammen.

6. Fragen Sie sich, was Sie in den letzten beiden Jahren nicht gebraucht haben. Wenn Sie etwas so lange nicht gebraucht haben, gestatten Sie sich selbst, es zu verschenken oder wegzuwerfen.

Eine Übung:
Bindungen auflösen und Ihr Leben aufräumen
Bevor Sie mit dieser Übung beginnen, denken Sie an alle Menschen, mit denen Sie verbunden sind oder jemals verbunden waren. Schreiben Sie die Namen auf. Schreiben Sie auch unerledigte Dinge oder ungelöste Probleme auf. Bedenken Sie dabei, dass bedingungslose Liebe keine negativen Bande knüpft und Sie nicht belastet.

1. Setzen Sie sich still an einen ruhigen Ort, an dem Sie nicht gestört werden können.
2. Zünden Sie eine Kerze an, um das Energieniveau anzuheben.
3. Stellen Sie sich vor, Sie würden in einem der beiden Kreise einer liegenden Acht sitzen.
4. Bitten Sie die betreffende Person oder alle Menschen auf Ihrer Liste, in dem anderen Kreis Platz zu nehmen.
5. Stellen Sie sich vor, dass sich auch alle unerledigten oder ungelösten Dinge in dem anderen Kreis befinden.
6. Stellen Sie sich vor, dass goldenes Licht die liegende Acht umfließt.
7. Danken Sie all den Menschen und Umständen für das, was sie Sie gelehrt haben.
8. Trennen Sie den anderen Kreis ab und schauen Sie zu, wie er zum Himmel emporschwebt.
9. Schauen Sie zu, wie die Engel ihn in eine Blase goldenen Lichts hüllen.
10. Öffnen Sie die Augen und streichen Sie von oben nach unten über Ihre Aura.

Eine Visualisierungsübung: Den Planeten reinigen

Diese Visualisierungsübung ist zwar sehr einfach, aber sie hat starke Auswirkungen auf den Planeten und hilft ihm, sich von schädlichen Energien zu befreien. Sie können diese Übung als eigenständige Meditation ausführen oder sich das Folgende bei einem Spaziergang vorstellen. Beides hilft.

1. Setzen Sie sich still an einen ruhigen Ort, an dem Sie nicht gestört werden können.
2. Entzünden Sie eine Kerze, um das Energieniveau anzuheben.
3. Stellen Sie sich die Erde vor.
4. Sehen Sie die Leylinien als ein eng miteinander verbundenes Netzwerk über den ganzen Planeten laufen.
5. Verfolgen Sie die Leylinien mit Ihrer Vorstellungskraft und verwandeln Sie sie in leuchtendes Gold.
6. Stellen Sie sich die Erde von einer goldenen Aura umhüllt vor.

Wie uns das Intergalaktische Konzil auf 2012 vorbereitet hat

2012 markierte das Ende des zweihundertsechzigtausend Jahre währenden kosmischen Zeitalters von Atlantis. Wir zelebrierten das Ende der alten Lebensweise und frohlockten angesichts der ersten Geburtswehen der neuen Zivilisation.

Weil 2012 ein solch monumentales Jahr war, bereiteten uns die Reiche der Engel seit Langem darauf vor.

- Am 8. Juni 2004 fand der erste Teil eines doppelten Venus-Transits statt. Der zweite ereignete sich am 6. Juni 2012. Aufgrund dieser wunderbaren und sehr speziellen Konstellation fingen die männlichen und weiblichen Energien sowohl in Einzelpersonen als auch im kollektiven Unterbewusstsein an, ausgeglichener zu werden. Dadurch vergrößerte sich die Möglichkeit des individuellen wie planetarischen Aufstiegs, und allen Menschen wurde eine ungeheure Möglichkeit des Wachstums geboten. Wir wurden allerdings aufgefordert, unseren Teil dazu beitragen und alle Lebensformen und die Ressourcen des Planeten zu respektieren, um von diesen Transiten wirklich zu profitieren.

- Im November 2003 fand die Harmonische Konkordanz statt, wodurch mehr göttlich weibliche Energie über uns alle ausgeschüttet wurde, damit sich unsere Herzen öffnen und wir Mitgefühl entwickeln konnten.

- Zum ersten Mal seit dem Untergang von Atlantis kehrten die zwölf Strahlen zur Erde zurück, um uns in einem höheren Licht zu baden und uns auf die höheren Energien vorzubereiten.

- 2008 sandte uns der göttliche Quell selbst den silbernen Strahl. Dieser Strahl beinhaltet den höchsten Aspekt des göttlich Weiblichen. Er verschmilzt mit den anderen Strahlen, um sie ins Gleichgewicht zu bringen.

- Die violette Flamme der Umwandlung wurde allen Menschen 1987 anlässlich der Harmonischen Konvergenz zugänglich gemacht. Seither sind der goldene und der silberne Strahl mit der violetten Flamme verschmolzen und haben die gold- und silberviolette Flamme erschaffen, die es den Menschen ermöglicht, die fünfte Dimension zu erlangen, indem sie ihre Schwingungsfrequenz umwandelt und anhebt. Die Harmonische Konvergenz markierte den Beginn einer fünfundzwanzigjährigen Phase der planetarischen Läuterung.

• Die Edelsteinstrahlen, die reine Erzengelenergie enthalten, wurden uns zur Verfügung gestellt, damit wir sie anrufen können, um uns mit Licht zu erfüllen.

• Während des Goldenen Zeitalters von Atlantis trugen viele Wesen, darunter die zwölf Strahlen, die Christus-Energie, die Buddha-Energie und der Geist des Friedens und des Ausgleichs, zu einem Lichtreservoir bei, zu dem alle Menschen Zugang haben. Dieses Licht, das als Mahatma-Energie bekannt ist, wurde gegen Ende von Atlantis missbraucht und daher zurückgezogen. Heute wurde es uns aber wiedergegeben. Dieses Licht ist die höchste Form von Energie, die wir gegenwärtig anzapfen können und die unseren Aufstieg enorm beschleunigen wird. Diese Energie ist ein sehr machtvolles goldweißes Licht, das uns auf allen Ebenen heilt und uns bei Beziehungsproblemen und problematischen Umständen helfen kann. Es kann uns niemals Schaden zufügen, da es durch unsere Monade oder ICH-BIN-Gegenwart heruntergeladen wird.

• Die Engel von Atlantis halfen uns, die Weisheit des Goldenen Atlantis wiederzuerlangen.

• Hochfrequente universelle Engel kamen zur Erde. Wenn sich unsere Schwingungsfrequenz erhöht, können wir mit ihnen Kontakt aufnehmen, mehr von ihrem Licht absorbieren und kosmisches Wissen empfangen.

- Die Engel begannen damit, sich als Orbs auf Fotografien sichtbar zu machen – besonders auf den Aufnahmen von Digitalkameras –, um uns sichtbare Beweise für ihre Gegenwart zu liefern und Botschaften und Inspirationen direkt auf uns zu übertragen.
- Mehr erleuchtete Kinder vom Orion und weise alte Seelen aus vielen Teilen des Universums wurden geboren.
- Die Einhörner, die Reinsten der Reinen, kehrten zurück, um jene zu finden, deren Vision es ist, anderen zu helfen. Sie verbanden sich mit ihnen und unterstützten ihre Seelen, die nach Erfüllung strebten.
- Die Einhörner begannen damit, Menschen zu helfen, die Schleier der Illusion aufzulösen, die vor ihrem Dritten Auge lagen, damit sie die vollständige Erleuchtung erlangen können.

Die ewige Olympiade

Damit der Planet in die fünfte Dimension aufsteigen kann, müssen sich die Chakras schneller drehen. Alle Chakras greifen wie Zahnränder ineinander, und wenn sich das erste schneller zu drehen beginnt, folgen die anderen kurz darauf. Dieser Prozess wurde im planetarischen Erdstern-Chakra, das sich in London befindet, in Gang gesetzt. Die Kundalini-Kraft des Planeten, die hier darauf gewartet hatte, aufsteigen zu können, wurde durch die Energie des kosmischen Moments aktiviert.

Das Intergalaktische Konzil musste eine Möglich-

keit finden, den Erdstern auf seine Öffnung vorzubereiten. Aus diesem Grund mussten hier die Olympischen
Spiele ausgetragen werden, um Begeisterung, Freude,
Lachen, Gemeinsamkeit, herausragende Leistungen,
Zusammenarbeit und viele andere höhere Eigenschaften nach London zu bringen, damit sich das neue Licht
tief in der Erde verankern konnte.

Als Teil des kosmischen Plans begannen die Olympischen Spiele am 27. Juli 2012 in London. Die Bedeutung
dieses Ereignisses kann gar nicht hoch genug einge-
schätzt werden. Die Olympiade rückte London in den
Blickpunkt der Welt, und die Engel taten ihr Bestes, damit alles sicher und glatt verlief. (Natürlich gemeinsam
mit den Menschen, die sehr schwer arbeiteten, um einen
reibungslosen Ablauf sicherzustellen.) Als Ergebnis er-
höhte sich das Lichtniveau in einem ungeheuren Ausmaß, und die Kundalini stieg pünktlich am 21. Dezember 2012 während des kosmischen Moments auf.

Die ursprünglichen Olympischen Spiele

Die ursprüngliche Absicht der Olympiade, die zum ersten Mal im Goldenen Atlantis abgehalten wurde, bestand
darin, gemeinsam zu feiern und miteinander zu wett-
eifern. Die Olympiade, die 2012 in London abgehalten
wurde, brachte nicht nur London, sondern der ganzen
Welt Licht.

Die Entscheidung, die Olympischen Spiele in London
zu veranstalten, wurde von jenen getroffen, die über den
spirituellen Fortschritt des Planeten wachen. Die Men-

schen bereiteten sich in einem kostspieligen und zeitaufwendigen Prozess darauf vor, ohne zu ahnen, dass alles bereits auf einer höheren Ebene entschieden worden war. Bis 2032 wird die spirituelle Energie des Planeten so hoch sein, dass Entscheidungen zum höchsten Wohl aller, wie zum Beispiel die Austragungsorte bedeutender Ereignisse, in Übereinstimmung mit dem Göttlichen getroffen werden.

Wenn Sie den Eigenschaften des gemeinsamen Feierns, des friedlichen Wettstreits und des Zusammenkommens mehr Energie verleihen möchten, können Sie eine Kerze zu Ehren der ursprünglichen Absicht hinter den Olympischen Spielen und dem, was sie repräsentieren, entzünden. Erzengel Metatron wird Ihre Absicht auf göttlich vollkommene Weise der kosmischen olympischen Flamme hinzufügen.

Eine Visualisierungsübung: Der ursprünglichen Idee der Olympiade mehr Energie verleihen

1. Suchen Sie sich einen ruhigen Ort, an dem Sie nicht gestört werden.
2. Schließen Sie die Augen und entspannen Sie sich.
3. Stellen Sie sich die olympische Flamme vor.
4. Senden Sie ihr die Energie des Feierns, der Liebe, Harmonie, des Beisammenseins, der Vorzüglichkeit und Freude.
5. Sehen Sie, wie die Flamme wächst und wie ihr Licht in den ganzen Kosmos hinausstrahlt.
6. Segnen Sie alle vergangenen und zukünftigen Olympischen Spiele.
7. Öffnen Sie die Augen.

Eine Übung: Zeichnen Sie die olympische Flamme
Zeichnen Sie gemeinsam mit anderen Erwachsenen oder Kindern die olympische Flamme und sprechen Sie über die ursprüngliche Absicht dieses internationalen Ereignisses: Menschen zusammenzubringen, um gemeinsam zu feiern und sich auf Harmonie, Freude und Vorzüglichkeit zu konzentrieren.

3 Die Geburt des Planeten

06. 10. 12 – 6. Oktober 2012

Die Geburt des Planeten
Der Blasensprung

An diesem Tag fand sozusagen der Blasensprung statt. Der göttliche Quell, die Seraphim, Erzengel Metatron, Wywyvsil (einer der Herren des Karmas), die Weiße Bruderschaft, das Christus-Licht und andere erleuchtete Energien gossen an jenem Tag ihr Licht über uns aus. Der tatsächliche Geburtsvorgang hatte endlich begonnen.

Der Blasensprung zeigt an, dass sich die Schwangerschaft ihrem Ende nähert. Das Baby ist so weit und wird auf jeden Fall kommen. Gaia, die große Engelin, in deren Obhut sich die Erde befindet, ist für die nächste Phase ihrer Evolution bereit: die Geburt der neuen Zivilisation. Wir alle sind aufgefordert, uns zu entspannen und uns für die vor uns liegende Reise zu stärken.

Für die Erde und dieses Universum wird der Geburtsvorgang zwanzig Jahre dauern. Das ist eine extrem kurze Zeitspanne, während der wir mit ungeheuren Veränderungen konfrontiert sein werden. All jene, die sich inkarniert haben, um als Hebammen bei der Geburt des neuen Goldenen Zeitalters mitzuwirken, haben eine ganz besondere Aufgabe übernommen, da die Erde während dieser Zeit einen doppelten Dimensionswandel durchmachen wird.

Wir waren dreidimensionale Wesen in einem vierdimensionalen Universum. Und dies aus zwei Gründen: Zum einen sind wir der Solarplexus dieses Universums und nehmen die Angst aller in ihm lebenden Wesen auf, um sie umzuwandeln. Zweitens erklärte sich die Erde bereit, die Erfahrung des freien Willens zu machen. Die Menschen haben Entscheidungen getroffen, die dazu geführt haben, dass sie immer tiefer in niedrige Schwingungen hineingerieten. Nie wäre dies für möglich gehalten worden. Das hat das Leben auf der Erde zu einer großen Herausforderung werden lassen.

Alle Wesen dieses Universums schicken uns Licht, damit wir uns schneller entwickeln. Weise, hochfrequente Seelen inkarnieren sich in großer Zahl, um uns zu helfen. Man könnte sagen, Spezialisten aus allen Teilen der Welt haben sich um die Mutter versammelt, um ihr bei dieser sehr schwierigen, aber ungemein wichtigen Geburt zu helfen. Was auch immer Sie tun, Ihr Beitrag ist wichtig.

Dieses Datum symbolisierte nicht nur den Blasensprung vor der Geburt des neuen Goldenen Zeitalters auf diesem Planeten, sondern stellt auch für uns eine Chance dar, uns dem Neuen zuzuwenden. Jetzt können wir alle diese Energie jederzeit anzapfen, um eine neue Idee oder ein bestimmtes Projekt voranzutreiben.

Eine Übung: Wasser ausgießen

Wasser symbolisiert Fließen und Bewegung. Es hat zudem ganz erstaunliche kosmische Eigenschaften und kann uns von einem niederen Zustand in einen höheren bringen.

1. Füllen Sie ein Glas mit frischem Wasser.

2. Halten Sie es vor Ihr Drittes Auge und denken Sie an alles, was Sie loslassen möchten.

3. Wenn Sie fertig sind, schütten Sie das Wasser in den Abfluss.

4. Füllen Sie ein zweites Glas mit frischem Wasser und halten Sie es wieder vor Ihr Drittes Auge.

5. Denken Sie an Ihre Vision oder an etwas, das Sie »gebären« möchten.

6. Wenn Sie fertig sind, trinken Sie das Glas aus.

11. 11. 12 – 11. November 2012

Das göttlich Weibliche und reiner Friede

11.11.12 um 11.11 Uhr symbolisierte den Moment unmittelbar nach dem Blasensprung. Dies war eine Zeit zum Ausruhen, damit wir uns und dem Baby nicht unnötigem Stress aussetzen. In diesem Moment wurden wir aufgefordert, uns zu zentrieren, unseren inneren Frieden zu finden und im Einklang mit dem Herzschlag von Gaia zu atmen.

Wenn Sie einen Samen tief in fruchtbare Erde gepflanzt haben, wo er ungestört heranreifen kann, können Sie nur geduldig darauf warten, dass der erste

Spross an die Oberfläche kommt. Sie können diesen Prozess nicht beschleunigen. Sie können nur warten, bis die Zeit dafür reif ist. In der vorbestimmten Zeit wird der Spross unweigerlich ganz von selbst an die Oberfläche kommen. Sie können sich daher entspannen und ganz ruhig auf das kommende Wunder warten.

Das war es, was die Menschen unbewusst an jenem Tag getan haben, um sicherzustellen, dass sie bereit sind.

Das göttlich Weibliche: Mutter Maria

In diesem Augenblick trat das göttlich Weibliche helfend auf den Plan. Mutter Maria, die universelle Engelin der Liebe, der Heilung und des Mitgefühls schaltete sich am 11. November machtvoll ein, um uns zu helfen. Sie brachte die göttlich weiblichen Energien der Fürsorglichkeit, des Nährens, der Offenheit und Empathie und half uns, den größeren Zusammenhang zu erkennen und uns eine höhere Sichtweise zu eigen zu machen. Während des Goldenen Zeitalters von Atlantis, als die Energie fünfdimensional war, trug sie einen aquamarinblauen Mantel aus Licht. Diese Energie hat sie uns nun zurückgebracht, damit wir sie einsetzen.

Frieden: Die Große Weiße Bruderschaft

Während des Goldenen Zeitalters von Atlantis vereinigten viele große aufgestiegene Meister ihre Energien, um die Große Weiße Bruderschaft zu gründen und jene einzuweihen, die bereit waren, das schneeweiße Licht des Aufstiegs in sich zu tragen. Die Weiße Bruderschaft bewahrt die Geheimnisse des Friedens und des ewigen Lebens in der großen kosmischen Pyramide, die vom Hohepriester Zeus in Tibet errichtet wurde.

Am 11. November 2012 traten die Meister der Großen Weißen Bruderschaft auf den Plan, um die Menschheit mit ihrem schneeweißen Aufstiegslicht zu berühren. Im Folgenden gebe ich die Anrufung wieder, die Kathy Crosswell und ich an jenem Tag gebrauchten, um die Energie der Großen Weißen Bruderschaft herbeizurufen. Sie können sie jederzeit gebrauchen.

Eine Übung: Die Große Weiße Bruderschaft anrufen
• Maitreya, Herr der Welt und Herrscher über das ganze Sonnensystem, Führer der Weißen Bruderschaft und des Ordens des Melchisedech, ich rufe dich an und bitte dich, mich mit dem Licht des Aufstiegs zu berühren. Dies ist vollbracht.
• Melchisedech, ich rufe dich an und bitte dich, mich mit deinen erleuchteten Lehren des Mysteriums zu berühren. Dies ist vollbracht.
• Serapis Bey, Hüter der weißen Aufstiegsflamme, ich rufe dich an und bitte dich, die Aufstiegsflamme über mir zu platzieren. Dies ist vollbracht.
• Meister Lanto, Chohan des zweiten Strahls, ich rufe dich an und bitte dich, es mir zu ermöglichen, der Großen Weißen Bruderschaft auf den inneren Ebenen zu begegnen. Dies ist vollbracht.

- El Morya, der du dem Planeten bei seinem Aufstieg hilfst, ich rufe dich an und bitte dich mir zu helfen, mich mit den zwölf Strängen meiner DNA zu verbinden und sie zu aktivieren. Dies ist vollbracht.
- Guanyin, große Göttin der Liebe, ich rufe dich an und bitte dich, mein Herz mit Liebe zu erfüllen. Dies ist vollbracht.
- Ich rufe euch Einhörner an, euch, die ihr die Reinsten der Reinen seid, und bitte euch, mich mit dem Licht eures Dritten Auges zu berühren, damit sich jede Zelle meines Körpers entspannen kann und mir vollkommene Gesundheit und ewiges Leben beschert. Dies ist vollbracht.
- Ich rufe nun eine schneeweiße Taube an, das Symbol tiefen inneren Friedens und der Gelassenheit, und schließe sie in mein Herz.

12.12.12 – 12. Dezember 2012

Die Einhörner öffnen unsere Kronen-Chakras

Um bei der Geburtsanalogie zu bleiben: Der 12.12.12 symbolisierte die erste Wehe. An diesem Tag erschien vor der Geburt Jesu der Stern am Himmel. In diesem Augenblick erschauerten wir in freudiger Erwartung und in dem Wissen, dass nun kein Zurück mehr möglich ist. Das Universum schenkte uns allen symbolisch einen Regenbogen, um unsere Aufmerksamkeit auf die vor uns liegende Verheißung und Hoffnung zu lenken.

Wenn Sie bereit waren, sind Sie von einem Ein-horn berührt worden, das Ihr Herz mit reiner Liebe und Freude überschüttete. Die Menschen haben unbe-wusst erkannt, dass dies ein kritischer Zeitpunkt war und dass sie stark, geerdet, fokussiert und ihre Absich-ten rein sein mussten. In diesem Augenblick begannen die Menschen, sich mit der alten Weisheit und den Ster-nen zu verbinden, um herauszufinden, wer sie wirklich sind.

Da viele spirituell erwachten und verwirrt waren, be-stand die Aufgabe jener Menschen, die bereits erwacht waren, darin, all jenen zu helfen, die nun halbwach um-herstolperten. Diese Energie strömt auch weiterhin auf uns ein. Während der ersten Jahre des Übergangs sind wir aufgefordert, uns um andere zu kümmern.

Viele Engel und Einhörner erscheinen, um uns zu helfen. Während der Übergangsphase bis 2032 werden umso mehr Einhörner aus dem Herzen des göttlichen Quells zu uns kommen, je mehr Menschen ihr Licht scheinen lassen.

Am 12.12.12 berührten die Einhörner die Kronen-Chakras der Menschen und begannen damit, diese zu öffnen, damit mehr Licht vom Sternentor einströmen kann. Die Menschen wurden in die Lage versetzt, mit den Meistern vom Orion in Kontakt zu treten, die die Weisheit des Universums bewahren.

Eine Übung: Anrufen und visualisieren

1. Suchen Sie sich einen ruhigen Ort, an dem Sie nicht gestört werden können.

2. Entzünden Sie eine Kerze.

3. Rufen Sie Meister Hilarion an, den Meister des fünften Strahls, und bitten Sie ihn, Ihnen zu helfen, die spirituellen Technologien zu verstehen, um der Welt zu helfen. Spüren Sie seine Gegenwart.

4. Rufen Sie Erzengel Metatron an und bitten Sie ihn, sein goldorangefarbenes Licht des Aufstiegs auf Sie zu richten.

5. Rufen Sie Erzengel Gabriel an und bitten Sie ihn um Geduld, Reinheit, Freude und wahrhafte Kommunikation. Spüren Sie, wie Sie von seinem schneeweißen Licht berührt werden.

6. Verbinden Sie sich mit Orion und stimmen Sie sich auf die zwölf Meister des Orion ein, welche die Weisheit des Universums bewahren.

7. Einer der Meister des Orion steht vor Ihnen. Gestatten Sie den fünfdimensionalen Eigenschaften des Universums, Ihre Aura zu durchfluten.

8. Danken Sie ihm für alles, was Sie empfangen haben.

9. Kehren Sie zu Ihrem Ausgangspunkt zurück.

Eine Visualisierungsübung:
Die Einhörner öffnen Ihr Kronen-Chakra

1. Suchen Sie einen ruhigen Ort, an dem Sie niemand stört.

2. Zünden Sie eine Kerze an.

3. Atmen Sie ruhig und konzentrieren Sie sich auf Ihr Kronen-Chakra.

4. Rufen Sie die Einhörner an und bitten Sie sie, die einhundertvierundvierzig Blütenblätter Ihres Kronen-Chakras zu berühren.

5. Vielleicht nehmen Sie wahr, dass Licht aus ihren Hörnern strömt, sodass sich die einhundertvierundvierzig Blütenblätter öffnen können.

6. Werden Sie sich bewusst, dass schneeweißes Licht vom göttlichen Quell durch das Sternentor in das offene Kronen-Chakra strömt.

7. Spüren Sie, dass das Licht durch Ihren ganzen Körper strömt.

8. Bedanken Sie sich bei den Einhörnern.

9. Wenn es möglich ist, ruhen Sie sich anschließend aus, da diese Übung sehr machtvoll ist.

Die Kristallschädel

Im Goldenen Atlantis wurden mithilfe jener spirituellen Technologie, die schon bald zu uns zurückkehren wird, zwölf Kristallschädel hergestellt – einer für jeden Stamm. Jeder wurde unter Anwendung von Gedankenkontrolle und Geisteskraft aus einem einzigen Stück Quarz gefertigt. Diese Techniken sind unserem ungeschulten und fragmentierten Verstand zurzeit noch nicht zugänglich.

Die Schädel hatten die Größe von menschlichen Schädeln und besaßen einen beweglichen Unterkiefer. Innerhalb der Kristalle befand sich ein außergewöhnliches Netzwerk aus Prismen und Linsen, das Gesicht und

Augen erstrahlen ließ. Die Schädel konnten sprechen und singen, weil sie hochentwickelte Computer waren, die das gesamte Wissen ihres Stammes enthielten. Die Hohepriester und Hohepriesterinnen programmierten sie auch mit esoterischen Informationen über die Ursprünge des Menschen und den Mysterien des Lebens, damit die wahre Geschichte des Planeten nicht in Vergessenheit geraten würde. Am wichtigsten ist aber wohl, dass die Schädel das Wissen um das Einheitsbewusstsein enthielten. Wer von ihrer Energie berührt wird, spürt dies selbst noch aus der Ferne.

Wenn die Menschen eine ausreichend hohe Schwingungsfrequenz erreicht haben, werden sie sich auf die Schädel einstimmen und die in ihnen enthaltenen Dateien lesen können.

Das Wissen, das in den einzelnen Kristallschädeln gespeichert ist, wurde als so bedeutend angesehen, dass es zusätzlich noch in einen Meisterschädel aus Amethyst mit einer besonders hohen Schwingungsfrequenz eingespeist wurde. Als Atlantis unterging, wurde der Amethyst-Schädel entmaterialisiert und zu den inneren Welten gebracht. Er wird erst dann zurückkehren, wenn der Planet bereit ist, denn wenn wir in unserem gegenwärtigen Bewusstseinszustand Zugang zu ihm hätten, würden wir mit dem in ihm gespeicherten Wissen ungeheuren Schaden anrichten.

Alle Informationen, die über unseren Planeten seit Anbeginn der Zeit aufgezeichnet wurden, werden in einem Hochfrequenzband innerhalb der Sphinx bewahrt. Auch die Informationen der Kristallschädel wurden in der Sphinx eingelagert. Auch diese Informationen werden auf der geistigen Ebene gelesen werden können, wenn die Menschen bereit sind, sich darauf einzustimmen.

Als Atlantis zerstört wurde, nahmen die Hohepriester und Hohepriesterinnen die Kristallschädel ihrer Stämme mit sich zu den Orten, die für die Überlebenden vorbereitet worden waren. Dort wurden sie versteckt, um zur richtigen Zeit wiedergefunden zu werden. Bis jetzt sind zwei wieder aufgetaucht, aber gesehen haben wir nur den der Mayas.

Der Maya-Schädel

Bis jetzt wurde nur der Maya-Schädel, der Schädel der Liebe, in dem das gesamte Wissen des Stammes der Aphrodite gespeichert ist, freigegeben. Da Aphrodite von der Venus stammte, dem Planeten der Liebe, wusste ihr Volk um die Bewegungen der Venus. Sie führte die Überlebenden nach Mittelamerika, wo aus ihnen die Mayas wurden, die aus Atlantis Kenntnisse in Astronomie und Mathematik mitgebracht hatten. Weil sie diese speziellen Kenntnisse besaßen, konnten sie den Maya-Kalender berechnen, der den Zeitraum von 3111 vor Christus bis 2012 nach Christus umfasst und unglaublich akkurate Prophezeiungen enthält. Dank ihres Wissens konnten sie die neunstufigen Pyramiden errichten, die perfekt an den Sternen ausgerichtet waren. Jede der neun Stufen symbolisierte einen Sprung in der Entwicklung der Menschheit, die seit Anbeginn der Zeit stattfindet. Jeder Abschnitt zeigt genau den Stand des planetarischen Bewusstseins an – bis 2012.

Diese Pyramiden waren kosmische Computer, die darauf programmiert waren, 2012 durch die Energie der Sterne aktiviert zu werden. Daraufhin erweckten sie die schlafenden Energien in den Schädeln.

Jede der Tempelanlagen der Mayas und die umliegenden Ortschaften waren vollkommen autark. Das Wissen, das sie aus Atlantis mitgebracht hatten, war ja nicht nur esoterisch, sondern auch sehr praktisch. So wussten die Mayas genau, wie man Nahrung nicht nur auf konventionelle Weise anbaut, sondern auch mit Methoden, die unser gegenwärtiges Verständnis übersteigen.

Die Mayas bewahrten die Weisheit des Goldenen Atlantis in ihrem Bewusstsein. Aber dieses Wissen, das die Astrologen und Astronomen damals besaßen und heute noch zum Teil besitzen, konnte auch für dunkle Machenschaften eingesetzt werden. So konnte zum Beispiel Feinden großer Schaden zugefügt werden, indem mithilfe dieses Wissens der perfekte Zeitpunkt für einen Angriff berechnet wurde. Da die Mayas von vielen Stämmen angegriffen wurden, deren Bewusstseinsstand zu niedrig war, um das Wissen weise zu gebrauchen, beschlossen sie, den Planeten zu verlassen. Sie stiegen auf und nahmen das Wissen aus Atlantis mit sich – mit Ausnahme der heiligen Dateien, die im Kristallschädel verborgen waren.

Die Mayas glaubten, sie hätten ihr Land gut beschützt und energetisch hoch aufgeladen zurückgelassen. Sie wollten, dass es ein Land war, in das Menschen über lange Zeit kommen und gehen, in die hochfrequente Energie eintauchen und sie mit sich nehmen könnten. Sie glaubten, dies würde den Frieden des ganzen Kontinents bewahren und auch den Rest der Welt subtil beeinflussen. Aber das Bewusstseinsniveau der Menschen, die in den umliegenden Regionen lebten, nahm rapide ab. Wesen von der Venus trafen ein, um diesen Trend umzukehren, aber die allgemeine Finsternis des Planeten machte ihre Bemühungen zunichte.

Nach langen Diskussionen auf den inneren Welten beschloss das Intergalaktische Konzil, den Maya-Schädel in der Hoffnung freizugeben, den allgemeinen Abwärtstrend auf Erden umzukehren und die Energie des Krieges aufzulösen, die wie eine Wolke über der Welt hing.

Daher wurde der bemerkenswerte Maya-Schädel, der unglaubliche Informationen enthält, die wir nur zum kleinen Teil anzapfen und verstehen können, 1927 freigegeben. Anna Mitchell-Hedges war damals ein junges Mädchen, die ihrem Vater, einem Archäologen, half, eine der versunkenen Städte der Maya in den Regenwäldern im heutigen Belize zu erforschen. In den uralten Ruinen von Lubaantum entdeckte sie den Schädel unter einem Altar. Sie wurde bis zu ihrem Tode sein Hüter. Heute befindet er sich in der Obhut von Bill Homann.

Der Inka-Schädel

Thot, der später Hermes Trismegistos genannt wurde, war jener Hohepriester, der diesen Kristallschädel von Atlantis nach Peru brachte. Er lehrte, dass in allem, was im Universum lebt, Harmonie und Übereinstimmung herrschen, darunter auch in den Bewegungen der Planeten, der Gezeiten und Strömungen, der Pflanzen und Kristalle. Der gesamte Kosmos reagiert auf bestimmte Harmonien und Kombinationen von Noten, die bestimmten Tonleitern entsprechen. Werden diese Noten korrekt gespielt, ist das Ergebnis vollkommenes Gleichgewicht und Heilung. Das gewaltige Wissen und die detailreichen Informationen Thots befinden sich im Kristallschädel der Inkas. Wenn wir Zugang zu ihm gewinnen und über das nötige Bewusstsein verfügen, um das Wissen zu verstehen und anzuwenden, werden die gesamte Natur, alle Tiere und Menschen geheilt werden und in vollkommener Harmonie miteinander leben.

Aus den Atlantern, die nach Südamerika kamen, wurden die Inkas, die das mächtige interdimensionale Portal von Machu Picchu erbauten, das in beide Richtungen funktioniert. Wie bei den Mayas stiegen auch die Priester der Inkas in dem Glauben auf, sie hätten das Portal gut geschützt. (Ich habe die esoterischen Geheimnisse von Machu Picchu im ersten Teil meiner Romantrilogie *The Silent Stones*[2] beschrieben.)

Der atlantische Kristallschädel, der nach Peru gebracht worden war, wurde dort 2012 von einer Gruppe gefunden, die sein wahrer Hüter ist. Sie erkannten ihre Rolle, und weil sie um seine Macht wussten, verehren

2 Deutsch: Diana Cooper: *Das Schweigen der Steine.* Heyne, München 2007

sie ihn als heilig und verwahren ihn im Geheimen an einem sicheren Ort.

Obwohl die Menschen in der Region es nicht wissen, hat er bereits damit begonnen, das Bewusstsein weltweit mit seiner Weisheit und dem Licht, das er ausstrahlt, zu beeinflussen. Er trug dazu bei, das Energieniveau für 2012 anzuheben. Zudem hat er das Interesse an Klangheilung angeregt.

Gewisse feinfühlige Menschen werden in der Lage sein, das Licht, das der Schädel ausstrahlt, aufzunehmen und einen Teil des spirituellen Wissens, das in ihm enthalten ist, anzuwenden. Nach 2032 wird ein großer Teil der Erdbevölkerung die Weisheit des Thot anwenden, um perfekte Gesundheit zu erlangen und auch ihre Pflanzen und Tiere gesund zu erhalten.

Diese Schädel wurden zur Zeit des Goldenen Atlantis gefertigt, damit das in ihnen enthaltene Wissen durch die Zeiten hindurch bewahrt würde. Bitte stimmen Sie sich auf ihre Energien ein, um das Wissen, die Fertigkeiten und die Weisheit zurückzubringen, von denen wir jetzt noch nicht einmal alles wissen.

Im Folgenden führe ich die Stämme und ihre Anführer auf, die einen Kristallschädel gefertigt haben.

DIE STÄMME	DIE ANFÜHRER
Die Inkas	Thot
Die Azteken	Isis
Die Babylonier	Horus
Die Ägypter	Ra
Die Inuit	Seth

Die amerikanischen Ureinwohner	Imhotep
Die hawaiischen Kahunas	Hermes
Die Tibeter	Zeus
Die Mayas	Aphrodite
Die Mesopotamier	Apollon
Die alten Griechen	Poseidon
Die Maoris	Hera

Der mystische dreizehnte Schädel aus Amethyst bewahrt das kollektive Bewusstsein aller Welten.

Noch weitere Kristallschädel wurden gefunden. Sie sind aber nicht atlantischen Ursprungs, sondern wurden von den Magi jenes Stammes gefertigt, der unter Führung des Hohepriesters Ra Atlantis verließ und nach Ägypten ging. Diese späteren Schädel wurden mit Informationen programmiert, die nicht so rein und umfassend sind wie die in den ursprünglichen Schädeln enthaltenen.

Bis 2032 werden sechs der ursprünglichen atlantischen Kristallschädel auftauchen und ihren subtilen Einfluss auf das spirituelle Bewusstsein der Welt ausüben. Es ist möglich, über diese Schädel zu meditieren und darum zu bitten, dass Ihnen der Zugang zu Informationen gewährt wird, mit denen Sie der Welt helfen können.

Eine Übung: Meditation über die Kristallschädel

1. Suchen Sie sich einen ruhigen Ort, an dem Sie niemand stören wird.

2. Zünden Sie eine Kerze an und weihen Sie sie Ihrer Vision oder dem Dienst an der Welt.

3. Entspannen Sie sich ein paar Minuten lang mit der Ausatmung, bis Sie sich wohlfühlen.

4. Bitten Sie darum, sich mit einem der Kristallschädel verbinden zu dürfen, und stellen Sie sich einen silbernen Faden vor, der Sie mit ihm verbindet.

5. Spüren Sie Ihr Drittes Auge. Möglicherweise sehen Sie Farben oder spüren etwas, es kann aber auch sein, dass Sie gar nicht wahrnehmen, wie es sich öffnet.

6. Vielleicht bekommen Sie eine plötzliche Einsicht oder spüren das wohlige Gefühl, mit einer höheren Form der Weisheit verbunden zu sein. Es ist aber auch möglich, dass Sie erst später Informationen bekommen.

7. Am Ende Ihrer Meditation bedanken Sie sich bei dem Kristallschädel.

8. Kehren Sie in Ihr Alltagsbewusstsein zurück.

4 Was während des kosmischen Moments geschah

Hochfrequente Energie gewaltigen Ausmaßes strömte während des kosmischen Moments am 21. Dezember 2012 um 11.11 Uhr durch uns hindurch. Die Bedeutung dieses Moments und seine Auswirkungen werden noch während der gesamten zwanzigjährigen Übergangsphase spürbar sein.

Die Öffnung der kosmischen Portale

Überall auf der Welt befinden sich gewaltige kosmische Portale, von denen die meisten 2012 begonnen haben, ihr Licht auszustrahlen. Einige öffneten sich schnell, und die anderen werden dies im Verlauf der zwanzigjährigen Übergangsphase bis zum Beginn des Goldenen Zeitalters tun. Wenn sich das hochfrequente Licht aus diesen Portalen verbreitet, wird dies großen Einfluss auf die umliegenden Regionen und die ganze Welt haben.

Dreiunddreißig ist die Schwingung des Christus-Lichts. Diese kosmischen Portale senden das Christus-Licht sowie die zwölf Strahlen und den silbernen Strahl des göttlich Weiblichen aus.

Stellen Sie sich einen Baum vor, dessen Stamm bis in die Mitte der Erde reicht. Oben strecken sich die Zweige den Sternen entgegen, unten dringen die Wurzeln in der Erde zu bestimmten Punkten vor. Diese bezeichnet man als kosmische Leylinien.

Das Licht der zwölf Strahlen vereint mit dem des silbernen Strahls strömt vom Kosmos durch die Zweige und den Stamm in die Wurzeln und von dort zu den Portalen. Dort steigt es wie ein Springbrunnen auf, um das Land und seine Bewohner in göttlichem Licht zu baden. Wenn Sie sich dies so vorstellen, wird Ihre Visualisierung dazu beitragen, dass die Portale mehr Energie bekommen und ihren Einfluss erweitern können.

Es gibt noch viele andere Portale, die sich gegenwärtig öffnen. Sie sind überall dort, wo sich Menhire, heilige Stätten oder Orte großer natürlicher Schönheit befinden. Sie übermitteln nicht unbedingt das Christus-Licht, wie es die dreiunddreißig kosmischen Portale tun, aber jedes von ihnen hat seine eigene Energie.

Sie können sich während Ihrer Meditation oder im Schlaf auf die kosmischen Portale einstimmen, um ihre speziellen Eigenschaften oder ihr spezielles Licht zu empfangen. Die nachfolgende Liste erklärt, was Sie von jedem von ihnen empfangen können.

Die dreiunddreißig kosmischen Portale und ihre jeweilige Energie

Die alten Kulturen

1. Atlantis

Dieses Portal erweckt die Energie des Poseidon-Tempels im Atlantik und strahlt die Weisheit von Atlantis aus. Wenn Sie sich auf seine Energie einstimmen, wird Ihnen dies helfen, den einzigartigen Bauplan Ihrer Seele auszudrücken.

2. Lemuria

Dieses Portal in Hawaii aktiviert den großen Kristall von Lemuria und bringt die in ihm gespeicherte Weisheit zurück. Wenn Sie die hier gespeicherte Energie anzapfen, erweckt dies in Ihnen eine leidenschaftliche Liebe zur Natur und den Tieren.

3. Hohlerde

Dieses Portal im Mittelpunkt der Erde begann sich 2012 zu öffnen. Seine Energie wird die Leylinien massiv beeinflussen. Es gleicht einem verlängerten Oval, das sich auf dem Gebiet der Vereinigten Staaten unter Oklahoma, Kansas, Nebraska, Süddakota und den Süden von Norddakota erstreckt.

Ursprünglich hatte es die Form eines gewaltigen Kreises, aber die Form änderte sich, weil es durch die Bewegungen in der Erdkruste zusammengequetscht wurde.

Die Energie, die 2012 hier eintrat, war so stark, dass es seine ursprüngliche Form wieder annehmen wird, was einen großen Einfluss auf die dort lebenden Menschen haben wird. Dabei handelt es sich allerdings um einen längeren und langsamen Öffnungsprozess. Bis 2032 wird es zu dreiundneunzig Prozent geöffnet sein. Seine volle Wirkung entfaltet es 2035, was sich in gewaltigen Aktivitäten materieller wie energetischer Natur in dieser Region zeigen wird.

Es gibt andere Einstiegspunkte in die Hohlerde, aber dies ist das Hauptportal, das, als es sich zuerst öffnete, am Mittelpunkt des Universums ausgerichtet war, dem Sitz des göttlichen Quells. Es wird 2035 wieder seine ursprüngliche Ausrichtung annehmen, drei Jahre lang offen bleiben und sich dann langsam schließen. Es bereitet sich vor, öffnet sich und schließt sich also langsam wieder wie eine Blüte und wird gewaltigen Einfluss haben.

Es wird sich schließlich ganz schließen, weil es aufgrund der Bewegung der Erde nicht mehr am Mittelpunkt des Universums ausgerichtet sein wird. Dann wird sich ein anderer Einstiegspunkt zur Hohlerde in einem anderen Teil des Planeten öffnen. Wenn Sie sich tatsächlich auf dieses Portal einstimmen, werden Sie göttliche Liebe erfahren und kennenlernen.

4. Mu

Dieses Portal im Pazifik begann sich 2012 zu öffnen und erweckte dadurch das verborgene Wissen der alten Zivilisation von Mu zum Leben. Wenn Sie sich mit dieser Energie identifizieren, werden Sie in die Lage versetzt, dem Universum zu helfen, die Liebe im Mittelpunkt der fünf Aufstiegsgestirne Erde, Plejaden, Orion, Siris und Neptun zu halten.

Australasien

5. Uluru, Australien

Dieses Portal begann sich 2012 zu öffnen und ermöglicht Ihnen, sich mit der Weisheit der Aborigines zu verbinden. Es ermöglicht Ihnen zudem, die göttlich männliche Wahrheit auszudrücken.

6. Fidschi

Dieses Portal begann sich 2012 zu öffnen und verband uns mit der Weisheit der Maori. Nach dem Untergang ihres Kontinents kamen einige Atlanter nach Fidschi, bevor sie nach Neuseeland weiterzogen. Diese Energie ermöglicht es Ihnen, das Beste in sich selbst und anderen Menschen hervorzubringen.

Amerika

7. Sedona, Vereinigte Staaten

Dieses Portal begann sich 2012 zu öffnen und verband uns mit der Weisheit der amerikanischen Ureinwohner. Wenn Sie sich darauf einstimmen, werden Sie ein Gemeinschaftsgefühl verspüren und verstehen, was es bedeutet.

8. Das Bermudadreieck

Der große Kristall von Atlantis wurde im Tempel des Poseidon aufbewahrt. Er hatte verschiedene Funktionen und diente auch als Portal. Als Atlantis unterging, sank der Kristall auf den Meeresboden im Zentrum des Bermudadreiecks hinunter. Wenn das Intergalaktische Konzil dieses Portal braucht, wird es geöffnet, und alle und alles, die sich darin befinden, machen eine rasend schnelle interdimensionale Veränderung durch. Für uns Menschen verschwinden sie auf tragische Weise, aber auf der Seelenebene haben alle Beteiligten diesem Prozess zugestimmt.

Dieses Portal ist also manchmal offen und manchmal geschlossen. Um sich darauf einzustimmen können, muss man an intergalaktische Verbindungen glauben.

9. Banff, Kanada

Dieses Portal öffnete sich 2012 und ermöglicht es uns, integre Führungsqualitäten zu entwickeln.

10. Alaska, Arktis

Dieses Portal begann sich 2012 zu öffnen und verband uns mit der Weisheit der Inuit. Es ermöglicht uns, uns mit anderen Welten zu verbinden.

11. Der Südpol

Dieses Portal öffnete sich 2012. Wer sich mit ihm verbindet, erfährt Glückseligkeit.

12. *Die Maya-Siedlungen in Honduras*

Dieses Portal öffnet sich bereits und ermutigt uns, uns weise mit den Sternen zu verbinden.

13. *Ganz Peru*

Dieses Portal, das uns mit der Weisheit der Inkas verbindet, begann sich 2012 zu öffnen. Es ermutigt uns, unser volles Potenzial auszuleben.

Afrika

14. *Mali*

Nachdem Ra seinen Stamm von Atlantis nach Ägypten geführt hatte, zog ein Teil des Stammes, die Dogon, weiter und ließ sich im heutigen Mali nieder. Sie brachten die Weisheit und das alte Wissen vom Sirius mit, das sie noch heute für uns bewahren. Dieses Portal, das uns mit der Weisheit der Dogon verbindet, hat begonnen sich zu öffnen. Mit seiner Hilfe können wir Zugang zu spirituellen Technologien erlangen.

15. *Die Sphinx, Ägypten*

Dieses Portal begann sich 2012 zu öffnen und wird Ihnen helfen, alles ins Gleichgewicht zu bringen.

Naher Osten

16. Mesopotamien (Irak)

Dieses Portal hat begonnen sich zu öffnen. Es bringt die Weisheit des Goldenen Atlantis zurück, die nach dem Untergang von Atlantis vom Stamm des Apollon hierher gebracht wurde. Seine Energie ermöglicht es uns, uns selbst zu akzeptieren.

Der Ferne Osten

17. Die Quelle des Ganges, Indien

Dieses Portal öffnete sich 2012. Wenn Sie Inspiration brauchen, können Sie sich auf dieses kosmische Portal einstimmen.

18. Varanasi, Indien

Dieses Portal hat begonnen sich zu öffnen. Es hilft uns, Familienbande zu entwickeln.

19. Manila, Philippinen

Dieses Portal begann sich 2012 zu öffnen. Wenn Sie sich darauf einstimmen, empfangen Sie den Segen der Engel.

20. Mongolei

Dieses Portal begann sich 2012 zu öffnen. Es fördert den Respekt vor allen Tieren.

21. Angkor Wat, Kambodscha
Dieses Portal öffnet sich und ermöglicht es uns, uns mit unserer inneren Weisheit zu verbinden.

22. Guanyin
Dieses Portal befindet sich entlang der Seidenstraße in China, wo Guanyin die Energie in den dortigen Bergen bewahrt. Es begann sich 2012 zu öffnen und hilft uns, Reichtumsbewusstsein zu entwickeln.

23. Wuhan, Ostchina
Dieses Portal öffnet sich zwischen 2012 und 2014. Es ermöglicht uns, uns mit der Schönheit eines höheren spirituellen Ausdrucks zu verbinden.

24. Ansi (Anshan), Nordchina
Dieses riesige Portal öffnet sich und lädt uns ein, unser gewaltiges Potenzial zu nutzen.

Europa

25. York, Großbritannien
Dieses riesige Portal, das begann, sich 2012 zu öffnen, bringt uns Erleuchtung. Es hilft uns, unser Drittes Auge zu öffnen.

26. Andorra
Dieses Portal begann sich 2012 zu öffnen und ermöglicht es uns, mit den Drachen Kontakt aufzunehmen.

Wenn deren Einfluss zunimmt, werden sie uns lehren, was wahrer Reichtum ist.

27. Auf dem Meeresboden vor der Küste von Marseille, Frankreich

Dieses Portal öffnete sich 2012. Es wird zur Entwicklung entspannter Beziehungen beitragen.

Russland

28. Omsk, Ural

Dieses Portal begann sich 2012 zu öffnen. Es befähigt uns, anderen voller Weisheit zuzuhören.

29. Sibirien

Dieses Portal begann sich 2012 zu öffnen. Es ermöglicht es uns, unsere Großartigkeit zu akzeptieren.

30. Agata, Nordrussland

Dieses Portal begann sich 2012 zu öffnen. Es befähigt die Menschen, das zu sein, was sie wirklich sind.

31. Vulkan Opala, Kamtschatka

Dieses Portal wird sich 2014 öffnen. Es wird es uns ermöglichen, unsere Seelenenergie kennenzulernen.

32. Gora Chen, Ostsibirien

Dieses Portal hat bereits begonnen sich zu öffnen. Seine Energie befähigt viele Menschen, die Engel zu

akzeptieren. Seine Botschaft ist es, die Engel anzunehmen.

33. Nordpol, Arktis

Dieses kosmische Portal öffnet sich und strahlt das
Christus-Licht aus. Wenn Sie sich darauf einstimmen,
empfangen Sie den Ruf, selbst das Christus-Licht zu
sein.

Je größer die Zahl, desto mehr Christus-Energie strahlt
das betreffende Portal aus. Daher strahlt das Portal am
Nordpol am stärksten. Dreiunddreißig ist die Schwin-
gungszahl des Christus-Lichts.

Alle Portale (außer dem in der Hohlerde) werden
nach einigen Jahren eine Pause einlegen, weil sie so viel
kosmische Energie aufgenommen und mit unserem
Planeten geteilt haben, wie sie konnten. Wenn sie eine
Weile geruht haben, werden sie sich erneut öffnen.

Wenn alle kosmischen Portale offen sind und Sie
sich mit ihren Eigenschaften verbunden haben, wird
Serafina, die mächtige Seraphim, als Brücke zur Weisheit der Sterne dienen. Sie wird Ihnen helfen, zu den
Sternen zu reisen und Ihre Ausbildung zum intergalaktischen Meister beschleunigen. Durch sie begegnen Sie
zum Beispiel möglicherweise den Meistern des Orion.
Sie wird Sie mit deren höheren Aspekten verbinden,
damit Sie mehr von ihrem Wissen aufnehmen können.

Sie sind interuniversell. Die Weisheit anderer Universen kehrt in Ihr Energiefeld zurück, damit andere

Menschen sie von dort aufnehmen können und Sie sie automatisch unterweisen.

Wenn alle kosmischen Portale offen sind, werden die Menschen in die Lage versetzt, sich durch Serafina mit dem göttlichen Quell zu verbinden.

Drei ganz besondere Portale

Es existieren drei außergewöhnliche siebendimensionale Portale, die im Jahr 2012 damit begonnen haben, sich zu öffnen, und hier besonders erwähnt werden sollen.

Stonehenge

Dieses sehr bekannte uralte Portal liegt im Süden Englands. Manche halten es für eine Sonnenuhr, und obwohl es ziemlich klein zu sein scheint, ist sein Einfluss doch gewaltig. Zurzeit ist es nur zum Teil geöffnet, aber es wird sich langsam weiter öffnen, bis es 2032 vollständig offen ist. Es strahlt eine Einladung aus, dorthin zu gehen. Diese Einladung wird im Laufe der Zeit noch stärker werden.

Stonehenge ist ein siebendimensionales Portal. Wenn Sie es während der Meditation oder im Schlaf aufsuchen, bringt es Sie in Ihren siebendimensionalen Lichtkörper. Dann sehen Sie durch die siebendimensionalen Augen der Liebe und des Einheitsbewusstseins. Sie werden sich Ihres höchsten Potenzials bewusst und sehen Ihr Leben in einem größeren Zusammenhang.

Bei diesem Portal geht es um Zeit und Materie. Sie werden in die ewige Zeit eintauchen, in jenen Raum, in dem alles Wissen offenbar ist, und Sie werden die Struktur aller Dinge verstehen.

Je mehr Menschen die wahre Energie von Stonehenge erleben, desto stärker wird der Bewusstseinswandel auf dem Planeten sein.

Yellowstone

Yellowstone ist ein riesiges Portal für Tiere in den Vereinigten Staaten. Es erstreckt sich über das Gebiet von Wyoming und Teile von Montana und Idaho. 2032 wird es sich vollständig geöffnet haben und dann siebendimensional sein. Während es sich öffnet, wird es sein Licht verbreiten, um den Menschen dabei zu helfen zu verstehen, dass sich Tiere auf ihrer eigenen Seelenreise befinden.

Überall auf der Welt werden wild lebende Tiere ebenso wie Haustiere diese gelbe Energie spüren, wodurch ihr Aufstieg beschleunigt wird. Wenn Menschen aber zu sehr an ihren Tieren hängen, können diese nicht vollständig davon profitieren.

Es ist kein Zufall, dass das Gestein dort eine gelbliche Färbung hat, und dass die Gegend Yellowstone (Gelbstein) heißt, denn Erzengel Fhelyai, der Engel der Tiere, hat eine gelbe Schwingung.

Wenn die Menschen die Tiere wahrhaft akzeptieren und ehren, wird der Planet schneller in höhere Dimensionen aufsteigen können. Genau dies wird 2032 geschehen. Die Tiere werden uns vergeben, und wir alle werden diesen Planeten wieder harmonisch miteinander teilen. Wenn Sie sich auf dieses Portal einstimmen und sein Licht aufnehmen, wird dieser Prozess beschleunigt werden.

China

In der Nähe des Guanyin-Portals in den Bergen Chinas existiert ein ganz besonderes Portal. Gegenwärtig ist es noch geschlossen und wird geschlossen bleiben, bis der Planet und das Universum bereit sind. Unsere Herz-Chakras werden schneeweiß, wenn sie vollkommen fünfdimensional geworden sind, und dieses Portal enthält reine weiße Liebe wie die reine Liebe des göttlichen Quells.

Es wird sich öffnen, wenn wir das Herz unseres Planeten mit den Herzen aller anderen Planeten verbunden haben. Je mehr Menschen sich mit den Liebeszentren der Sterne verbinden, desto schneller wird sich dieses Portal öffnen. Später werde ich Ihnen eine Übung geben, die es Ihnen ermöglichen wird, sich mit den Herzen der Sterne zu verbinden.

Wenn dieses Portal offen ist, werden Sie in der Lage sein, in die Liebe des göttlichen Quells einzutauchen und etwas zu erleben, das über alles hinausgeht, was Sie auf diesem Planeten bisher erlebt haben.

Eine Übung: Verbinden Sie sich mit Stonehenge

1. Suchen Sie einen ruhigen Ort auf, an dem Sie nicht gestört werden können.

2. Zünden Sie eine Kerze an.

3. Stellen Sie sich vor, dass Wurzeln aus Ihren Füßen in die Erde dringen.

4. Atmen Sie ein paarmal tief durch, schließen Sie die Augen und entspannen Sie sich.

5. Bitten Sie die Engel, Sie nach Stonehenge zu bringen.

6. Stellen Sie sich vor, Sie stünden in der siebendimensionalen Energie dieses Portals.

7. Spüren Sie, wie Sie in die ewige Zeit hineingleiten. Sie wissen, dass wir alle eins sind und dass alles vollkommen ist.

8. Sehen Sie durch die Augen der Liebe und betrachten Sie die Welt von einem höheren Standpunkt aus.

9. Entspannen Sie sich und seien Sie einfach.

10. Wenn Sie zurückkommen, versuchen Sie diese Energie so lange wie möglich zu halten.

Eine Übung: Verbinden Sie sich mit Yellowstone

1. Suchen Sie einen ruhigen Ort auf, an dem Sie nicht gestört werden können.

2. Zünden Sie eine Kerze an, um das Schwingungsniveau anzuheben.

3. Stellen Sie sich vor, dass Wurzeln aus Ihren Füßen bis tief in die Erde dringen.

4. Atmen Sie ein paarmal tief durch, schließen Sie die Augen und entspannen Sie sich.

5. Bitten Sie Erzengel Fhelyai, den Engel der Tiere, Sie nach Yellowstone zu bringen.

6. Spüren Sie, dass Sie im gelben Licht dieses Portals stehen.

7. Sehen Sie, dass alle Tiere der Welt vom gelben Licht der Engel umgeben sind.

8. Sehen Sie, wie das gelbe Licht in den Geist der Menschen dringt und ihnen hilft zu verstehen, dass sich die Tiere auf ihrer eigenen Seelenreise befinden.

9. Sehen Sie, wie alle Menschen der Welt alle Tiere ehren und respektieren.

10. Bringen Sie das gelbe Licht dieses Portals in Ihrer Aura zurück.

Die kosmischen Pyramiden

Gegen Ende von Atlantis benutzten sechs der Hohepriester und Hohepriesterinnen ihr Wissen, um kosmische Pyramiden zu errichten, die eigentlich kosmische Computer, Generatoren und Umschaltstationen sind. Diese Pyramiden bewahren die Weisheit des Universums. Sie wurden darauf programmiert, die fünfdimensionale Kundalini des Planeten während des kosmischen Moments zu erwecken, damit sie aufsteigen und die fünfdimensionalen Chakras des Planeten öffnen kann.

Es gibt sechs Pyramiden:

• Der Hohepriester Apollon errichtete die kosmische Pyramide in Mesopotamien (dem heutigen Irak), um alles im Kosmos wieder in Harmonie und Resonanz zu bringen. Die Menschen des Nahen Ostens haben die hochfrequente Energie bereits gespürt, die in ihnen den Wunsch erweckt, frei zu sein.

• Der Hohepriester Poseidon erschuf die kosmische Pyramide in Griechenland, die unter dem Parthenon liegt, um uns zu helfen, unseren Geist so weit zu entwickeln, dass er den Körper heilen kann. Sie enthält auch großes Wissen um die Gestirne und die Gezeiten, über Landwirtschaft und Heilung.

• Der Hohepriester Zeus errichtete die kosmische Pyramide in Tibet, um Stille und Frieden unter den Menschen zu verbreiten und es uns zu ermöglichen, Mitgefühl und Gewaltlosigkeit zu entwickeln, die zu innerem Frieden führen.

• Der Hohepriester Thot errichtete die kosmische Pyramide in Peru, um uns zu befähigen, den Gebrauch von Energie zu verstehen, um alles in Harmonie, Übereinstimmung und Ganzheit zu bringen.

• Die Hohepriesterin Isis errichtete die kosmische Pyramide in Südamerika, um die Menschen zu befähigen, sich selbst zu lieben und Zugang zu ihrem eigenen Bauplan und dem des Planeten zu finden.

• Der Hohepriester Ra errichtete die kosmische Pyramide in Ägypten, um den sechszackigen Stern von der Erde zum Himmel und vom Himmel zur Erde zu verbinden.

Von diesen Pyramiden existieren nur die ägyptische und die Maya-Pyramide in materieller Form. Die anderen wurden zerstört, sind aber weiterhin energetisch aktiv.

Während des kosmischen Moments stieg die Kundalini auf wie geplant. Sie erweckte das Erdstern-Chakra in London, das daraufhin begann, sich mit einer fünfdimensionalen Schwingungsfrequenz zu drehen. Dadurch begannen auch die anderen Chakras des Planeten sich zu drehen. Als die Energie das Herzzentrum in Glastonbury erreichte, verband sie sich mit dem kosmischen Herzen, der Venus, und entfachte das Licht in den Kristallpyramiden der Kuppel von Atlantis, die überall im Universum verteilt sind. Dadurch konnten sich die Herzzentren aller Planeten, Sterne und Galaxien in diesem Universum verbinden, sodass sie Liebe und Weisheit miteinander teilen. Dieser Prozess wird 2032 abgeschlossen sein.

Die zwölf planetarischen Chakras erwachten während des kosmischen Moments, und das Sternentor öffnete sich wie ein Kelch, um das Licht des göttlichen Quells zu empfangen, das über uns allen ausgeschüttet wurde.

Teil II

Die Übergangsphase von 2012 bis 2032

5 Die Weltwirtschaft

Schon seit Langem gleicht das weltweite Finanzsystem einem verrottenden Ast. Als jene, die auf ihm saßen, herunterfielen, versuchten sie wieder auf denselben verrottenden Ast zu kriechen, statt sich einen neuen, gesunden zu suchen.

2007 begann die Banken- und Kreditvergabekrise, als Banken zusammenbrachen und viele Firmen in Konkurs gingen. Das ganze System, das auf Gier, Spekulation, Korruption und dem Herumtrampeln auf dem Rücken der Ärmsten aufgebaut war, konnte nicht mehr fortbestehen. Präzise zu dem Zeitpunkt, der im Maya-Kalender vorhergesagt war, begannen die ökonomischen Strukturen weltweit zu kollabieren.

In zwanzig Jahren wird die ganze Idee, nicht vorhandenes Geld zu verleihen und Zinsen dafür zu kassieren, als unglaublich arrogant und korrupt angesehen werden. Die Vorstellung von Arm und Reich wird undenkbar sein. Es wird weder Banken noch andere finanzielle Institutionen geben.

Die Art und Weise, wie Banken, andere Finanzdienstleister und viele Firmen arbeiten, dient nicht dem höchsten Wohl aller und muss angepasst werden, um dem neuen Paradigma zu entsprechen.

Wirtschaftssysteme brechen zusammen, weil sich die Schwingungsfrequenz des Planeten erhöht hat und weil die Zahnräder des Alten nicht mehr in die des Neuen greifen. Damit sie wieder zueinanderpassen, muss die Schwingungsfrequenz der Weltwirtschaft erhöht werden. Mit anderen Worten: Es muss wieder mehr Ehre, Offenheit, Ehrlichkeit und Gerechtigkeit herrschen.

Das System wird weiterhin zusammenbrechen und sich weiterentwickeln, bis ökonomische Strukturen an seine Stelle treten, die auf Gerechtigkeit und Integrität basieren. Nach 2032 werden sich auch diese Strukturen auflösen, da Geld keine Bedeutung mehr haben wird.

Arbeitslosigkeit

Wenn die Arbeit eines Menschen es ihm nicht ermöglicht, seine höchste Wahrheit auszudrücken, wird seine Seele dafür sorgen, dass er aus dem alten Beruf oder dem alten Geschäft herauskommt. Das geschieht heute massenhaft und geschieht zur selben Zeit, in der sich die Schwingungsfrequenz vieler Menschen erhöht und die Wirtschaft zusammenbricht. Und da nichts zufällig geschieht, sind Massenentlassungen und Arbeitslosigkeit Weckrufe für die Betroffenen. Ihre Seelen fordern von ihnen, dass sie sich ihren Lebensunterhalt auf eine Weise verdienen, die sich im Einklang mit ihrer höchsten Bestimmung befindet und ihnen Erfüllung bringt. Jene Menschen, die ihre Schwingungsfrequenz angehoben haben und sich auf die höheren Energien einstimmen, die uns jetzt zur Verfügung stehen, werden ihren Seelenberuf finden, der nach dem Gesetz der Anziehung automatisch zu ihnen kommen wird.

2032 wird die Mehrzahl jener, die in fünfdimensionalen Gemeinschaften leben, auf eine Weise arbeiten, die ihre Talente und Begabungen ehrt und respektiert. Zum ersten Mal seit den Zeiten des Goldenen Atlantis werden die meisten Menschen in ihrem Alltag auf der Seelenebene Erfüllung finden.

Der Handel nach 2032

Während der zwanzigjährigen Übergangsphase werden die Probleme des Transports unter den neuen Bedingungen dazu führen, dass es wirtschaftlich nicht länger sinnvoll und nachhaltig sein wird, Waren oder Lebensmittel rund um den Globus zu transportieren. Die Bauern werden Lebensmittel für den lokalen Markt produzieren, sodass die riesigen Flächen, auf denen Monokulturen angebaut werden, der Vergangenheit angehören.

Einige nationale Wirtschaften, die völlig vom Export abhängig sind, müssen sehr flexibel sein und sich auf ihre innere Stärke verlassen. Basierend auf den gegenwärtigen Vorhersagen wird sich die Welt bis 2032 bis zur Unkenntlichkeit verändert haben. Es wird keinen internationalen Handel mehr geben.

Die neuen Energien, die uns zur Verfügung stehen, bieten uns ungeahnte Möglichkeiten des spirituellen Wachstums. Daher werden viele jener Länder, die ihre

Devisen gegenwärtig im Exportgeschäft verdienen, entdecken, dass ihre Bürger stattdessen nach spiritueller Bereicherung streben. Aufgrund ihrer höheren Frequenzen werden sie automatisch jenen Reichtum anziehen, den sie wirklich brauchen.

Da der größte Teil der Menschheit in der fünften Dimension leben wird, werden die Gemeinschaften miteinander kooperieren und im Interesse des Gemeinwohls alles miteinander teilen. Daher besteht kein Bedarf mehr nach Geld. Stattdessen werden Güter lokal ausgetauscht werden.

Großkonzerne

Die Großkonzerne sind die Dinosaurier unserer Zeit. Wenn sich die Ethik der Finanz- und Geschäftswelt ändert, werden die großen Konzerne zusammenbrechen. Firmen, die heute jeder kennt, werden 2032 nur noch in der Erinnerung existieren. Alle Firmen, die Menschen, Tiere oder das Land ausbeuten, werden verschwinden. Die großen Supermärkte werden ein Ding der Vergangenheit sein.

Nur die Firmen, die sich der veränderten Schwingungsfrequenz des Planeten anpassen und im Interesse des Gemeinwohls agieren, werden überleben – allerdings in stark veränderter Form, die sich von der jetzigen grundlegend unterscheidet.

Das neue Paradigma der Geschäftswelt

Das neue Paradigma basiert darauf, dass Dinge nur noch zum höchsten Wohl des Gemeinwesens oder des Planeten erschaffen oder produziert werden. Da die meisten Menschen in fünfdimensionalen Gemeinschaften leben werden, wird der Fokus auf Kooperation liegen. Menschen werden das Beste ineinander sehen, sich gegenseitig unterstützen, Hervorragendes leisten und auf eine Weise zum Ganzen beitragen, die ihr Herz zum Singen bringt.

Firmen, die alle Beteiligten respektieren und das Wohl der Tiere, der Natur und der Menschen im Auge haben, werden auch während der Übergangsphase erfolgreich sein.

Internationale Zusammenarbeit

Schon bald werden die Reichen sich nicht mehr behaglich zurücklehnen und zusehen können, wie Kinder und Erwachsene in Ausbeuterbetrieben für Hungerlöhne schuften, um materielle Güter für sie herzustellen. In den reichen Ländern wird es gewaltige Bewegungen geben, um den Ländern zu helfen, die nicht so gesegnet sind. Dies wird dazu beitragen, die gewaltigen Unterschiede auf der Welt zu beseitigen.

2022 wird es auf vielen Gebieten zu einer starken internationalen Zusammenarbeit kommen und schlechte Arbeitsbedingungen werden nicht mehr toleriert.

Eine Visualisierungsübung:
Stellen Sie sich die Welt in Harmonie vor

1. Setzen Sie sich still an einen Ort, wo Sie sich entspannen können.

2. Schließen Sie die Augen und atmen Sie tief ein und aus.

3. Bitten Sie die Engel, Sie in harmonische Übereinstimmung mit einer Arbeit zu bringen, die Ihre Seele befriedigt.

4. Stellen Sie sich vor, dass Sie die Arbeit ausführen, die Sie wirklich erfüllt. (Diese Arbeit mag sich völlig von Ihrem gegenwärtigen Beruf unterscheiden.) Nehmen Sie sich selbst als glücklich, gut entlohnt und gewürdigt wahr.

5. Übertragen Sie dieses Gefühl auf alle Menschen, die Sie kennen, und stellen Sie diese sich glücklich in ihrem Beruf vor.

6. Stellen Sie sich nun vor, dass sich alle Menschen der Welt in Harmonie mit ihrem Alltag befinden. Sehen Sie, wie sie in den Büros, auf den Feldern oder wo immer sie auch sein mögen, singen.

7. Öffnen Sie die Augen und lächeln Sie.

6 Energieversorgung, Transport und Tourismus

Da die Schwingungsfrequenz der Menschen seit 2012 ansteigt, wirkt sich dies verheerend auf elektrische Systeme aus. (Machen Sie bloß immer Sicherungskopien!) Wenn ein Mensch einen Bewusstseinssprung durchmacht, wirkt sich die neue Frequenz auf seine Elektrogeräte aus, die oft genug verrückt spielen. Ich habe schon häufig gehört, dass sich Menschen darüber beklagen, dass sie ihre Fernsehgeräte, Toaster oder Glühbirnen ersetzen mussten, nachdem sie spirituelle Bücher gelesen hatten, auf einem Seminar gewesen waren oder mit einer spirituellen Praxis begonnen hatten.

Später wird Energie teuer und knapp werden, und es wird an vielen Orten zu Stromausfällen und Sparmaßnahmen kommen. Wir werden lernen müssen, zusammenzuarbeiten und unsere Ressourcen miteinander zu teilen. Gebäude wie zum Beispiel Krankenhäuser werden Vorrang haben.

Öl und Benzin

2012 waren die Ölquellen, die wir anzapfen durften, ohne Karma anzusammeln, erschöpft. Das gilt besonders für Fracking. An vielen Orten wird sich das Karma in Form von Erdbeben ausdrücken.

Die Ölvorräte unter dem Meeresboden werden als Gleitmittel für die tektonischen Platten gebraucht. Die universelle Engelin Joules, in deren Obhut sich die Meere befinden, wird nicht zulassen, dass wir dieses Öl ohne furchtbare Konsequenzen fördern.

Da die Ölvorräte abnehmen, wird das Reisen teurer werden und viele Städte werden ausgedehnte Fahrradrouten bauen. Es wird dann viel sicherer und leichter sein, mit dem Fahrrad von einem Ort zum anderen zu gelangen. Benzinfresser werden nicht mehr rentabel sein und ökologischere Formen des Antriebs werden entwickelt. Mehr Menschen werden öffentliche Verkehrsmittel benutzen – besonders Schiffe und Züge.

2032 werden viel weniger Menschen Flugzeuge benutzen. Aber kurz darauf werden uns schnelle, saubere, ökologisch sinnvolle Transportmethoden zur Verfügung stehen, die wir uns jetzt allerdings noch nicht vorstellen können.

Quellen ökologischer Energie

Als Weltgemeinschaft werden wir uns bemühen, natürliche Formen der Energiegewinnung zu entwickeln und Ressourcen wie Wasser, Blitze, Sonne und Wind zu nutzen. Wir werden noch Kohle und Holz verbrennen, aber das zunehmende Wissen um die Begrenztheit dieser

Ressourcen und die Bedeutung der Bäume wird dies immer weniger akzeptabel machen.

Wir haben uns daran gewöhnt, Plastik und ölbasierte Materialien für so ziemlich alles zu benutzen. Bereits jetzt schränken viele Länder den Gebrauch von Plastiktüten durch Gesetze ein, aber das ist nur ein Tropfen auf den heißen Stein. Wir werden uns wieder an altmodische Formen des Bauens und Transports gewöhnen müssen, bis wir neue ökologischere Formen entwickelt haben.

Immer mehr Techniker und Erfinder werden unbewusst oder bewusst mit den Engeln und anderen hohen Wesen zusammenarbeiten, um neue Formen der ökologischen Energiegewinnung zu entwickeln. Dazu gehören unter anderem Kristalle, Erdmagnetismus, Pyramidenkraft und Pflanzenenergie.

Schließlich werden wir in der Lage sein, die Energie der Meere für alle Menschen des Planeten zu nutzen, aber bevor diese Technologien entwickelt werden können, muss es international Frieden geben.

2032 werden wir größere Kontrolle über das Wetter haben, besonders über den Regen. Auch dafür brauchen wir ein höheres Bewusstseinsniveau, internationale Zusammenarbeit und Freundschaft.

Da die Menschen in kleineren Gemeinwesen leben werden, wird das Leben viel einfacher sein, und wir werden die begrenzten Ressourcen unseres Planeten mehr zu schätzen wissen. Dieser Bewusstseinswandel wird es dem Neuen ermöglichen, Wirklichkeit zu werden. Kurz nach 2032, wenn das Bewusstseinsniveau sich wie vorhergesagt erhöht hat, werden wir Energie-quellen erschließen, die unser gegenwärtiges Verständnis übersteigen und den Planeten auf keine Weise schädigen.

Atomkraft

Kernkraftwerke werden auch weiterhin gebaut werden, und es kann durchaus zu Unfällen kommen. Daher sollten wir all jene, die damit zu tun haben, im Licht halten.

Tourismus

Die Menschen wollten schon immer reisen. Die Sehnsucht, den geistigen Horizont zu erweitern, indem man andere Teile der Welt besucht, ist in vielen Seelen tief verankert. Allerdings werden die schnellen Formen des Transports nicht mehr im selben Ausmaß zur Verfügung stehen und etwas abenteuerlichere Formen des Reisens werden ein Comeback erleben. Züge, Schiffe, das Fahrrad oder die Schuhsohle werden wieder beliebte Fortbewegungsmittel werden. Einerseits wird das Reisen dadurch einfacher, weil die internationalen Grenzen durchlässiger werden, andererseits wird die Treibstoffknappheit das Reisen einschränken, bis ab 2032 neue Formen verfügbar sein werden.

Reisen nach 2032

Schon bald nach 2032 werden die Menschen mit ihren eigenen Minihubschraubern fliegen können. Größere Entfernungen werden in rasantem Tempo von riesigen Flug- und Schwebetransportern überwunden werden. Die Menschen werden sich über die altmodischen Verbrennungsmotoren lustig machen.

Meine Tante wurde 1911 geboren und lebte fast neunzig Jahre. Sie erzählte mir, dass sie als Kind mit Pferd und Wagen gereist war. Im Laufe ihres Lebens fuhr sie mit dem Fahrrad und dem Auto und flog mit dem Flugzeug. Sie sah im Fernsehen Raketen, die Astronauten ins Unbekannte transportierte. Vom Pferdewagen zur Rakete in einhundert Jahren wird im Vergleich mit den Fortschritten, die wir in Bezug auf Fortbewegung in den nächsten fünfundzwanzig Jahren machen werden, unbedeutend erscheinen.

Eine Übung:
Achten Sie darauf, was Sie zu sich nehmen
Achten Sie vierundzwanzig Stunden lang stärker als üblich auf die Ressourcen des Planeten, die Sie ge- und verbrauchen. Segnen Sie sie und bedanken Sie sich stets dafür. Seien Sie sich zum Beispiel bewusst, wie viel Strom Sie verbrauchen. Achten Sie darauf, wo die Lebensmittel, die Sie kaufen, herkommen, und gehen Sie achtsam mit dem Wasser um.

7 Die Läuterung des Planeten

Von Zeit zu Zeit sind bereits bestimmte Teile des Planeten von negativer Energie gereinigt worden, und zwar immer dann, wenn sich dort eine neue, höhere Schwingungsfrequenz entwickeln sollte. Die reinsten Orte sind immer jene, die seit Langem von Eis und Schnee bedeckt sind. Bevor das Goldene Atlantis entstand, herrschte eine Eiszeit, die das Land reinigte. Es wird vorhergesagt, dass es in etwa dreihundert Jahren eine neue Eiszeit geben wird.

Basierend auf dem gegenwärtigen Bewusstseinsstand wird erwartet, dass Mutter Erde 2017 eine große Reinigungsaktion unternehmen wird, um sich von der Negativität zu befreien, die durch die materiellen und emotionalen Giftstoffe hervorgerufen wurde, die wir Menschen in sie hineingepumpt haben.

Zwischen 2012 und 2032 werden überall auf dem Planeten die Orte der Dunkelheit gereinigt, damit die Erde ihre Schwingungsfrequenz anheben und aufsteigen kann, um wieder ihren rechtmäßigen Platz im Universum einzunehmen. Je mehr Licht wir Menschen durch uns in die Erde schicken, desto weniger muss sie sich selbst reinigen. Es liegt in unserer Macht, einen sanften Übergang möglich zu machen.

Wasser besitzt kosmische Reinigungsqualitäten und wurde daher dazu ausersehen, New Orleans zu überfluten, wo die Erde noch den Schmerz, die Wut und die Angst der Sklaverei speichert. Die Flut vom August 2005 war auch eine Erinnerung daran, dass wir in den Augen Gottes alle gleich sind.

Mit menschlichen Augen gesehen werden die Zerstörungen, die mit der Reinigung einhergehen, furchtbar sein, aber sie werden die Herzen aller Menschen öffnen.

Die Menschen werden erkennen, dass wir ungeachtet unserer kulturellen Unterschiede doch alle Menschen sind.

Die Menschen bisher miteinander verfeindeter Länder werden von Mitgefühl für ihre Nachbarn erfüllt sein und ihnen ihre Hilfe anbieten. Grenzen werden durchlässiger werden, weil Menschen lernen, einander zu verstehen und zusammenzuarbeiten.

Der Tsunami im Indischen Ozean war Teil einer großen Reinigungsaktion. In meinem Buch *Angel Answers*[3] habe ich beschrieben, wie langfristig das Intergalaktische Konzil dieses Ereignis geplant hat. Ein kosmischer Aufruf erging im ganzen Universum, um Seelen zu bitten, sich im Rahmen einer Läuterungs und Heilungsaktion auf der Erde zu verkörpern. Tausende, die die große Chance erkannten, zu dienen und sich spirituell weiterzuentwickeln, antworteten auf diesen Aufruf.

3 Deutsch: Diana Cooper: *Die Engel antworten. Himmlische Hilfe erhalten in jeder Lebenssituation.* Heyne, München 2011

Sobald sie sich inkarniert und durch den Schleier des Vergessens gegangen waren, vergaßen sie natürlich den Zweck ihres Daseins, aber am vorbestimmten Tag, dem 26. Dezember 2004, kamen sie an den vereinbarten Orten zusammen. Diese ganz speziellen Seelen hatten zugestimmt, die negativen Energien der Begierde, der Gier, des Machthungers, des Armutsbewusstseins und so weiter, die im Energiefeld der Erde vorhanden waren, aufzunehmen. An jenem Tag trug sie der Tsunami alle gemeinsam ins Licht und mit ihnen all diese Gifte. Jede Seele erhielt eine spirituelle Belohnung. Es starben nur Menschen, die vorher auf der Seelenebene zugestimmt hatten, in der Katastrophe umzukommen. Millionen Engel warteten auf sie und hießen sie voller Freude willkommen.

Wie bei allen größeren Katastrophen öffneten die Menschen, die dies direkt oder im Fernsehen miterlebten, ihre Herzen voller Mitgefühl, Liebe, Empathie und dem Wunsch zu helfen. Jene, deren Leben auf den Kopf gestellt wurde, als sie ihre Liebsten, ihre Häuser oder ihren Lebensunterhalt verloren, lernten ihre Lektion. Sie beglichen Karma oder bekamen die Gelegenheit, Mut, Selbstlosigkeit, Zusammenarbeit, Fürsorglichkeit und hundert andere höhere Eigenschaften zu entwickeln.

Es ist zwar hilfreich, dies aus einer spirituellen Perspektive heraus zu verstehen, aber das mindert natürlich nicht die Trauer und den Verlust, den diese Menschen erlitten haben. Die von Herzen kommenden Gebete von Menschen überall auf der Welt aber haben Hilfe, Trost und Fürbitte aus den göttlichen Gefilden herbeigerufen.

Während die Erde ihre Heilungskrise durchmacht, müssen wir ununterbrochen für den Planeten, die Natur, das Tierreich und alle Menschen beten.

Es werden sich weiterhin Naturkatastrophen ereignen und sich zwischen 2017 und 2022 noch intensivieren. Diese Katastrophen werden sich dort ereignen, wo sie erwartet werden, aber auch an anderen Orten. Die große Läuterung wird die ganze Welt erfassen.

Mutter Erde wird sich mithilfe von Erdbeben, Überschwemmungen, Feuersbrünsten, Vulkanausbrüchen, Wirbelstürmen und anderen Wetterphänomenen reinigen und unsere Aufmerksamkeit auf jene Bereiche lenken, in denen wir etwas ändern müssen. Selbst eine Epidemie kann der Reinigung dienen, wenn die erkrankten Menschen nicht nur die Energie der Krankheit aufnehmen, sondern auch die Angst, die in einer bestimmten Region herrscht. Jene Menschen, die eine Seelenvereinbarung getroffen haben, ins Licht zu gehen, nehmen die Negativität mit in die höheren Welten, damit sie dort umgewandelt wird.

Wenn genug Menschen ihre zwölf Chakras aktiviert haben, damit die Energie des göttlichen Quells durch sie hindurchströmen und die Erde heilen kann, wird die Reinigung durch die Kräfte der Natur nicht mehr im selben Ausmaß notwendig sein. Sie können auch zum Heilungsprozess der Erde beitragen, indem Sie mit den Elementarwesen arbeiten.

Aus der Asche der alten wird eine neue Lebensweise auferstehen wie ein goldener Phönix.

Wie stellt man sicher, dass man während der Reinigung am rechten Platz ist?

Erzengel Metatron, der mächtigste aller Engel, hat die Aufgabe übernommen, dafür zu sorgen, dass jeder während der anstehenden Veränderungen an seinem vorbestimmten Platz ist.

Manche Menschen, Familien, Gemeinschaften und Seelengruppen haben beschlossen, wie Schmetterlinge, die aus ihrem Kokon schlüpfen, gemeinsam ins Licht zu gehen. Metatron wird ihnen helfen, am richtigen Ort zu sein, damit ihnen dies gelingt.

Nur jene Menschen, die Angst vor dem Tod haben, die nicht verstehen, welche Freude es mit sich bringt, im Licht zu sein, und dies alles aus einer rein menschlichen Perspektive sehen, werden sich dem widersetzen. Aber die Engel versichern uns, dass es keinen Grund zur Furcht gibt.

Eine meiner Freundinnen, die Ende achtzig ist, hat bereits viele aus ihrer Altersgruppe und auch Jüngere sterben sehen. Sie sagt dann immer zu deren Verwandten: »Die Glücklichen! Ihr Armen!« Sie ist hoch entwickelt und hat erkannt, dass wir auf Erden wie Vögel in einem Käfig sind. Erst wenn unser Geist befreit ist, sind wir wahrhaft frei.

Wenn Ihre Seele es auf sich genommen hat, in Ihrem physischen Körper zu bleiben, um anderen zu helfen oder diese Existenzform weiterzuführen, wird Erzengel Metatron Sie ebenfalls führen. Es ist wichtig, auf seine Hinweise zu hören!

Schon allein dadurch, dass Sie dies lesen, stimmen Sie sich bereits auf ihn ein.

Beten Sie darum, dass Sie Ihrer Intuition folgen und zur rechten Zeit am rechten Ort sein mögen. Sie können aber auch bewusst Kontakt zu Erzengel Metatron aufnehmen, damit es Ihnen leichter fällt, seine Botschaft zu hören. Je öfter Sie diese Übung ausführen, desto stärker wird Ihre Verbindung werden, auch wenn Sie sich dessen wahrscheinlich gar nicht bewusst sind.

Eine Übung: Kontakt zu Erzengel Metatron aufnehmen

1. Suchen Sie einen Ort, an dem Sie niemand stört.
2. Setzen Sie sich still mit den Handflächen nach oben gerichtet hin.
3. Atmen Sie wunderschönes orangefarbenes Licht ein (Orange ist die Farbe Metatrons) und spüren Sie bei der Ausatmung, wie sich Ihre Aura mit dieser Energie füllt.
4. Entspannen Sie sich und stellen Sie sich vor, dass orangefarbenes Licht überall um Sie herum strahlt.
5. Rufen Sie Metatron mit den Worten an: »Ich rufe nun den mächtigen Metatron an und bitte ihn, mit mir in Kontakt zu treten und mich mit seinem Licht zu berühren.«
6. Seien Sie still und ruhig. Vielleicht spüren Sie eine Berührung, bekommen einen Eindruck, haben besondere Gedanken oder hören ein Flüstern. Vielleicht sind Sie einfach nur ganz ruhig.
7. Wenn Sie das Gefühl haben, es sei an der Zeit, bedanken Sie sich bei Erzengel Metatron und öffnen die Augen.

8 Die weltweiten Klimaveränderungen

Überall auf der Welt werden sich die Klimabedingungen ändern, vor allem nach 2012. Zwischen 2017 und 2022 wird vorhergesagt, dass das Wetter unbeständig sein und von vielen Erdbeben und Überschwemmungen begleitet werden wird. Nach 2022 wird es keine weiteren Naturkatastrophen mehr geben und die Lage wird sich beruhigen. Es liegt aber in unserer Macht, diese Vorhersagen zu ändern. Wenn genügend Menschen Licht auf die Erde bringen, können wir einen Wirbelsturm in eine leichte Brise verwandeln.

Europa

Wenn sich am gegenwärtigen Bewusstseinsstand nichts ändert, wird es in Europa zu großen Überschwemmungen kommen – zumeist in den niedrig gelegenen Regionen, für die bereits mit Überschwemmungen gerechnet wird. Wenn die dort lebenden Menschen sich nicht anstrengen, ihr Schwingungsniveau anzuheben und heilendes Licht in die Region zu schicken, werden die meisten dieser Regionen im Jahr 2022 unter Wasser stehen. Allerdings sind auch Gebiete, die noch nie überflutet wurden, im Rahmen der Reinigung gefährdet.

Es wird auch an Orten zu Erdbeben und Vulkanaus-

brüchen kommen, an denen man dies nie erwartet hätte. Außerdem werden Orkane, Wirbelstürme und Wald-
brände in einem Ausmaß vorkommen, wie wir es bisher
noch nie erlebt haben.

Australien

Einige Teile Australiens werden heißer und trockener
werden, während andere Teile überschwemmt werden.
Weite Landstriche werden unbewohnbar sein – und
zwar in weitaus größerem Ausmaß als heute. Aber das
wird sich nach 2027 ändern.

Indien

In Teilen Indiens ist es schon immer zu großen Überschwemmungen gekommen. Diese Überschwemmungen werden nicht nur weitergehen, sondern sich noch
verschlimmern.

Afrika

Wie in Europa so wird es auch in Afrika zu erwarteten
und unerwarteten Überschwemmungen, Vulkanausbrüchen, Stürmen und Waldbränden kommen. Das Wetter
in Afrika wird noch extremer werden als anderswo.

Russland

Große Mengen Schnee werden in den ausgedehnten Kälteregionen schmelzen, was zu Überschwemmungen führen wird.

Israel, Irak und Iran

In diesen Ländern ist wie in allen vom Krieg erschütterten Ländern eine große Reinigung vonnöten. Es wird zu Erdbeben kommen, wenn Mutter Erde die Energie der Grausamkeit und Unmenschlichkeit abschüttelt. Das wird dazu beitragen, dass die dortigen Führer Mitgefühl und Verständnis entwickeln.

China und Japan

In diesen Ländern muss mit einer Reinigung durch Erdbeben und Überschwemmungen gerechnet werden.

Die nächste Eiszeit

In circa dreihundert Jahren wird es zu einer neuen Eiszeit kommen, um den Planeten auf einem höheren Niveau noch einmal zu reinigen.

Polverschiebung

In den nächsten einhundert Jahren ist nicht mit einer Polverschiebung zu rechnen.

Eine Visualisierungsübung: Wetterbeeinflussung

Haben Sie schon einmal an einem trüben, wolkenverhangenen, regnerischen Tag draußen gesessen und sich vorgestellt, dass die Wolkendecke aufreißt und die Sonne herauskommt? Oder sich ganz stark darauf konzentriert, dass sich Wolken bilden und es zu regnen beginnt? Und dann geschah es? So groß ist die Macht unseres Geistes, über die wir alle verfügen.

Wenn die Wetterbedingungen extremer werden, ist es hilfreich, wenn die Menschen im Interesse des Gemeinwohls diese Fähigkeit anwenden.

Sie können diese Übung drinnen oder draußen machen, Sie müssen nur Ihren Körper entspannen und Ihren Geist konzentrieren. Machen Sie diese Übung, wenn Sie von einer Dürre irgendwo auf der Welt hören, wo sich die Menschen verzweifelt nach Regen für ihre Felder sehnen. Sie können diese Übung aber auch machen, wenn Sie von Überschwemmungen hören.

1. Setzen Sie sich still hin und entspannen Sie den ganzen Körper. Atmen Sie in die Teile hinein, die verspannt sind.

2. Stellen Sie sich vor, ein zartes, weißviolettes Licht würde Ihren Geist erfüllen.

3. Konzentrieren Sie sich auf einen Ort.

4. Stellen Sie sich dann so lebhaft wie möglich einen blauen Himmel mit einer Sonne vor, deren Wärme überschwemmte Gebiete austrocknet. Oder stellen Sie sich eine schwarze Wolke vor, aus der Regen auf Felder und Gärten fällt.

5. Wenn Sie fertig sind, bedanken Sie sich bei den Engeln dafür, dass sie dies im höchsten Interesse aller in einem Akt der Gnade vollbracht haben.

6. Öffnen Sie die Augen.

9 Fünfdimensionale Gemeinschaften

In den Regionen, die gereinigt worden sind, werden sich kleine fünfdimensionale Gemeinschaften bilden, in denen die Menschen im Interesse des Gemeinwohls zusammenleben. Als ich nach der Regierungsform dieser Gemeinschaften fragte, war Kumeka angesichts meiner Dummheit eindeutig verwirrt. Er wies darauf hin, dass die Menschen im Jahr 2032 so aufeinander eingestimmt sein und telepathisch miteinander kommunizieren werden, dass es keine Führer mehr geben wird, sondern nur noch Einheit.

2032 werden Begriffe wie »Entscheidung« oder »Führer« nicht mehr nötig sein, da die Bewohner dieser Gemeinschaften harmonisch miteinander leben und telepathisch kommunizieren werden. »Entscheidungen« werden sich zum Wohle aller automatisch ergeben.

Während der zwanzigjährigen Übergangsphase wird all jenen Seelen, die bereit sind, Gemeinschaften für das Goldene Zeitalter zu gründen, auf kooperative Weise zusammenzuleben und im Interesse des Gemeinwohls zusammenzuarbeiten, eine große Chance gegeben werden. Es wird angenommen, dass Einzelpersonen und Gruppen diese Herausforderung demütig annehmen werden, sodass das Neue ohne die Einschränkungen des Egos zustande kommen wird. Je besser wir uns darauf vorbereiten, desto leichter werden wir den Übergang bewältigen.

Da es nach der Abschaffung von Ferntransporten keine Supermärkte mehr geben wird, steht Selbstversorgung ganz oben auf der Tagesordnung. Das heißt, lokale Bauern werden lokale Produkte anbauen. Die Menschen werden lernen, das anzubauen, was den klimatischen Bedingungen entspricht. Im Jahr 2022 wird sich dies stark von dem unterscheiden, was wir heute gewohnt sind, da die Wetterbedingungen extremer werden.

Da es keine Pestizide mehr geben wird, die auf die Pflanzen gesprüht werden, ist die Nahrung gesünder. Die Gemeinschaften werden sich gegenseitig unterstützen und zusammenarbeiten. Sie werden ihre Erfahrungen austauschen und lernen, wie man wieder im Einklang mit der Natur leben kann.

Da sich viele Menschen spirituell und medial geöffnet haben, werden sie Engel, Feen und andere Elementarwesen sehen. Gärtner und Bauern werden mit den Elementarwesen, die den Pflanzen beim Wachsen helfen, kommunizieren und von ihnen lernen. Die Menschen werden mit ihren geistigen Augen sehen, wie sehr es den Pflanzen hilft, wenn man das Wasser segnet. Sie werden entdecken, welchen Reichtum die Natur uns schenkt, wenn wir sie mit Liebe und Respekt behandeln.

Als ich anfing, Gemüse anzubauen, wusste ich nichts darüber, aber ich segnete jeden Tag den Boden und später die Samen, die ich säte. Jeden Morgen öffnete ich die Hintertür und dankte den Engeln und Elementarwesen für ihre Hilfe. Ich bat sie voller Demut, mich anzuleiten und mir zu sagen, wenn etwas getan werden musste.

Und schon bald hatte ich in all meinen Beeten wunderbares Gemüse im Überfluss. Dann legte ich eine Pause ein, als ich dieses Buch schrieb. Wie gewohnt konzentrierte ich mich ausschließlich darauf und dachte nicht mehr an die Elementarwesen. Innerhalb von zwei Tagen hatte ich eine richtige Fruchtfliegenplage am Hals. Daraufhin stimmte ich mich wieder auf die Elementarwesen ein und tauschte Energie mit ihnen aus. Sie sagten mir, ich solle die Pflanzen segnen und die Fliegeneier mit Seifenwasser von den Blättern abwaschen. Solange ich mit ihnen in Kontakt blieb, würden sie die Pflanzen vor weiteren Schädlingen beschützen. Demütig folgte ich ihren Anweisungen. Ich brauchte Stunden, bis ich die Pflanzen alle gewaschen hatte. Jedes Mal, wenn ich ein paar Tage fortging, kamen die Fruchtfliegen zurück, und ich musste wieder von vorn anfangen.

Aber ich spürte einen inneren Frieden und eine Befriedigung, wie ich sie seit Jahren nicht erlebt hatte. Mein Erdstern-Chakra entwickelte sich in dieser Zeit, was es mir ermöglichte, meinen Aufstieg zu beschleunigen. Und genau das wird überall auf der Welt in den neuen Gemeinschaften geschehen.

Kumeka hat mir versichert, dass die Elementarwesen die Pflanzen in meinem Garten vor allen Schädlingen schützen werden, wenn meine Energie richtig ist. Ich habe noch einen langen Weg vor mir, aber ich bin dabei zu lernen.

Da alle Bewohner der fünfdimensionalen Gemeinschaften im Interesse des Gemeinwohls arbeiten, wird die ältere Generation wieder geehrt werden, und die Jüngeren werden auf die Weisheit der Älteren hören. Unsere Senioren werden dank der guten, biologisch angebauten Nahrung, der sauberen Luft, dem reinen Wasser, der Stille, der hochfrequenteren Satellitenkommunikation und dem Gefühl dazuzugehören, gesünder, wacher, lebendiger und nützlicher werden. Das wird das Bewusstseinsniveau aller Menschen anheben.

Ein allgemeines Gefühl der Zufriedenheit, der Liebe und des Glücks wird dazu beitragen, dass die Menschen gesünder sind. Ein Großteil des tief verankerten Karmas, das dazu geführt hat, dass die Menschen krank werden und sich nicht weiterentwickeln können, wird aufgelöst sein. Dieses Karma macht es notwendig, dass wir Medikamente brauchen, um zu überleben. Überall wird es eine lokale medizinische Versorgung geben, wir werden zu einer natürlichen Medizin zurückkehren, besonders zu den Heilkräutern, und eine gesunde Einstellung wird vorherrschen.

Fünfdimensionale Gemeinschaften bringen ein Gefühl der Zugehörigkeit, der Fürsorglichkeit und der Zusammenarbeit hervor. Der Austausch von Herz zu Herz und das gegenseitige Teilen fördern Großzügigkeit, höhere Formen der Liebe und ein Gefühl der Zusammengehörigkeit von Tieren, Pflanzen und anderen Menschen. Die Menschen werden sich erinnern, dass wir alle Brüder und Schwestern sind. Dieses Zusammengehörigkeitsgefühl wird zum Erfolg der kleinen Gemeinschaften beitragen.

Kurz nach 2032 werden neue Goldene Städte wie Phönix aus der Asche entstehen.

Eine Visualisierungsübung: Städte des Lichts

1. Setzen Sie sich einige Augenblicke still hin und entspannen Sie sich.

2. Stellen Sie sich die ganze Welt vor.

3. Während Sie auf die Welt schauen, tauchen überall kleine Lichtpunkte auf.

4. Diese Punkte erstrahlen in goldenem Licht. Jeder Lichtpunkt ist mit den anderen durch einen goldenen Faden verbunden.

5. Segnen Sie diese Goldenen Städte des Lichts.

6. Sehen Sie dann vor Ihrem geistigen Auge, wie das Licht dieser fünfdimensionalen Städte ins Universum hinaus scheint.

7. Danken Sie ihnen für diesen Dienst und öffnen Sie langsam wieder die Augen.

10 Mit der Natur zusammenarbeiten

Endlich beginnen die Menschen die Weisheit der indigenen Völker zu erkennen, die mit der Natur zusammenarbeiteten. Sie ehrten alles Natürliche, liebten und respektierten es und hatten nicht nur Teil am Überfluss der Natur, sondern trugen auch zur Gesunderhaltung aller Menschen und Tiere bei.

Der Schaden, den die meisten Menschen angerichtet haben, ist gewaltig. Je schneller wir anfangen, auf die Stimme der Natur zu hören und auf sie zu reagieren, desto mehr können wir die Erde heilen und umso leichter wird der Übergang ins Goldene Zeitalter sein.

Jene Menschen, die sich während der Übergangsphase mit der Natur verbinden, werden von der Vielzahl unsichtbarer Wesen, die um uns herum existieren, Hilfe und Führung in außergewöhnlichem Umfang erhalten. 2032 werden sich alle Menschen, die in fünfdimensionalen Gemeinschaften leben, der vielen Aspekte der Natur, die wir gegenwärtig ignorieren, bewusst sein und ihnen ihre Dankbarkeit zeigen.

Das Reich der Natur

Das gesamte Naturreich befindet sich in der Obhut des universellen Engels Purlimiek, der von einer wundersamen, strahlenden blassblaugrünen Farbe ist. Er arbeitet mit vielen anderen universellen Engeln und mit Gaia zusammen, um die Erde im Gleichgewicht und in Harmonie zu halten. Er beaufsichtigt die Elementarmeister und die Elementarwesen.

Die Elementarmeister haben eine fünf- bis sechsdimensionale Schwingungsfrequenz, während die Elementarwesen überwiegend dem vierdimensionalen Frequenzbereich angehören. Einige Feen und Kobolde sowie alle Baumelementarwesen, die als Warburtons bezeichnet werden, sind fünfdimensional. Wenn wir unsere Schwingungsfrequenz erhöhen und uns spirituell wie medial öffnen, werden wir automatisch die Millionen Geschöpfe sehen oder spüren, die der Natur helfen, uns zu versorgen.

Wenn wir die Rolle der Elementarwesen und die Bedeutung ihrer Arbeit verstehen, werden wir anfangen, mit ihnen zusammenzuarbeiten. Das wird gewaltige Auswirkungen auf die Heilung des Planeten haben und uns in den kommenden Jahrzehnten helfen.

Elementarwesen sind Naturgeister, die sich um die verschiedenen Elemente der Natur kümmern. Sie gehören den Elementen Feuer, Luft, Erde und Wasser und nach der chinesischen Überlieferung auch Holz oder Metall an. Sie kümmern sich um den Boden, die Bäume und Pflanzen, helfen bei der Fotosynthese, reinigen die Erde, die Luft und das Wasser und erledigen Millionen andere Aufgaben, um den Organismus Erde am Leben zu erhalten. Sie sind verspielt und lieben es, Spaß zu haben.

Seit Kurzem werden uns viele Orbs gesandt, mit denen die Engel Elementarwesen zu uns bringen. Wir haben auch etliche Orbs über den Kronen-Chakras von Menschen gesehen, in denen sich Wichtel oder Kobolde befanden. Dies hatte den Zweck, die betreffenden Menschen zu ermutigen, sich ihrem höheren Selbst auf freudige, spielerische Weise zu öffnen. Feen kann man häufig in den Engel-Orbs um Kinder herum sehen. Sie kommen, um sie aufzuheitern und es ihnen leichter zu machen.

Diese Wesen heißen Elementarwesen, weil sie nicht wie Menschen oder Tiere aus allen Elementen bestehen. Viele von ihnen bestehen nur aus einem einzigen Element, während andere eine Kombination aus zweien oder mehreren Elementen sind.

Elementarwesen aus einem Element

Luft:	Feen, Esaks, Sylphen
Erde:	Kobolde, Elfen, Gnome
Wasser:	Nixen, Kyhils, Undinen
Feuer:	Salamander
Holz:	Warburtons

Elementarwesen aus mehreren Elementen

Erde, Luft, Wasser:	Wichtel, Faune
Erde, Luft, Feuer:	Drachen

Nur weil sie aus weniger Elementen als wir bestehen, heißt das nicht, dass diese Wesen nicht hoch entwickelt sind. Sie haben sich einfach anders entwickelt als wir Menschen. Sie gehören dem Reich der Engel an und tragen die Farben der Engel, mit denen sie in Verbindung stehen. Viele der Erdelementarwesen sind grün oder grünblau. Diese Farben entsprechen dem Strahl, mit dem der universelle Engel der Natur Purlimiek arbeitet.

Die Farbschwingung der Blumen steht in Verbindung zur Energie der Erzengel. Die Feen bringen diese Schwingungen zu den Blumen, um die sie sich kümmern. Soll zum Beispiel ein Stiefmütterchen goldgelb sein, werden die Feen, die sich um es kümmern, mit Erzengel Uriel und seiner goldgelben Energie in Kontakt treten. Daraufhin werden alle, die dieses Stiefmütterchen sehen, auf subtile Weise von der Energie Erzengel Uriels berührt werden.

Die fünfdimensionalen Feen sind machtvolle Wesen, nicht schelmische kleine Geschöpfe, wie man es uns gelehrt hat, obwohl auch sie verspielt sind und den Spaß lieben. Während die Engel, Erzengel und Einhörner Projekte verwirklichen, um dem Planeten zu helfen, sorgen die Feen dafür, dass die Energien auch dort verbleiben, wo sie gebraucht werden. Sie tun dies häufig auch noch, nachdem die höheren Wesen ihre Arbeit getan haben und weitergezogen sind.

Alle Gemüsepflanzen haben Blüten, deren Farbschwingung in ihre Frucht eingeht. So hat zum Beispiel eine Zucchini-Blüte eine satte gelbe Färbung, die Farbe des Mutes und der Weisheit. Wenn Sie Zucchini essen, werden diese Energien in Ihren feinstofflichen Körper aufgenommen.

Bestimmte Elementarwesen sind hoch entwickelt, wie die fünfdimensionalen Holzelementarwesen, die Warburtons. Das Holz bewahrt das Wissen dieses Planeten und der Sterne, und die Warburtons helfen, dieses Wissen zu verbreiten. Sie sind groß, circa einen Meter zwanzig, und leben in Bäumen, die eine gewisse Größe und ein gewisses Maß an Weisheit erreicht haben. Wenn Sie unter ausgewachsenen Bäumen spazieren gehen, können Sie sich sicher sein, dass die Warburtons versuchen, mit Ihnen zu kommunizieren, wenn Sie bereit sind. Seien Sie also still und nehmen Sie das Wissen auf, das sie Ihnen vermitteln möchten.

Wenn sich die klimatischen Bedingungen ändern und Gaia ernsthaft daran geht, ihren Planeten zu reinigen, dann wird es für die Elementarwesen viel zu tun geben. (Dabei haben sie jetzt schon viel zu tun.) Wir Menschen können ihnen helfen, indem wir ihre Arbeit anerkennen, uns auf ihre Weisheit einstimmen und auf ihren Rat hören, zum Beispiel wenn wir Pflanzen setzen. Wir können uns bemühen, konzentriert und ausgeglichen zu sein, damit auch sie ruhig bleiben.

In schwierigen Zeiten schickt der Engel der Natur Purlimiek seine Engel, um den Elementarwesen zu helfen. Diese Engel halten die Energie aufrecht und ermutigen die Elementarwesen, den Pflanzen, dem Boden und den Gewässern zu helfen.

So tragen zum Beispiel die Faune, die Elementarwesen der Erde, der Luft und des Wassers, ihren Teil dazu bei, die Energie der Wälder durch den Prozess der Fotosynthese im Gleichgewicht zu halten. Je mehr unsere Wälder abgeholzt werden, desto mehr brauchen sie Hoffnung und Inspiration, die ihnen von vielen Engeln gegeben wird. Menschen, die die Welt der Elementarwesen verstehen, können ihnen zudem helfen, indem sie ihnen danken und ihnen unterstützende Gebete schicken. Wenn Sie in einem Wald spazieren gehen, achten Sie darauf, wie sehr sie sich bemühen. Das wird die Faune ermutigen weiterzumachen. Vielleicht sehen Sie sie sogar zwischen den Bäumen tanzen.

Neue Elementarwesen

Der universelle Engel Butyalil, in dessen Obhut sich die kosmischen Strömungen befinden, die auf die Erde einwirken, hat gemeinsam mit dem Engel der Natur Purlimiek vor Kurzem mehrere neue Elementarwesen auf unseren Planeten eingeladen, um bei der anstehenden Reinigung zu helfen. Die Kyhils reinigen das Wasser und die Esaks kümmern sich um materiellen wie geistigen Schmutz. Andere Elementarwesen sind dabei, die Wälder von Angst zu befreien. Sie alle stammen aus anderen Universen, und als Lohn für ihren Dienst auf der Erde bekommen sie die Gelegenheit, das Leben auf der Erde zu erfahren und das, was sie gelernt haben, zurück auf ihre Heimatplaneten zu bringen.

Die Neuankömmlinge sind in den letzten Jahren hier eingetroffen, um den Planeten auf das neue Goldene Zeitalter vorzubereiten und ihn zu reinigen.

Poseidon und die Elementarmeister

Der große Meister Poseidon arbeitet eng mit dem universellen Engel Purlimiek zusammen. Er ist der Stratege, der die Reinigungsaktion plant und durchführt. Sind Stürme, Wirbelstürme, Erdbeben oder andere Mittel der Läuterung notwendig, ruft er den entsprechenden Elementarmeister an, der dann seinen Elementarwesen befiehlt, die Aktion durchzuführen.

• Der Elementarmeister der Luft heißt Dom, der den Sylphen befiehlt, Stürme zu erzeugen.

• Der Elementarmeister des Wassers ist Neptun, der den Wassergeistern, Meerjungfrauen und Kyhils aufträgt, das Wasser aufzuwühlen.

• Der Elementarmeister des Feuers heißt Thor, der den Salamandern befiehlt, Feuer zu entfachen.

• Der Elementarmeister der Erde ist Taia, der den Kobolden, Elfen und Gnomen aufträgt, den Boden zu bewegen.

Ist allerdings ein Erdbeben notwendig, um die tief in der Erde vorhandene Negativität freizusetzen, besprechen sich Gaia und Poseidon, bevor sie den Elementarwesen den Befehl geben, das betreffende Gebiet gründlich, aber schonend zu reinigen. Da die Elementarwesen sehr empfänglich für die emotionale Energie der Menschen sind, werden sie dort, wo große Angst herrscht, rasend, wodurch große Schäden verursacht werden.

Wir Menschen haben großen Anteil daran, die Auswirkungen bestimmter Naturkatastrophen abzumildern. Gebete,

Visualisierungen, Segnungen oder Kommunikation können den Lauf der Dinge ändern.

Eine Übung: Was Sie tun können

1. Segnen Sie den Boden dort, wo Kristalle, Kohle oder andere Bodenschätze ausgegraben wurden.

2. Teilen Sie den Naturgeistern mit, wie dankbar Sie ihnen sind. Schon allein das stille Sitzen auf dem Rasen und die Bewunderung für Ihren Garten helfen ihnen. Wenn Sie ihnen danken und sie für ihre Arbeit segnen, ist das noch besser.

3. Bitten Sie die Elementarwesen beim Gärtnern um Anleitung und folgen Sie dann Ihrer Intuition, durch die sie mit Ihnen kommunizieren.

4. Umarmen Sie einen Baum und hören Sie, ob er eine Botschaft für Sie hat.

5. Bleiben Sie bei unfreundlichem Wetter ruhig und beruhigen Sie alles mit einem blassen grünblauen Licht.

6. Bauen Sie Gemüse biologisch an oder kaufen Sie biologisch angebautes Gemüse.

7. Gehen Sie barfuß auf der Erde. Das wird auch Ihnen helfen sich zu erden, indem Sie sich stärker mit Ihrem Erdstern-Chakra verbinden.

11 Die Bienen

Ich erinnere mich noch an jene goldenen Tage, in denen ich auf einer Wiese voller Wildblumen saß und schläfrig dem Summen dicker schwarzgelber Hummeln und Honigbienen lauschte, während diese Nektar sammelten. Heute verschwinden sie allmählich, lassen ihre Stöcke zurück und kehren dorthin zurück, von wo sie einst kamen.

Die Bienen stammen von den Plejaden. Sie kamen in den Tagen des Goldenen Atlantis, um etwas über die Süße des Lebens zu lernen und uns durch das Bestäuben der Blumen zu dienen. Sie lehrten uns bestimmte Aspekte der heiligen Geometrie und zeigten uns ein geordnetes Gemeinschaftsleben mit harmonischer Betriebsamkeit. Sie hatten sogar vor, einen Teil ihres Honigs mit uns zu teilen. Ohne Bienen können wir auf der Erde nicht überleben. Wir sind darauf angewiesen, dass sie Pflanzen und Bäume bestäuben.

Seit Tausenden von Jahren haben wir diese großzügigen, fleißigen Geschöpfe ausgebeutet. Wir haben ihnen den Honig gestohlen, den sie herstellen, um sich während der Wintermonate stark und gesund zu erhalten. Wir haben ihr Land verschmutzt und sie ständig an andere Orte versetzt. Aber noch schlimmer ist, dass wir Sendestationen errichtet haben, deren Strahlen sie verwirren und ihre Widerstandskraft schwächen. Aus diesem Gründen sind sie sehr geschwächt und ein leichtes Opfer für die Varroamilben.

Was wird mit den Bienen geschehen?

Es ist noch nicht zu spät, die Art und Weise zu ändern, wie wir die Bienen und den Planeten behandeln, aber bald wird es zu spät sein. Wir müssen das Bewusstseinsniveau so vieler Menschen wie nur möglich ist anheben, damit sie das Leid der Bienen und vieler anderer Geschöpfe sehen, die für das Überleben der Erde in ihrer gegenwärtigen Form von essenzieller Bedeutung sind.

Die optimistischste Vorhersage lautet, dass bis 2022 weltweit ein Wandel der Einstellung stattgefunden haben wird, sodass Pestizide nicht mehr eingesetzt und an vielen Orten sogar verboten werden. Die extremen Wetterbedingungen in vielen Ländern werden die weitere Verbreitung von Sende- und Empfangsstationen für Mobiltelefone, Computer und anderen Kommunikationsmitteln einschränken. Wir werden unser Augenmerk auf andere Dinge richten müssen, sodass wir sie nicht alle ersetzen können. Das Verständnis für die Bedürfnisse von Bienen, Delfinen, Walen und anderen hoch entwickelten Lebensformen wird zunehmen, und wir werden sie respektieren.

Wenn das eintritt, werden die überlebenden Bienen sich wieder vermehren und voller Glück ihre Reise auf der Erde fortsetzen.

Was können wir tun?

Der »Leim«, der uns alle als Teile des Einen zusammenhält, ist Liebe. Ihr Bewusstsein wirkt sich stark auf die physischen, emotionalen, mentalen und spirituellen Körper aller Wesen aus. Wenn alle Menschen guten Willens auf dem Planeten Verantwortung für ihre Gedanken und Gefühle übernehmen und sie auf perfekte Gesundheit und das Wohl aller richten würden, würde sich das Bewusstseinsniveau unserer Welt über Nacht erhöhen. Dies würde zu dramatischen Veränderungen führen, und unser Planet würde ein angenehmerer Ort für alle werden, auch für die Bienen, die wieder gedeihen würden.

Sie können etwas bewirken. Wenn Sie sich jeden Tag nur ein paar Minuten hinsetzen und sich die Bienen als gesund, glücklich und frei vorstellen, würde sich Ihre Vision mit all den anderen positiven Bildern verbinden und nicht nur den Bienen, sondern allen Geschöpfen dieser Welt eine Botschaft der Hoffnung und Ermutigung senden.

Spirituelle Verbindungen helfen

Unsere materielle, dreidimensionale Welt ist von Wesen anderer Dimensionen durchdrungen, von denen sich viele um uns kümmern. Die meisten Menschen wissen, dass ein Schutzengel ihren göttlichen Bauplan für sie bewahrt und über sie wacht. Aber jeder von uns hat auch einen Erzengel, der uns überstrahlt und auf uns aufpasst. Dazu kommen noch viele andere Engel, Einhörner und Lichtwesen, die bereitstehen, um uns zu helfen. Sie können jederzeit den Schutzengel einer Person bitten, ihr ihre Last zu erleichtern, ihr Türen zu öffnen oder sich auf vielerlei Weise um sie zu kümmern. Ihr Gebet wirkt dann wie ein Akt der Gnade, der die Schwingungsfrequenz der betreffenden Person erhöht, sodass die Engel sich ihr nähern können.

Bienen und ihre spirituellen Kontakte

Alle Geschöpfe bekommen spirituelle Anleitung und Unterstützung. Die Bienen arbeiten sehr eng mit den Kobolden zusammen, den Elementarwesen der Erde. Kobolde kümmern sich um die Bodenstruktur und helfen den Bienen bei der Bestäubung der Blüten.

Die Wichtel – winzig kleine, nur etwa zweieinhalb Zentimeter große Elementarwesen der Elemente Erde, Luft und Wasser – helfen ihrerseits den Kobolden. Auf kosmischer Ebene hat Gaia die Aufsicht über die Erde, und ihre Seele umhüllt den Planeten. Sie ist eines der höchsten Wesen in der Hierarchie der Engel. Sie arbeitet harmonisch mit dem universellen Engel Purlimiek zusammen, dem Engel der Natur. Beide beraten sich mit den Elementarmeistern, die den Elementarwesen – darunter auch den Kobolden – Befehle erteilen. Immer wenn Sie den Kobolden Liebe, Ermutigung, Dank oder Güte senden, werden diese in die Lage versetzt, den wunderbaren, Leben spendenden Bienen besser zu helfen. Ihre Dankbarkeit und Ihre Segnungen werden ihre Seelen berühren und unserer Welt helfen.

Eine Visualisierungsübung: Den Bienen helfen
1. Zünden Sie eine Kerze an.
2. Stellen Sie sich die Bienen als glücklich und respektiert vor. Sehen Sie, wie sie gedeihen und in ihre Bienenstöcke zurückschwärmen.
3. Stellen Sie sich vor, dass sie von Menschen überall auf der Welt wahrhaft anerkannt und gewürdigt werden.
4. Sehen Sie, wie die Kobolde lachen, während sie den Bienen helfen, Blüten in allen Teilen der Welt zu bestäuben.
5. Stellen Sie sich vor, dass sie alle in wunderschönes rosafarbenes Liebeslicht getaucht sind.
6. Blasen Sie die Kerze aus und senden Sie den Bienen und Kobolden Ihr Licht.

12 Die Bäume

Die Bäume geben unserem Planeten sehr viel, daher sollten wir sie sowohl für ihre Weisheit schätzen und anerkennen, als auch für den praktischen Nutzen, den sie für uns haben.

Bäume sind alte weise Wesen, die die Geschichte eines Ortes bewahren und ein Netzwerk rund um den Planeten bilden. Jede Baumart hat eine andere Eigenschaft, die sie der Welt schenkt. Wenn Sie sich zum Beispiel Eigenschaften wie Stärke oder Robustheit wünschen, lehnen Sie sich vermutlich intuitiv gegen eine Eiche. Denken Sie daran, dass Sie sich auf Engel und Elementarwesen, aber auch auf Bäume einstimmen können, wenn Sie Hilfe brauchen. Von ihnen werden Sie diese Hilfe auf sehr geerdete Weise bekommen.

Ausgedehnte Wälder sind die Hüter alten Wissens. Sie verankern es und tragen dazu bei, die Energie des Landes, in dem sie wachsen, aufrechtzuerhalten. Sie bringen sogar Licht von anderen Planetensystemen auf die Erde und speichern es, bis wir bereit dafür sind.

Eichen

Eichen haben eine starke, stabile und sehr robuste Energie. Wenn Sie sich mit einer Eiche verbinden oder sich unter eine setzen, werden Sie diese Eigenschaften von ihr bekommen. Allerdings beginnen die Eichen zu ermüden, da es heute weniger von ihnen gibt, die Weisheit und Stärke bewahren. Daher müssen sie energetisiert werden. Wir Menschen können das tun, indem wir sie dankbar anerkennen.

Eschen

Die Eschen bewahren die göttlich weibliche Weisheit und teilen sie freudig mit Ihnen, wenn Sie bereit sind. Sie schmücken so manche Leylinie und tragen durch ihre grazile Schönheit dazu bei, deren Energie zu mildern und auszugleichen.

Ulmen

Ulmen helfen Ihnen, schnell und stark zu sein, erinnern Sie aber auch daran, wie wichtig es ist, ausgeglichen zu sein. Zurzeit wird diese Baumart in England, Europa und Teilen Amerikas durch das Ulmensterben bedroht. Im 16. Jahrhundert trat diese Krankheit schon einmal auf. Damals wurden viele Menschen, die an der Pest gestorben waren, auf Leylinien beerdigt, was sich sehr negativ auf die Linien auswirkte. Da Ulmen sehr empfindlich sind, waren die auf den Leylinien als Erstes betroffen, und von dort breitete sich die Krankheit weiter aus.

Ist die Energie in den Leylinien aufgrund eines Hindernisses blockiert, bekommen die auf ihnen wachsenden Bäume nicht mehr die spirituelle und psychische

Energie, die sie benötigen. Das gilt besonders für Ulmen. Als vor gar nicht langer Zeit der Eurotunnel und der Dartford-Kabeltunnel nah beieinander gebaut wurden, störte dies den Fluss der Energie erheblich. Dadurch wurden die Ulmen zum zweiten Mal vom Ulmensterben bedroht.

Ich hoffe, dass das hochfrequente Licht, das auf die Erde einströmt, die Blockaden auflöst oder die Energie umleitet, damit die Ulmen wieder gedeihen können. Wenn wir Menschen unser Bewusstseinsniveau anheben, werden wir die Bedürfnisse der Wesen, die den Planeten mit uns teilen, besser erkennen.

Pappeln

Diese schnell wachsenden Bäume sind sehr verlässlich und lehren uns, ebenfalls verlässlich zu sein, damit andere sich auf uns verlassen können.

Mahagoni

Diese mächtigen Bäume strahlen Majestät, aber auch Beständigkeit, Stärke und Vertrauen aus.

Birken

Diese schönen, eleganten, aber dennoch robusten Bäume helfen den Menschen zu vergeben. Lehnen Sie sich gegen eine Birke oder stellen Sie sich eine vor, dann wird sie Ihnen helfen, Schmerz, Traumata oder Betrug durch Vergeben aufzulösen.

Stechpalmen

Die dunkle, stachelige Stechpalme lehrt uns diese Lektion: Man soll nicht aufgrund des Äußeren urteilen. Es
gibt immer einen Grund, warum Menschen andere ab-
lehnen oder sie verletzen. Es hat mit ihren Gefühlen sich
selbst gegenüber zu tun und nichts mit Ihnen. Denken
Sie daran, wenn Sie eine Stechpalme sehen. Das wird
Ihnen Trost spenden.

Weißdorn

Die stacheligen und manchmal sehr heruntergekom-
men aussehenden Weißdorne bieten Ihnen Schutz. Sie
werden nicht nur Ihr Haus und Ihren Garten beschützen, sondern auch Sie persönlich, wenn Sie sich dort
aufhalten. Sie sind voller Mitgefühl und Liebe, aber
dennoch mächtige Krieger, wenn es darum geht, ihre
Schützlinge vor Unheil zu bewahren.

Kastanien

Die Kastanie lehrt uns etwa über Reichtumsbewusstsein
und Verspieltheit. Sie schenkt uns Hoffnung, Freude
und Glück und lehrt uns, mehr zu erwarten.

Platanen

Platanen sind sehr sensibel und haben großes Mitgefühl
für uns wegen unserer Verletzlichkeit. Daher beschützen sie uns vor unseren eigenen Schwächen. Wenn sie

Ihnen Schutz gewähren, stimmen sie sich auf Sie ein und helfen Ihnen, sich besser zu fühlen.

Weißbirken

Weißbirken sind sehr elegant und schön anzusehen. Ihre Geschenke sind Harmonie und Verletzlichkeit. Das scheinen Gegensätze zu sein, aber gemeinsam öffnen sie Ihr Herz.

Tannen und Kiefern

Diese Bäume schenken uns Heilung, Verjüngung und Erholung. Sie heben unsere Stimmung und läutern uns. Wenn Sie unter ihnen spazieren gehen, kann dies Ihre Gesundheit wiederherstellen und – wenn Sie dazu bereit sind – Ihr Bewusstsein in die fünfte Dimension erheben.

Eine Visualisierungsübung: Den Bäumen helfen

Wenn möglich sollten Sie diese Übung stehend oder sitzend in einem Wald oder unter einem Baum ausführen. Sollte das nicht möglich sein, stellen Sie sich vor, Sie würden sich gegen einen Baumstamm lehnen.

1. Berühren Sie die Rinde des Baumes und spüren Sie ihre Beschaffenheit. Die Rinde ist seine Haut, sein Schutz nach außen. Stimmen Sie sich darauf ein, wie sich der Baum von innen anfühlt. Stellen Sie sich vor, Sie würden mit dem Baum verschmelzen.

2. Wie fühlen sich Ihre Wurzeln an? Haben Sie das Gefühl, sie halten Sie aufrecht?

3. Wie robust ist Ihr Stamm? Fließt die Energie von den Wurzeln ungehindert hinauf?

4. Wie sehen Ihre Äste aus? Haben Sie genug Platz zum Wachsen? Streben Sie nach oben oder lassen Sie sich hängen? Wie fühlt es sich an?

5. Tragen Sie Blätter? Blühen Sie? Oder tragen Sie Früchte? Spüren Sie in sich hinein.

6. Atmen Sie die Eigenschaften ein, die der Baum Ihnen gibt. Nehmen Sie dieses Geschenk an.

7. Was braucht der Baum von Ihnen? Geben Sie ihm, was Sie können.

8. Danken Sie dem Baum und ziehen Sie Ihre Energie langsam zurück.

9. Achten Sie darauf, wie Sie sich fühlen.

13 Das Bevölkerungswachstum

Fast sieben Milliarden Seelen wurde es aufgrund der Möglichkeit, Karma auszugleichen und spirituell zu wachsen, gestattet, sich in dieser Endzeit zu inkarnieren. Der Planet platzt aus allen Nähten, und die große Zahl an Menschen kann nicht lange aufrechterhalten werden. Dieser Zustand würde nicht zugelassen werden, wenn während der nächsten Jahre nicht derart außergewöhnliche Energien verfügbar wären. Die Erde ist der Mount Everest aller Erfahrungen, und nur sehr tapfere Seelen beantragen, hierherkommen zu dürfen. Dass ein Planet während einer einzigen menschlichen Lebensspanne von der dritten in die fünfte Dimension aufsteigt, hat es bisher nie gegeben. Aus diesem Grund hat der göttliche Quell alle Anträge von Wesen aus allen Universen wohlwollend geprüft und sich einverstanden erklärt, dass wir alle jetzt hier sind.

Die Herausforderungen, vor denen wir aufgrund des gegenwärtigen Chaos stehen, sind gewaltig. Das wird sich noch intensivieren, und sowohl Individuen als auch ganze Gesellschaften werden sich entscheiden müssen, ob sie ihre Herzen öffnen und jene aufnehmen, denen es schlechter geht als ihnen selbst, oder ob sie ihre Herzen verschließen und sie abweisen.

Eine wunderbare Entscheidung zugunsten des Lichts

wurde von den Westdeutschen getroffen, die die Ost-
deutschen nach dem Fall der Berliner Mauer willkommen hießen. Sie entschieden sich, ihre Brüder und
Schwestern aufzunehmen, obwohl sie dies finanziell
schwer belasten würde. Das war eine wahrhaft spirituelle Entscheidung, die das generelle Schwingungsniveau
Deutschlands angehoben hat.

China stand vor einer schwierigen Entscheidung, da
mehr Menschen geboren wurden, als es ernähren konnte. So wurde verfügt, dass jedes Paar nur ein Kind haben durfte, damit das Land nicht unter der Last der ein-
treffenden Seelen zusammenbrechen würde. Das hat
zu einem interessanten spirituellen Dilemma geführt,
denn Millionen Seelen überall auf der Welt haben sich
in dem Wissen, dass sie sicher abgetrieben werden würden, dennoch mit einer Mutter verbunden. Diese Seelen haben sich dafür entschieden, weil ihnen das die
Möglichkeit gab, die Veränderungen auf der Erde durch
die Familien mitzuerleben, mit denen sie sich verbunden hatten, obwohl sie sich nicht vollständig inkarniert
hatten.

Das führte zu einem göttlichen Paradoxon, denn viele dieser Seelen blieben in der Aura der Erde stecken.
Sie erlebten menschliche Emotionen, da sie während der
Abtreibung schockiert wurden und sich abgelehnt fühl-
ten, und konnten den Weg zurück ins Licht nicht finden.
Gegenwärtig verstopfen Millionen feststeckender Seelen
die Energiefelder des Planeten, besonders in jenen Ländern, in denen Abtreibung das populärste Verhütungs-
mittel ist.

Wird eine abgetriebene, tot- oder fehlgeborene Seele nicht anerkannt, hat das gravierende Auswirkungen auf die Mutter und manchmal auch auf den Vater. Wenn Eltern das nur erkennen würden, könnten sie für das Kind eine kleine Zeremonie abhalten, um ihm beim Übergang zu helfen. Zumindest könnten sie eine Kerze für die Seele anzünden, sie segnen und ihr so helfen, ins Licht zu gehen. Sobald sie dies getan hat, kann sie zur Familie zurückkehren, um von ihr zu lernen, ohne ihr Energie zu rauben.

Nach 2032 werden in den fünfdimensionalen Gemeinschaften alle Kinder willkommen sein. Elternschaft wird als größte spirituelle Verpflichtung anerkannt werden, die ein Mensch während seines Lebens übernehmen kann. Es wird so sein wie es im Goldenen Atlantis war. Ist ein Paar bereit für ein Baby, wird es meditieren, um die Seele anzuziehen, der es am besten dienen kann. Dann wird es eine solche Seele einladen, mit ihm Kontakt aufzunehmen, und während des Geschlechtsakts wird die entsprechende Seele angezogen werden und sich im Leib der Mutter niederlassen. Das Baby wird nicht nur von den Eltern, sondern von der ganzen Gemeinschaft willkommen geheißen und geliebt werden.

Sobald sich ein Mensch inkarniert hat, kann er erst sterben, wenn seine Seele und der göttliche Quell einverstanden sind. In diesen unglaublichen Zeiten hat die Gottheit aber erlaubt, dass Millionen Seelen ins Licht gehen können und als ihren Beitrag etwas von der Negativität des Planeten mitnehmen.

Im Verlauf der nächsten zwanzig Jahre wird die Weltbevölkerung erheblich abnehmen. Weniger Seelen werden sich dafür entscheiden geboren zu werden, und viele bereits Geborene werden sich, oft gemeinsam mit Freunden und Familienangehörigen, entschließen weiterzuziehen und andere Planeten oder andere Existenzebenen zu erleben. Auch aus diesem Grund werden wir wieder in kleineren, kooperativen Gemeinschaften leben.

Da es während der bevorstehenden Veränderungen viele Herausforderungen geben wird, werden die Menschen ihre Herzen öffnen und einander helfen. Als Konsequenz daraus wird es zu einer massiven internationalen Zusammenarbeit bei Naturkatastrophen kommen. Staaten und Völker werden erkennen, dass all unsere Unterschiede nur oberflächlich sind. Sie werden anfangen, andere Kulturen zu ehren und zu respektieren.

2032 wird es eine Aufweichung der internationalen Grenzen geben und beinahe überall auf der Welt wird Frieden herrschen. Wir schreiten durch diese Heilkrise tatsächlich in eine andere Welt hinein.

Eine Übung:
Feststeckenden Seelen beim Übergang helfen
Diese Übung wird dazu beitragen, die Energiefelder der Erde zu reinigen. Sie werden sich aber geistig schützen müssen, da viele dieser Seelen sehr bedürftig sind und sich auf Sie stürzen könnten. Es geht aber darum, ihnen den Weg ins Licht zu zeigen, und nicht, sie bei sich zu halten.

1. Zünden Sie eine Kerze an und weihen Sie sie den Seelen, denen Sie beim Übergang helfen möchten.

2. Bitten Sie Erzengel Michael, seinen dunkelblauen Schutzmantel um Sie zu legen. Spüren Sie, dass er es tut, schließen Sie ihn von den Füßen bis zum Kinn und ziehen Sie sich die Kapuze über den Kopf, sodass sie Ihr Drittes Auge bedeckt.

3. Rufen Sie den goldenen Christus-Strahl an, damit er Sie beschützen möge. Tun Sie dies dreimal und spüren Sie, wie sich die schützende Energie um Sie herum bildet.

4. Stellen Sie sich eine Lichtsäule vor, die Sie mit dem Himmel verbindet. Machen Sie diese so hell und mächtig, wie Sie nur können.

5. Rufen Sie Mutter Maria und ihre Engel an. Bitten Sie sie, die feststeckenden Seelen ins Licht zu tragen und ihnen zu helfen, durchs Licht in den Himmel zu kommen. Sie können einen bestimmten Ort oder ein bestimmtes Land nennen, wenn Sie es wünschen. Verlorene Seelen halten sich besonders in Großstädten auf.

6. Vielleicht spüren Sie, dass die Seelen Ihnen zum Abschied zuwinken, wenn sie ins Licht gehen. Vielleicht hören Sie sogar, dass sie sich bei Ihnen bedanken.

7. Rufen Sie Erzengel Gabriel an und bitten Sie ihn, sein weißes Licht über Ihnen auszuschütten und Sie ganz damit zu erfüllen, damit Sie geläutert sind und sicher sein können, dass sich keine Seele an Sie angeheftet hat.

8. Danken Sie Mutter Maria, ihren Engeln und Erzengel Gabriel.

9. Wenn Sie wollen, können Sie hinterher eine Klangschale anschlagen oder Musik auflegen, um den Raum zu reinigen.

14 Die Kinder

Heute wird vorhergesagt, dass im Jahre 2032 vierundzwanzig Prozent aller Babys mit einer aktiven zwölfsträngigen DNA geboren werden. Diese Zahl könnte noch steigen, wenn es genug hochfrequente Eltern gibt, die sich angemessen um sie kümmern können. Da mehr und mehr Erwachsene ihre zwölf Chakras öffnen, fällt das durchaus in den Bereich des Möglichen.

Da diese Kinder telepathisch, hellsichtig und medial begabt sind sowie außergewöhnliche Fähigkeiten wie Apportieren, Teleportieren, Levitieren und Heilen besitzen und in der Lage sind, mit anderen Lebensformen zu kommunizieren, müssen ihre Eltern ihre Gaben verstehen und fördern können.

Im Goldenen Atlantis wurde jedes Kind zum örtlichen Priester gebracht, der seine vergangenen Leben las und die besonderen Fähigkeiten erkannte, welche die Seele mitgebracht hatte. Dann konnte es diese Fähigkeiten mithilfe der Eltern, der Gemeinschaft und der Schule entwickeln. Auf diese Weise konnte es das tun, was es am besten konnte. Das war die Formel für ein glückliches, erfülltes und zufriedenes Leben. 2032 wird dies wieder geschehen, und die meisten Menschen werden auf der Seelenebene mehr Befriedigung finden, als es seit Tausenden von Jahren möglich war. Als Weltgemeinschaft werden wir den Kindern wieder geben, was sie brauchen, statt dem, was wir für sie wollen.

Indigo-, Kristall- und Regenbogenkinder

Eine ganze Welle von Seelen ist bereits vom Orion, dem Planeten der Weisheit, zu uns gekommen. Dies sind die Indigo-, Kristall- und Regenbogenkinder, die bereits erleuchtet geboren werden. Unglücklicherweise verschließen sich viele von ihnen aufgrund der um sie herrschenden niedrigen Schwingung ihren Gaben oder ziehen einen Teil ihrer Seelenenergie ab, sodass sie autistisch werden. Manche brauchen genügend Raum, um ihre Energie auszuleben, und Zeit in der Natur, damit sie dort ihr Gleichgewicht finden. Bleibt ihnen das versagt, werden sie hyperaktiv und stören häufig. Sie müssen von hohen Schwingungen, einer frohen Atmosphäre, schöner Musik und fünfdimensionalen Eigenschaften umgeben sein, reine, leichte Nahrung und reines Wasser bekommen und wahrhaft geliebt werden.

Diese erleuchteten Kinder haben noch nie einen anderen Planeten als ihren Heimatplaneten Orion kennengelernt. Sie sind von ihren weisen Lehrern darauf vorbereitet worden, sich auf der Erde zu inkarnieren, um uns eine Welle der Erleuchtung zu bringen. Aber nichts konnte sie wirklich auf eine dermaßen drastische Veränderung der Schwingungsfrequenz vorbereiten.

Die Einhörner bemühen sich, diesen Kindern zu helfen, und ihre Eltern können sie unterstützen, indem sie ihnen von diesen mächtigen siebendimensionalen Geschöpfen erzählen, die die Reinsten der Reinen sind.

Einhörner haben eine besonders starke Empathie zu erleuchteten Kindern, besonders zu jenen, die Schwierigkeiten mit ihrer Inkarnation haben. Sie helfen ihnen, sich der ursprünglichen Absicht ihrer Seele bewusst zu werden und diese auf Erden zu verwirklichen.

Wenn wir auf der Erde unser Schwingungsniveau anheben, wird es für die Kinder vom Orion leichter sein, unter uns zu leben. Daher werden in den nächsten achtzehn Jahren immer mehr von diesen hochfrequenten Kindern zu uns kommen. Sie werden großen positiven Einfluss auf das Bewusstsein des Planeten haben.

Die neue Welle der Goldenen Kinder vom Orion weist die Schwingung der Engel auf. Daher fällt es ihnen leichter, mit den niedrigen Schwingungen auf der Erde umzugehen, indem sie sich etwas zurücknehmen und beobachten.

Sternenkinder

Es gibt viele Wesen, die aus anderen Universen, Sternen und Planetensystemen zur Erde kommen. Sie bringen viele Talente mit, obwohl einige von ihnen nur kommen, um das Leben auf dieser Ebene zu erfahren.

Einige von ihnen sind noch nie hier gewesen und andere sind, obwohl sie schon einmal hier waren, nicht in der Lage, mit dem gegenwärtigen Schulsystem fertigzuwerden. Sie streben nach einer friedlichen Art des Zusammenlebens. Heute vermischen sich an unseren Schulen nicht nur verschiedene Kulturen, sondern auch Seelen aus vielen verschiedenen Universen. Das wurde in unserem Schulsystem bisher nicht in Betracht gezogen, aber das wird sich bald ändern. Neue Bewegungen werden entstehen, die ihnen beibringen, wie man einander verstehen und sich angemessen verhalten kann. Das wird großen Einfluss auf die Gefühlswelt der Kinder haben. Sie werden die geeigneten Instrumente besitzen, um sich angemessen auszudrücken.

Diese Kinder müssen aktiv sein, sie werden nach Raum, sportlicher Betätigung, Zeit in der Natur und Spaß verlangen. Sie sind sehr sensibel und auf das Reich der Elementarwesen eingestimmt. Viele von ihnen besitzen großes Mitgefühl, und daher ist es für sie auf Erden so besonders schwierig. Manche von ihnen haben auch eine starke Verbindung zu Tieren. Sie können uns ein großes Maß an Erkenntnis, Gefühlen und Empathie schenken, aber viele Erwachsene werden Mühe haben, damit umzugehen.

Wenn ihre Familien oder Lehrer mit ihnen auf der richtigen Schwingungsebene kommunizieren, dann leben sie auf, öffnen ihre Herzen und strahlen. Aber weil sie so sensibel sind, ziehen sie sich zurück und verschließen sich, wenn sie missverstanden werden. Dann werden wir nie sehen, wer sie wirklich sind. Es ist sehr wichtig, dass wir dies erkennen, und wir müssen Lehrer und Lichtarbeiter ausbilden und ihnen beibringen, sich auf diese Kinder einzustimmen.

Weise alte Seelen werden geboren

Viele weise alte Seelen kehren jetzt zur Erde zurück, um uns in der Übergangsphase bis 2032 zu helfen. In dieser Zeitspanne müssen die Gemeinschaften auf fünfdimensionaler Grundlage gegründet werden.

Aufgrund der planetarischen Reinigung werden weise, mitfühlende Seelen gebraucht, um jene Menschen zu trösten, die ihre Angehörigen oder Häuser verloren haben. Wichtiger noch: Sie müssen Leuchtfeuer sein, die die Vision einer glorreichen Zukunft für jene aufrechterhalten, die verzweifeln und angesichts der schwierigen Umstände die Hoffnung verloren haben.

Seelen, die durch künstliche Befruchtung geboren werden

Seelen, die durch in-vitro-Befruchtung geboren werden, stammen aus anderen Universen und waren noch nie auf der Erde. Daher kommen sie auch ohne Verbindungen aus früheren Leben zu ihren Familien. Sie sind sehr speziell, und zwar nicht nur, weil sie so sehr gewollt wurden, sondern auch weil sie so vollkommen unschuldig sind und das Leben auf der Erde für sie völlig neu ist. Weil sie so rein und ganz in ihrer Essenz sind, können sie sich auf die Bedürfnisse ihrer Eltern einstimmen und sie heilen.

Die konventionelle Sichtweise geht davon aus, dass der Moment, in dem der Same auf das Ei trifft, mit großen Gefühlen einhergeht. Diese Gefühle sind bei einem Retortenbaby nicht vorhanden. Zurzeit gibt es eine ganze

Welle von ankommenden Seelen, die die Fähigkeit besitzen, innerlich einen Schritt zurückzutreten und die Dinge aus einem anderen Blickwinkel zu betrachten. Viele von ihnen sind wie ein frischer Windhauch. Sie werden viele Dinge zum Besseren wenden – manche von ihnen innerhalb ihrer Familien, andere auf globaler Ebene.

Obwohl sie auf ihre Reise auf der Erde vorbereitet wurden, sind sie nicht wirklich in der Lage, diese vollständig zu verstehen. Daher brauchen sie dabei unsere Unterstützung.

Ich habe eine Freundin, deren Tochter durch künstliche Befruchtung ein heiß geliebtes und lang ersehntes Baby bekommen hat. Wir sind uns zwar auf Erden noch nie begegnet, aber da sie eine sehr starke kosmische Verbindung zu mir hat, haben wir auch eine starke Seelenverbindung. Ich hatte vor, sie am Nachmittag nach ihrer Geburt zu besuchen, aber kaum war sie geboren, als ich hörte, wie sie mich rief. Ich ließ alles stehen und liegen und eilte zu ihr, um sie mit einer Umarmung zu begrüßen.

Seelen, die nach 2012 geboren werden

Nach 2012 werden alle Seelen eine Vereinbarung eingehen, um auf irgendeine Weise zu dienen. Selbst wenn sie nur ein paar Stunden leben, werden sie zugestimmt haben, beim planetarischen Übergang zu helfen. Es kann sein, dass sie spezielle Energien mitbringen und hier verankern, oder dass sie Negativität von der Erde mit in die spirituellen Welten nehmen, damit sie dort gereinigt wird. Es kann auch sein, dass sie irgendeine andere Aufgabe übernehmen.

Das Erziehungssystem

In vielen Ländern der Welt gelten Kinder als Dinge. Die Eltern erwarten häufig von ihnen, dass sie ihre Vorstellungen und ihre Lebensweise übernehmen, damit sie sie besser kontrollieren können. Nur wenige sehen in ihren Kindern einzigartige Seelen, deren individuelle Talente gefördert werden müssen. Manchmal werden sie in die Obhut fragwürdiger oder unreifer Babysitter gegeben oder in Schulen gesteckt, in denen sie von Mitschülern geplagt und mit langweiligen und häufig falschen Informationen gelangweilt werden. Ihre Seelen werden eingeengt und verdummt. Aber das wird sich bald ändern.

Im Laufe der zwanzigjährigen Übergangsphase wird das Erziehungssystem mehr den Bedürfnissen der Kinder angepasst werden, als denen der Erwachsenen, die es unter sich haben. Riesige Schulen, die wie Firmen geführt werden und vor allem der Egobefriedigung von Politikern dienen, werden von den kommenden Generationen nicht langer als nützlich betrachtet werden. Es wird der Menschheit insgesamt allmählich klar werden, dass wir unsere Nachkommen schätzen und lieben müssen. Gemeinschaftsschulen werden die alten Schulen ersetzen, und die Kinder werden aufblühen.

Man wird ihnen weniger von den Gedanken anderer Menschen eintrichtern und stattdessen ihre Talente besser fördern. Die Erziehung wird sowohl die linke als auch die rechte Gehirnhälfte ansprechen und kreativer Ausdruck und ehrliche Kommunikation werden gefördert werden. Diese kleineren, lokalen Schulen werden zufriedene, ausgeglichene und hoch entwickelte Kinder hervorbringen, die bereit für das Goldene Zeitalter sind.

Musik

Harmonische Klänge bringen einen Menschen in einen harmonischen Zustand. In den Schulen wird Musik gespielt werden, welche die Kinder heilt und beruhigt, sodass sie leichter lernen können.

Eine Visualisierungsübung:
Den Kindern überall auf der Welt helfen

1. Zünden Sie eine Kerze an und legen Sie leise Hintergrundmusik auf.
2. Schließen Sie die Augen und entspannen Sie sich.
3. Stellen Sie sich vor, Sie stünden im Mondlicht auf einer wunderschönen Wiese.
4. Plötzlich taucht ein großes weißes Licht auf, und ein riesiges, majestätisches Einhorn steht vor Ihnen. Es grüßt Sie und lädt Sie ein, auf seinen Rücken zu steigen. Das gelingt Ihnen mit Leichtigkeit und vollkommen mühelos. Sie fühlen sich absolut sicher.
5. Nun sehen Sie, dass aus allen Richtungen Einhörner kommen, auf deren Rücken Kinder sitzen. Hunderte, ja Tausende von Kindern auf Einhörnern umgeben Sie.

6. Sie führen sie auf Ihrem Einhorn durch das Universum.

7. Sie kommen zu einer großen Halle des Lernens in den inneren Welten.

8. Die Kinder bleiben auf ihren Einhörnern sitzen, während ein großes Lichtwesen telepathisch zu ihnen spricht und sie an ihre Mission auf Erden erinnert.

9. Die Engel spielen eine spezielle Musik, und Sie können sehen, wie die Angst aus der Aura der Kinder entfernt wird, wie sie wie eine schwarze Wolke aufsteigt und im Licht umgewandelt wird.

10. Erzengel Chamuels Engel der Liebe berühren jedes Kind, sodass sich ihre Herzen öffnen und sie strahlen.

11. Erzengel Michael erfüllt die Halle mit seinem Licht und es dringt in die Aura der Kinder ein.

12. Alle Kinder, die Sie mitgebracht haben, sind nun berührt worden. Ihnen allen ist geholfen worden. Daher ist es nun an der Zeit zurückzukehren. Sie führen die Kinder zurück auf die Wiese.

13. Dieses Mal folgen Ihnen Tausende von Lichtern, da die Herzen der Kinder strahlen wie Leuchtfeuer.

14. Auf der Wiese angelangt, bedanken Sie sich bei ihnen dafür, dass sie mitgekommen sind. Hören Sie, wie laut sie Ihnen danken.

15. Schauen Sie ihnen nach, wie sie dorthin verschwinden, woher sie gekommen sind.

16. Steigen Sie von Ihrem Einhorn ab. Danken Sie ihm und schauen Sie ihm nach. Sie wissen, es wird zurückkommen, wann immer Sie es brauchen.

17. Öffnen Sie Ihre Augen in der Gewissheit, dass Sie den Kindern einen wichtigen Dienst erwiesen haben.

15 Die Macht des Volkes

Überall auf der Welt entstehen Demokratiebewegungen. Wenn Menschen anfangen, die Verantwortung für ihr eigenes Leben zu übernehmen, wollen sie auch ihre eigenen Entscheidungen treffen. Überall verlangen die Bürger Freiheit, Ehrlichkeit, Frieden und Gerechtigkeit. Das alte Paradigma, das da lautet: Führer und Geführte, Reiche und Arme, Autorität und Gehorsam, Parteiengezänk oder Diktatur, verliert seine Vormachtstellung. Bereits jetzt werden gemeinsames Erschaffen und Zusammenarbeit reale Möglichkeiten.

Im Jahr 2032 wird das europäische Parlament hinweggefegt sein. Mugabe und der Ayatollah werden lange verschwunden sein, und die Menschen werden voller Staunen zurückblicken und sich wundern, wieso sie das alles erlitten haben. Auch die Taliban und die letzten Warlords werden kurz darauf verschwinden. Polizeistaaten werden überall auf der Welt herausgefordert werden. Die Menschen werden gegen Big-Brother-Spionage rebellieren und sich weigern, dass ihnen Mikrochips eingepflanzt werden.

Da der Schaden, den Medikamente und industrielle Lebensmittel anrichten, ins öffentliche Bewusstsein gedrungen sein wird, werden die Volksbewegungen auch dafür sorgen, dass sanftere Heilmethoden und natürliche Nahrungsmittel wieder zur Verfügung stehen.

Die Öffentlichkeit wird verlangen, dass die Geheimnisse des Vatikans offengelegt werden. Am wichtigsten wird wohl sein, dass die Originale der Schriftrollen vom Toten Meer, also die Schriften der Essener, zu denen auch Jesus gehörte, die gegenwärtig im Vatikan unter Verschluss gehalten werden, öffentlich gemacht werden. Die Menschen werden ihre spirituelle Bedeutung erkennen und die Wahrheit über Maria Magdalena erfahren, eine seiner größten Jüngerinnen, die Trägerin des göttlich Weiblichen ist.

Da alle Geheimnisse offenbar werden müssen, werden die Gebäude, in denen geheime Informationen aufbewahrt werden, zerstört, wenn nicht alles offengelegt wird.

Es wird eine internationale Bewegung für das Verbot genetisch veränderter Lebensmittel geben. Das wird um das Jahr 2022 geschehen. Da sich das spirituelle Schwingungsniveau erhöht, werden auf Druck der Öffentlichkeit das Klonen, gewisse Transplantationen und Tierexperimente verboten werden. Es wird eine Basisbewegung zurück zum Natürlichen und Biologischen geben.

Das organisierte Verbrechen wird weltweit an Bedeutung verlieren und in Bedeutungslosigkeit versinken, da ganze Völker ihr Bewusstseinsniveau anheben und überall auf der Welt nach Einheit streben. Die Mafia und die Triaden werden nur noch Namen aus der Vergangenheit sein, und 2032 werden die Menschen überrascht sein, wenn sie sich an deren Aktivitäten erinnern. Ein Großteil ihres Reichtums und ihrer Macht beruht auf dem Drogenhandel. Da die Menschen glücklicher sein, durch ihre spirituelle Verbundenheit bereichert und ein Gefühl der Zugehörigkeit zu ihren Gemeinden und der Erde entwickeln werden, wenden sich die meisten von süchtig machenden Hilfsmitteln ab. Stattdessen richten sie ihre Energie darauf, gemeinsam die neuen Gemeinschaften zu erschaffen.

Natürlich wird es auch weiterhin einige Menschen geben, die mit der Welt nicht zurechtkommen und bewusstseinsverändernde Drogen als Krücke brauchen, aber ihre Behandlung wird vollkommen anders sein, da ihnen die natürlichen Therapien helfen, ihre Chakras ins Gleichgewicht zu bringen, und die Liebe ihrer Umgebung ihnen ein Gefühl von Geborgenheit vermittelt.

Vor 2012 übergaben die Massen ihre Macht an Führer und damit auch die Verantwortung für ihr Leben. In der neuen Energie werden die Menschen als wichtige Bestandteile der Gesellschaft anerkannt werden, die etwas zum Gemeinwohl beizutragen haben.

Eine Übung: Nehmen Sie Ihr Schicksal selbst in die Hand
Achten Sie eine Woche lang darauf, auf welche Weise Sie Entscheidungen treffen. Richten Sie sich nach anderen oder entscheiden Sie sich schnell und eindeutig?

Achten Sie darauf, auf welche Weise Sie Verantwortung für Ihre Inkarnation übernehmen. Falls Sie das Gefühl haben,

Opfer zu sein oder dass jemand anders über Ihr Leben ent-
scheidet, überlegen Sie sich, was Sie tun können, um stärker
zu werden.

Vielleicht übergeben Sie Ihre Macht ja an die Regierung,
Ihren Arzt, Ihre Kinder, Ihren Partner, Ihren Chef oder ir-
gendjemand sonst. Übernehmen Sie die Kontrolle und bringen Sie langsam und sorgsam die Macht über Ihr Leben dorthin zurück, wo sie hingehört.

Affirmieren Sie: »Ich habe mein Schicksal in der Hand.«

16 Einweihung und Kreuzigung

Eine Einweihung ist ein Initiationsritus, durch den eine höhere Entwicklungsstufe angestrebt wird. Es gibt sieben Stufen, und jede Seele wählt mithilfe der Erzengel die Prüfung aus, die sie am dringendsten benötigt. Die Prüfungen können so schwer sein, dass sie das Leben oder die Gesundheit des Einzuweihenden gefährden. In diesem Fall gibt der Einzuweihende etwas sehr Wichtiges auf, um eine höhere geistige Gabe zu erhalten.

Das mit der Prüfung einhergehende Leiden hat auf der Seelenebene eine läuternde Funktion. Normalerweise übernimmt ein Mensch eine solche Aufgabe für die Gemeinschaft und hilft dadurch vielen Menschen.

Manche Menschen absolvieren während eines Lebens mehrere Einweihungen, andere verteilen sie über mehrere Leben. Eine Seele kann sich auch dafür entscheiden, eine Einweihung noch einmal durchzumachen, obwohl sie dies in einer früheren Inkarnation bereits getan hat. Wir müssen immer bedenken, dass es die Seele ist, die Entscheidungen trifft, nicht die irdische Persönlichkeit.

Da gegenwärtig und im Lauf der nächsten Jahre so viele Möglichkeiten des spirituellen Wachstums verfügbar sind, stellen sich viele Seelen jetzt diesen Herausforderungen. Aus diesem Grund haben es viele Menschen gegenwärtig scheinbar so schwer. Ganze Familien verabreden sich, um bestimmte Einweihungen gemeinsam durchzustehen. Hat zum Beispiel ein Familienmitglied eine schwere Operation, einen Unfall, ein krankes Kind, berufliche oder andere Probleme, kann dies allen Angehörigen ermöglichen, selbst Einweihungen zu erleben.

Ich erinnere mich noch genau, als ich hörte, dass John McCarthy vom Islamischen Dschihad in Beirut entführt und eingesperrt worden war. Er wurde über fünf Jahre lang in Ketten gehalten. Als ich sein Buch darüber las, konnte ich es kaum ertragen. Ich zitterte beim Lesen vor Schrecken. Ich wusste, dass er eine Einweihung durchmachen musste, war aber sehr überrascht, als ich erfuhr, dass dies seine erste war. Es schien mir zu schrecklich zu sein, so etwas durchmachen zu müssen.

Im Gegensatz dazu hatte ich bei der Entführung und Gefangenschaft von Brian Keenan und Terry Waite durch dieselbe Gruppe vollkommen andere Gefühle. Später erfuhr ich, dass beide dadurch Karma ausgeglichen hatten.

Die erste Einweihung stellt den physischen Körper auf die Probe und führt zu einem spirituellen Erwachen. Derjenige, der sie auf sich nimmt, ist nun ein spiritueller Schüler, ob er sich dessen nun bewusst ist oder nicht. Für manche Menschen ist bereits die Geburt die erste Einweihung.

Da es bei der zweiten Einweihung darum geht, Verantwortung für die eigenen Gefühle zu übernehmen, ist sie besonders schwierig. Manchmal braucht man mehrere Leben, um den Emotionalkörper zu meistern und bereit für diese Herausforderung zu sein. Viele denken, dass diese Prüfungen Karma ausgleichen sollen, obwohl sie in Wirklichkeit nur spirituelle Einweihungen sind.

Eine mir bekannte Frau, die ich hier Annabel nennen will, verliebte sich zum ersten Mal, als sie bereits Mitte dreißig war. Der Mann behandelte sie sehr grausam und sie hatte eine kurzlebige Affäre mit seinem Freund. Daraufhin wurde sie schwanger und entschied sich nach großen Seelenqualen zu einer Abtreibung. Das Trauma, das sie dabei erlitt, war ihre zweite Einweihung, und alle daran beteiligten Männer spielten ihre Rolle gut, indem sie ihr die richtigen Umstände dazu lieferten.

Auf die physischen und emotionalen Herausforderungen folgt dann die geistige Einweihung. Danach hat der Schüler seine Gedanken gemeistert und gelernt, sie konstruktiv einzusetzen.

Truda, eine meiner Freundinnen, eine quirlige, quicklebendige, fröhliche Blondine, hat eine richtiggehende Leidenschaft für Engel entwickelt. Sie ist Reiki-Meisterin und hat schon vielen Menschen geholfen. Eines Tages fühlte sie sich nicht wohl und dachte, sie bekäme wohl eine Erkältung. Nach ein paar Tagen verschlimmerte sich allerdings ihr Zustand, sodass sie notfallmäßig ins Krankenhaus eingeliefert wurde. Es stellte sich heraus, dass sie eine schlimme Blutvergiftung hatte. Die Ärzte rechneten nicht damit, dass sie überleben würde. Als sie das hörte, schlief sie ein und hatte eine klassische Nahtoderfahrung. Sie schwebte durch einen dunklen Tunnel in ein sehr helles Licht hinein, das voller Engel war. Ihr wurde gesagt, dass sie noch viel Arbeit vor sich hatte und zurückmusste.

Sie wurde in ein anderes Krankenhaus gebracht, wo ihr durch eine Herzoperation das Leben gerettet werden sollte. Uns wurde gesagt, dass man ihr eine Niere entfernen müsse, weil diese schwer angegriffen war. Hunderte beteten für sie und zündeten Kerzen für sie an. Es stellte sich heraus, dass sie zu krank war, um am Herzen und an den Nieren operiert zu werden, was sich als Segen herausstellte, weil die Niere überhaupt nicht entfernt werden musste.

Kumeka sagte mir, dass sie dabei ihre dritte Einweihung durchmachte. Durch ihre physischen und mentalen Körper löste sie beinahe das gesamte Karma ihrer ganzen Familie seit Anbeginn der Zeit auf, was ein durchaus gewaltiges Unterfangen ist. Zudem leitete sie einen Teil der Angst aus Atlantis durch ihr System.

Truda war furchtbar krank, aber sie erholte sich mithilfe einer neuen Herzklappe, einer Vielzahl von Gebeten und massiver Hilfe der Engel. Als ich eines Tages still neben meinem Holzofen saß und Gregorianischen Gesängen lauschte, beschloss ich Kerzen anzuzünden und heilende Energien auf Truda zu konzentrieren. Plötzlich durchschoss mich ein unglaublich helles smaragdgrünes Licht wie ein Blitz. Es war Erzengel Raphael, der die Gelegenheit ergriffen hatte, ihr durch mich hindurch heilende Energie zu schicken. Das Erlebnis war Ehrfurcht gebietend.

Ich wunderte mich, dass dies Trudas dritte Einweihung war – die geistige. Kumeka erzählte mir, dass dadurch ihre Gedanken über sich selbst und die Welt beeinflusst worden waren. Und tatsächlich veränderte sich

Trudas Leben. Sie wurde friedvoller, zufriedener und öffnete sich neuen spirituellen Möglichkeiten.

Die schlimmste Einweihung ist die vierte, die auch als Kreuzigung bekannt ist. Jesus stellte sich seiner am Kreuz. Dabei geht es darum, sich auf emotionaler Ebene darzubieten und sich seinen größten Ängsten zu stellen, um etwas von der Angst im kollektiven Unterbewusstsein zu nehmen. Oft geht es dabei um Zurückweisung und Verlust auf persönlicher und emotionaler Ebene. Auf der spirituellen Ebene ist diese Prüfung aber immer das Tor zu etwas Höherem.

Eine Freundin von mir machte diese Einweihung durch, als sie beide Söhne und die Enkel verlor, weil diese plötzlich ans andere Ende der Welt zogen. Sie waren ihr ganzes Leben gewesen. Sie musste sich neu orientieren und wurde Heilerin, die ihr Leben dem Dienst an anderen widmete. Einige Jahre später machte sie durch die Krankheit ihrer Schwester eine weitere Einweihung durch.

Meine eigene Kreuzigung dauerte beinahe zwanzig Jahre. Es ging dabei um den Verlust von allem, was ich bisher gekannt hatte. Heute verstehe ich, dass das emotionale Trauma eine unglaubliche Gelegenheit spirituellen Wachstums darstellte, die von meinen Führern und Engeln arrangiert worden war. Die damaligen Umstände ermöglichten mir meine vierte Einweihung. Gleichzeitig bekamen viele meiner Familienmitglieder die Gelegenheit, ihre zweite oder dritte Einweihung zu absolvieren.

Was aussah wie viele zerstörte Leben, war von einer höheren Warte aus gesehen eine gewaltige spirituelle

Chance. Ich segne alle, die daran beteiligt waren. Diese Einweihung zeigte mir auch eindrücklich, dass niemand über einen anderen urteilen kann. Ich musste alles loslassen, um die Engel in mein Leben zu lassen.

Für manche Menschen ist die fünfte Einweihung, welche die Vorbereitung für den Aufstieg ist, sehr schwer. Auf dieser Stufe müssen wir Zugang zur Monade oder ICH-BIN-Gegenwart finden und uns dem Dienst am Kosmos verpflichten. Für mich war diese Einweihung leicht, da ich sie in früheren Leben schon mehrmals absolviert hatte. Als ich das Gefühl hatte, die Zeit dafür wäre gekommen, machte ich gemeinsam mit zwei Freundinnen eine Meditation, die uns zu den ersten Stufen des Aufstiegs führte. Interessanterweise schaffte eine von ihnen es zuerst und half uns dann.

Die sechste Einweihung ist der Aufstieg. Für viele ist diese Einweihung relativ einfach, da sie bereits so viel Vorbereitungsarbeit geleistet haben. Wer Elisabeth Haichs faszinierendes Buch *Einweihung*[4] gelesen hat, wird allerdings erfahren, dass sie ausgerechnet diese nicht bestanden hat. Die Konsequenzen des Versagens sind ziemlich dramatisch. Sie musste ganz von vorn anfangen und die Lektionen des Lebens erneut lernen. Das ist etwa so, als ob ein Hochschulabsolvent wieder in den Kindergarten müsste. Ich kenne jemanden, der diese Einweihung ebenfalls nicht bestand und sich mit großer Weisheit, aber ohne die Macht, diese auszudrücken, wieder inkarnieren musste.

4 Elisabeth Haich: *Einweihung*. Drei Eichen, Hammelburg 1997

Es gibt noch eine siebte Einweihung. Diese wird außerkörperlich nach dem Tod absolviert und beinhaltet, dass man sich über die nächsten Schritte einig wird. Um sie zu bestehen, muss man bereit sein, sich zum Wohle des Ganzen wieder zu inkarnieren.

Eine Übung: Schauen Sie sich Ihre Prüfungen und Herausforderungen an
Nehmen Sie sich die Zeit, um sich die Prüfungen und Herausforderungen anzuschauen, die Sie hinter sich haben und die Sie zu dem Menschen gemacht haben, der Sie heute sind.

Haben bestimmte Prüfungen Sie verändert?

Wenn Sie auf Ihr Leben zurückblicken, können Sie nun sich selbst und andere Menschen anders betrachten, weil Sie wissen, dass Sie erfahren mussten, was Sie erfahren haben, um dorthin zu gelangen, wo Sie heute sind?

Teil III

Vorhersagen für einzelne Länder

17 Europa im Überblick

Das Wetter

Im Lauf der nächsten Jahre wird sich das Wetter ändern und sehr unbeständig sein. In gewissen Gegenden wird es trockener sein, andere werden überschwemmt. In einigen Regionen herrscht starke Umweltverschmutzung, die aber durch die höhere Energie, die einströmt, und durch die vielen hochfrequenten Portale langsam beseitigt wird. Dort, wo das Land gereinigt werden muss, geschieht die Reinigung überwiegend durch Überschwemmungen. Alle niedrig gelegenen Gebiete können davon betroffen sein. Wir müssen zudem mit unerwarteten Erdbeben, starken Stürmen und Feuersbrünsten rechnen, selbst an Orten, wo so etwas noch nie geschehen ist.

Die Wirtschaft

Wirtschaftlich gesehen kommen auf viele Menschen schwere Zeiten zu, weil sich die Rezession verstärken wird. Überall in Europa, aber auch anderswo, werden die Menschen so wütend auf die Gier der Banker sein, dass diese Wut schließlich überkocht. Dann werden die Regierungen weltweit die Macht der Banken beschränken. 2020 werden die Menschen entsetzt sein, dass so etwas überhaupt passieren konnte.

Ab 2020 werden die Menschen Sicherheit nicht mehr bei Versicherungskonzernen suchen. Selbstverantwortung wird das Motto des Tages sein, und es werden Selbsthilfegruppen gebildet.

In Europa werden, wie in anderen Teilen der Welt auch, Wasser und Nahrung wichtiger als Geld sein.

Spirituelle Einflüsse

Europa befindet sich in der Obhut von Erzengel Raphael, dem smaragdgrünen Engel der Heilung. Da sich dieser Kontinent ständig ändert, finden sich hier viele verschiedene Energien. Spirituell gesehen rüttelt das Leben in Europa die Menschen auf und öffnet ihre Chakras. Das ermöglicht es immer mehr Menschen, Kontakt zu ihren Führern und Engeln aufzunehmen. Im Hinblick auf das spirituelle Wachstum ist Europa ein sehr interessanter Ort zum Leben.

Es existieren drei kosmische Portale in Europa. Durch sie wird das Christus-Licht einströmen und sich über den Kontinent ausbreiten.

Das erste Portal befindet sich im englischen York in den Yorkshire Dales. Es sendet ein reines, sanftes Licht aus.

Das zweite Portal befindet sich in Andorra. Es wird

vor allem Spanien mit seiner hochfrequenten Energie beeinflussen.

Das Dritte befindet sich auf dem Meeresboden vor der Küste von Marseille. Es ist mit dem Refugium Maria Magdalenas verbunden und wird durch seine göttlich weibliche Weisheit das Denken der Massen und die Welt im Allgemeinen positiv beeinflussen.

Zudem existieren überall in Europa viele andere Portale und heilige Stätten, die sich vollständig öffnen werden, wodurch die Schwingungsfrequenz der Menschen dramatisch und rapide angehoben werden wird.

Eine Übung: Senden Sie Heilung nach Europa

1. Suchen Sie sich einen ruhigen Ort, an dem Sie nicht gestört werden.

2. Zünden Sie eine Kerze an und weihen Sie sie dem Zweck, Europa mit Frieden, Reichtum, Licht und Liebe zu erfüllen.

3. Schließen Sie die Augen und entspannen Sie sich.

4. Stellen Sie sich vor, Engel der Liebe und Einhörner füllen den Himmel über Europa.

5. Die Engel singen und die Einhörner senden ihr Licht nach unten.

6. Das Licht berührt jeden einzelnen Menschen und Ort wie ein reinigender Regenschauer.

7. Sehen Sie, wie alle dunklen Orte gereinigt werden.

8. Danken Sie den Engeln und Einhörnern.

9. Öffnen Sie die Augen.

18 Vorhersagen für einzelne europäische Länder

Andorra

Das sechsundzwanzigste kosmische Portal, das die Christus-Energie in sich trägt, befindet sich in den Bergen von Andorra. Lange war es inaktiv, öffnete sich aber 2012. Dieses Portal steht unter einem Feuerzeichen und wird von Drachen, vierdimensionalen Elementarwesen, bewacht. Sie sind dort, um jenen, die Mut in ihrem Herzen tragen, ewige Stärke und Schutz zu gewähren.

Jene, die für würdig befunden wurden, werden sehen, dass Drachen ihre Freunde und Begleiter werden können, die sie in ihrer Entwicklung anleiten und ihnen Reichtum bringen. Die Drachen werden dafür sorgen, dass sich ein rechtes Verständnis von Reichtum in Übereinstimmung mit den kosmischen Gesetzen zum Wohle aller entwickelt.

Überall auf der Welt stimmen sich die Menschen auf Andorra ein, um sich mit den Feuerdrachen zu verbinden und mit ihnen zu arbeiten. Dieses Portal wird jeden Menschen auf andere Weise beeinflussen. Stimmen Sie sich darauf ein, wenn Sie so weit sind, und es wird Ihnen zeigen, wer Sie wirklich sind. Es wird Ihnen zudem die

Wunder des Raumes, des Universums und der geistigen Welt offenbaren.

Diese höhere Energie wird die Korruption und Negativität, die bisher mit Andorra assoziiert wurden, reinigen und auflösen. Dann werden die Schönheit der Berge und die Drachenenergie dem Land erlauben, zu erstrahlen und wahrhaft reich zu sein. Im Jahre 2022 wird es seinen wahren Seelenausdruck gefunden haben.

Belgien

Die schwere Energie dieses Landes beginnt leichter zu werden, weil bestimmte Entscheidungen gefällt werden und die Menschen größere Klarheit über ihre Ziele erlangen. Erzengel Gabriel versucht einen Diamanten der Klarheit über dem Land zu platzieren, aber viele Einwohner konzentrieren sich immer noch auf sich selbst statt auf das Gemeinwohl.

Außerdem schüttet Erzengel Raphael Liebe über dem Land aus, um die Herzen der Bewohner zu öffnen und die Wunden der Vergangenheit zu heilen. Es ist aber immer noch möglich, dass das Land durch Überschwemmungen gereinigt wird.

Bosnien

Dieses schöne Land, das noch die Narben des Völkermords trägt, erlitt das negative Karma der ganzen Welt.

Es ist noch viel Heilungs- und Läuterungsarbeit notwendig, aber im Bewusstsein der Menschen findet ein rapider Wandel statt und das Land beginnt wieder zu leuchten. Die Engel haben Licht in die Leylinien gesandt, um es der im Land bewahrten Weisheit zu ermöglichen, wieder an die Oberfläche zu kommen.

Viele Erzengel, besonders der Erzengel Jophiel, der Engel der Weisheit, haben Bosnien besucht und es mit Hoffnung und Verheißung berührt. Das hat den Menschen wieder Vertrauen und ein besseres Selbstwertgefühl geschenkt.

Die Bosnier möchten Unabhängigkeit und Individualität erleben, bevor sie sich auf fünfdimensionale Gemeinschaften einlassen, aber in den wunderschönen Bergen wird schließlich eine herrliche Goldene Stadt entstehen.

In früheren Büchern bat ich die Leser, die Engel der Liebe, des Friedens, des Reichtums und der Freude anzurufen und sie zu bitten, über Bosnien zu singen, um das Weltkarma zu beseitigen. Die Reaktion darauf war gewaltig und ermutigend und die Engel danken all jenen, die dazu beigetragen haben.

Dänemark

Dänemark ist fast vollständig vom Meer umgeben, was dazu beigetragen hat, dass die Energie hier rein gehalten wurde. Das Karma der kriegerischen Vergangenheit ist aufgrund göttlicher Gnade aufgelöst worden. Die Trauer aus der Zeit der deutschen Besetzung und das Misstrauen im kollektiven Unterbewusstsein wurden durch einen großen Lichtblitz aufgelöst, der während des kosmischen Moments 2012 auf Dänemark traf. Übrig geblieben ist nur das gewohnheitsmäßige alte Gefühlsmuster, aber auch dieses wird sich bald verwandeln. Dänemark wird es leichtfallen, fünfdimensionale Gemeinschaften zu gründen.

Deutschland

Der größte Teil der Finsternis ist bereits entfernt worden – allerdings mit Ausnahme der Konzentrationslager, wo das »Böse« künstlich am Leben gehalten wird, indem man sich immer wieder damit beschäftigt.

Deutschland hat eine Doppelrolle. Zum einen ist es der Hüter des fünfdimensionalen Lichts für den Planeten. Dazu gehört auch ein goldener Schlüssel für die dreiunddreißig kosmischen Portale. Deshalb arbeitet Deutschland eng mit Erzengel Sandalphon, dem Hüter des Eingangs zur Hohlerde, zusammen. Das Land hat sich seine Rolle nach dem Zweiten Weltkrieg verdient, weil es die Vereinigung von West- und Ostdeutschland auf fünfdimensionale Weise bewerkstelligt hat.

Die Schuldgefühle, die im kollektiven Unterbewusstsein vorhanden waren, sind vollständig aufgelöst worden, sodass Deutschland in seiner ganzen erleuchteten Kraft dastehen kann. Es kann nun seinen Platz als Vorreiter der Erleuchtung und des Aufstiegs einnehmen.

Seit Ende des Zweiten Weltkriegs haben sich hier Tausende weiser, reifer Seelen inkarniert, um sowohl das alte Karma aufzulösen, aber auch um das höhere Licht für den europäischen Kontinent zu bewahren. Viele deutsche Wissenschaftler und Techniker arbeiten mit Meister Hilarion, dem Chohan des fünften Strahls von Technologie und Wissenschaft zusammen, um neue spirituelle Technologien für das neue Goldene Zeitalter zu entwickeln.

Einige, deren Körper während des Krieges für Experimente missbraucht wurden, haben sich wieder inkarniert. Sie tragen auf der Zellebene noch Angst in sich, aber dieses Mal stellen sie ihre Körper für Zellheilung durch Licht zur Verfügung, die alles Karma auflösen und ihnen vollkommene Gesundheit bringen wird. Das wird sowohl bewusst als auch unbewusst während des Schlafes geschehen. Dieses Mal wird Deutschland führend in Zellheilung durch Lichttechnologie sein und diese Technologie freigebig mit der Welt teilen. Dadurch werden überall Menschen transformiert werden.

Aufgrund dieser Heilarbeit wird dem Land göttliche Gnade zuteilwerden. Außerdem wird dieser Fokus auf Heilung dem kollektiven Herzen Deutschlands Frieden bringen, sodass das Land und alle seine Bewohner schnell in die fünfte Dimension aufsteigen können. Das wird die zwanzigjährige Übergangsphase für Deutschland leichter als für viele andere Länder machen.

Die Bäume des Schwarzwalds bewahren große kosmische Weisheit, wodurch die höhere Energie in Deutschland während des bevorstehenden Wandels verankert und aufrechterhalten wird. Viele fünfdimensionale Gemeinschaften werden sich hier bilden, und nach 2032 werden neue Goldene Städte im Land entstehen.

Estland

Das estnische Land ist aufgrund der fehlenden früheren Selbstständigkeit noch grau, aber die Esten beginnen zu strahlen, was sich sehr schnell auch auf das Land auswirkt. Viele wunderschöne Engel bringen die Energie des göttlichen Quells direkt vom dreiunddreißigsten kosmischen Portal am Nordpol hierher. Estland wird auch durch die sanfte Erleuchtungsenergie aus dem kosmischen Portal von York und den gewaltigen Mengen an Liebe und Großzügigkeit aus dem kosmischen Portal von Omsk beeinflusst.

Finnland

Finnland bewahrt und verankert sehr reines, hochfrequentes Licht. Schnee und Eis aus vielen Jahren haben das Land geläutert, sodass nur noch sehr wenig Aufräumarbeit geleistet werden muss. Viele hoch entwickelte Seelen haben sich hier inkarniert und führen das Land auf einen Weg, der zum Licht führt.

Das dreiunddreißigste Portal am Nordpol, das die stärkste Energie aller Portale hat, wird Finnland ebenso sehr stark beeinflussen wie das Licht des göttlichen

Quells, das direkt aus dem Sternentor-Chakra strömt. Wenn sich das Sternentor öffnet, wird ganz Finnland zu einer einzigen fünfdimensionalen Gemeinschaft werden. Daher braucht das Land auch keine Goldenen Städte. Finnland ist ein ganz besonderer Ort zum Leben.

Frankreich

Da ein Großteil Frankreichs noch sehr ländlich ist, sind Gier und Korruption vor allem auf die Städte beschränkt. Für die Landbewohner, die einen einfacheren Lebensstil haben – besonders für jene, die Selbstversorger sind –, wird die Übergangsphase einfacher zu bewältigen sein als für die Stadtbewohner. Viele werden in die französischen Alpen ziehen, wo die Menschen erwachen und sogar den Gesang der Engel vernehmen werden.

Für Frankreich wird eine gewaltige spirituelle Öffnung erwartet. Unter Wasser vor der Küste von Marseille hat sich ein neues kosmisches Portal geöffnet, das starke, auf gegenseitiger Unterstützung aufgebaute Partnerschaften fördert und es den Menschen ermöglicht, sich einem neuen spirituellen Verständnis zu öffnen. Die Landbewohner werden den Stadtbewohnern, die während der notwendigen Reinigung ihr Heim verlieren, ihre Herzen öffnen.

In Marseille befindet sich auch das Refugium von Maria Magdalena, das ihre strahlendhelle gelbe Energie enthält, welche die Menschen der Liebe öffnet.

Außerdem hat die gewaltige, wundersame universelle Engelin, die als Mutter Maria bekannt ist, in Lourdes ihr Refugium. Dieses wurde 2013 überschwemmt, um alle niederen und unnützen Verbindungen zur Kontrolle durch den Vatikan zu durchtrennen, damit Mutter Marias Energie von hier aus rein und hell erstrahlen kann. Ihr Einfluss ist in Frankreich bereits spürbar, aber er wird noch größer werden und Heilung, Mitgefühl und Liebe werden von dieser Region ausgehen.

Der Einfluss dieser beiden Portale wird den Widerstand gegen Veränderungen schwächen und es den Franzosen ermöglichen, das Neue anzunehmen. Frankreich wird mit anderen Ländern, darunter auch seinen traditionellen Feinden, zusammenarbeiten und sich doch seine Einzigartigkeit bewahren.

Griechenland

Die Griechen sind ungeheuer stolz auf ihr antikes Erbe. Ihr tief im Innern verborgenes Gefühl, dass sie ihrem Potenzial nicht gerecht werden, hat zu Trägheit und zu fehlendem Glauben an sich selbst geführt. Das Karma ihrer früheren Eroberungen ist bereits beglichen und der Zusammenbruch des Finanzsektors war für sie ein lauter Weckruf, dem sie sich aber nicht stellen wollen. Sie werden durch diese Einweihung aber entweder voller Mut und Entschlossenheit gehen oder in Untätigkeit und Elend verharren. Zurzeit sieht es ganz so aus, als würden sie sich für Letzteres entscheiden.

Die Inseln sind zwar rein, aber auf dem Festland wird es zu einer Läuterung durch Feuer und Erdbeben kommen. Allerdings nur in geringem Ausmaß, nur gerade so viel, dass die Menschen Demut lernen und ihre Herzen öffnen.

Der wichtigste Faktor für Griechenland wird das Erwachen der schlafenden Kundalini in der kosmischen Pyramide sein, die nach dem Untergang von Atlantis hier errichtet wurde. Die Pyramide wurde ursprünglich vom atlantischen Hohepriester Poseidon mithilfe der Göttin Athene errichtet und bewahrt großes Wissen. Vor vielen Jahrhunderten wurde das Bauwerk durch ein Erdbeben vollständig zerstört. Dennoch besteht die Energie ebenso weiter wie die Verbindung zu den Plejaden, sodass weiterhin heilende Herzensenergie hierher strömt. Das Parthenon wurde auf diesem Gelände errichtet.

Der Stamm, der vom Hohepriester Poseidon nach dem Untergang von Atlantis hierher geführt wurde, brachte großes medizinisches Wissen mit. Vieles davon empfingen sie durch ihre Verbindung zu den Plejaden. Schon bald werden sich die Griechen ihres antiken Erbes entsinnen. Die Wirtschaft wird nicht mehr von übergeordneter Bedeutung sein, da das Land weltweit eine führende Rolle in natürlichen Heilmethoden spielen wird.

Die Griechen werden die Menschen weltweit lehren, wie man die mentalen, emotionalen, spirituellen und physischen Körper von Menschen und Tieren durch göttliche Resonanz heilt. Das wird mithilfe von Kräutern, Musik, Kristallen und anderen Methoden geschehen.

Griechenland wird durch die kosmischen Portale in Mesopotamien und der Sphinx beeinflusst. Zudem wird sich die Öffnung des dreiunddreißigsten Portals am Nordpol, das mehr Christus-Licht ausstrahlt als jedes andere Portal, auf das Land auswirken.

Schließlich werden die Schönheit und die vielen Wunder, die von Poseidons Stamm nach dem Untergang von Atlantis hierhergebracht wurden, wiederhergestellt sein, und eine große Goldene Stadt wird hier nach 2032 errichtet werden.

Großbritannien

Die gewaltige Lichtexplosion, die durch die Begeisterung bei den Olympischen Spielen in 2012 erzeugt wurde, bereitete London darauf vor, die Energie des neuen Zeitalters zu verankern. Die Engel versprachen dafür zu sorgen, dass bei den Spielen alles glatt geht, und sie leiteten und halfen den Menschen in einer massiven Operation. Dieses Ereignis war wahrlich ein wunderbares Beispiel dafür, wie Menschen und die geistige Welt im Interesse des Wohles aller zusammenarbeiten können.

Das Licht, das von diesem Ereignis ausging, ermöglichte es dem fünfdimensionalen Erdstern-Chakra des Planeten in London sich zu öffnen. Das wiederum führte zum Erwachen der anderen fünfdimensionalen Chakras weltweit. Die Menschen, die in der Energie des Erdsterns leben oder sich darauf einstimmen, können jetzt Wissen und spirituelle Informationen vom Sirius und der Sonne herunterladen, mit denen es verbunden ist.

Sirius ist das Gestirn des höheren Geistes. Dazu gehören Technologien, vor allem spirituelle Technologien für das neue Goldene Zeitalter, und die heilige Geometrie.

Kinder vom Sirius, die sich gegenwärtig auf der Erde inkarnieren, oder solche, die ihre Energie über dieses Gestirn den irdischen Bedingungen angepasst haben, tragen bereits das Wissen um spirituelle Technologien in sich. Aufgrund der Verbindung des Erdsterns mit Sirius, fühlen sich viele dieser Seelen zu London hingezogen.

Die Sonne ist die göttlich männliche Energiequelle unseres Universums. Sie strahlt Eigenschaften wie Gerechtigkeit, Stärke, Würde, Mut und inspirierte Führerschaft aus. Daher wird London Seelen anziehen, die diese Eigenschaften entweder besitzen oder besitzen möchten.

Das Erdstern-Chakra befindet sich in der Obhut von Erzengel Sandalphon. Er vermittelt Gleichgewicht und eine tiefe Verbindung zur Erde. Zudem ist er als der Erzengel der Musik bekannt, da er mit Klang arbeitet. Die Engel erzeugen Schallwellen durch Musik und heilige Geometrie und berühren die Welt auf diese Weise. Daher wird London, das fünfdimensionale planetarische Chakra, ein Zentrum der Musik werden, von dem aus heilende Klänge in die Welt strömen, die die Schwingung der Engel haben.

Das Herz-Chakra unseres Planeten befindet sich in Glastonbury und ist in der Obhut von Erzengel Chamuel, dem Engel der Liebe. Von hier aus strahlt ein Willkommensgruß in die Welt und das Universum hinaus. In der Nähe von Glastonbury liegt Avebury, das ein zentraler Flughafen für Raumschiffe aus allen Universen war. Seine Macht ist durch den Bau einer Straße halbiert worden, aber es ist dabei zu erwachen und wieder ganz zu werden. Bereits jetzt bereiten sich die umliegenden Gegenden darauf vor, ihre alte Rolle wieder zu übernehmen.

Das Herz-Chakra in Glastonbury ist nicht nur mit Andromeda und Mars, sondern auch mit Venus verbunden. Andromeda trägt die Energie des höheren Herzens in sich, während der aufgestiegene Aspekt des Mars die Weisheit des friedlichen Kriegers ausstrahlt. Die Venus bringt uns die Liebe des göttlichen Quells. Das Herzzentrum des Planeten reinigt ununterbrochen Energie, weil so viele bedürftige Menschen hierherkommen. Bitte schicken Sie diesem Ort Liebe.

Ein riesiges kosmisches Portal, welches das Christus-Licht enthält und sich über das Gebiet der Yorkshire Dales erstreckt, öffnete sich 2012 in Yorkshire. Ihm entströmen Kreativität, Warmherzigkeit und Empfindsamkeit. Es wird allen Industriestädten sowie den Bergbaugebieten Licht bringen. Das Portal strahlt Hoffnung und Erleuchtung, eine höhere Art des Denkens und spirituelles Verständnis aus. Jene, die in der Nähe leben, werden auf ziemlich dramatische Weise davon beeinflusst, obwohl die Energie so sanft ist, dass sie problemlos aufgenommen werden kann.

Stonehenge ist eines von vier Zweiweg-Portalen des Planeten. Es ist gegenwärtig nur teilweise offen, obwohl es begonnen hat, sich nach dem kosmischen Moment

2012 zu öffnen. Nach und nach wird es weiter erwachen, bis es im Jahr 2032 vollständig offen sein wird. Dieses Portal wird eine Einladung aussenden, zu ihm zu kommen. Da es siebendimensional ist, wird es Sie in Ihren siebendimensionalen Lichtkörper bringen. Sie werden durch die siebendimensionalen Augen der Liebe und des Einheitsbewusstseins sehen. Sie werden Ihr höchstes Potenzial verwirklichen und alles von einer höheren Warte aus sehen können. Bei diesem Portal dreht sich alles um Zeit und Materie. Wenn Sie dort sind, werden Sie in der ewigen Zeit verweilen, Erleuchtung in allen Bereichen erlangen und die Struktur aller Dinge vollkommen verstehen.

Großbritannien hat beträchtliches Karma angesammelt, weil es in den Tagen des britischen Weltreichs andere Länder dominiert hat. Das geschah, weil die Entscheidungsträger zu sehr männlich orientiert waren und nur mit der linken Gehirnhälfte dachten. Sie handelten nur aufgrund von Logik und Disziplin, ohne Mitgefühl oder Herzenswärme.

Die Seelenentscheidung des Landes, dieses Karma dadurch auszugleichen, dass Masseneinwanderung zugelassen wurde, hat zu großer Unruhe, einem allgemeinen Gefühl der Überforderung und politischen Fehlentscheidungen geführt. Es muss hier aber auch erwähnt werden, dass Großbritannien in den Tagen seines Weltreichs viel über Führungsqualitäten, Gerechtigkeit und die Macht von Zeremonien gelernt hat. Heute wird die Situation ins Gleichgewicht gebracht und bereinigt, weil sich das Herzzentrum in Glastonbury öffnet.

Das Land hat in den letzten Jahrzehnten seine Bestimmung verloren. Großbritannien ist nicht da, wo es sein könnte, weil zu viel Energie in den Finanz- und Rüstungssektor geflossen ist, statt in Landwirtschaft und Bildung. Aus diesem Grund wird der Übergang schwerer sein als nötig. Viele niedrig gelegene Gebiete des Landes werden während der großen Läuterung überschwemmt werden, was allerdings dazu führt, dass sich die Herzen der Menschen voller Mitgefühl für die Betroffenen öffnen. Es wird zu einer Massenwanderung in höher gelegene Gebiete kommen. Die Berge sind alle sehr rein, aber die in Schottland sind die reinsten, da sie vom Licht des Sternentors beschienen werden.

Großbritannien ist wie ein Juwel, das beschädigt und verschmutzt wurde. Sobald es einmal gereinigt und geheilt ist, wird es wieder in seinem wahren Glanz erstrahlen. 2032 wird Großbritannien wieder in seiner vollen Macht dastehen und goldene Stärke, Mitgefühl und Weisheit ausstrahlen. Es wird wahrlich ein goldenes Herz haben.

Holland

In den letzten Jahren haben sich hier hoch entwickelte, liberale und tolerante Seelen inkarniert, und es finden sich viele Erleuchtete unter der Bevölkerung.

Das Land hat immer großes Wissen in Bezug auf das Wasser und das Meer besessen. Auf diesem Wissen wurde zum Beispiel die Niederländische Ostindien-

Kompanie gegründet. Paradoxerweise haben gerade die Entwicklung einer Flotte und die damit verbundene Kolonialpolitik zum Karma Hollands beigetragen, während gleichzeitig das Wasser das Land im Laufe der Jahrhunderte immer wieder gereinigt hat.

In neuerer Zeit hat die Sozialpolitik mit der Integration von Ausländern dazu geführt, dass viel Karma beglichen wurde. Da das Land aber sehr niedrig liegt, wird ein großer Teil im Jahr 2032 unter Wasser stehen. Viele Holländer werden in die höher gelegenen Regionen Europas ziehen und ihr Wissen mitbringen. Sie werden innovative Methoden entwickeln, um Häuser auf dem Wasser zu bauen und dafür führende Technologien und Bauweisen entwickeln, die überall auf der Welt kopiert werden.

Irland

Als Folge der religiösen Spaltung in früheren Jahrhunderten und der terroristischen Aktivitäten der letzten Jahre herrschen immer noch große Angst und Wut in Irland. Es ist ein Land voller Wunden, die dringend geheilt werden müssen.

Im kollektiven Unterbewusstsein Irlands herrscht immer noch das Gefühl der Hilflosigkeit aufgrund der großen Hungersnot von 1845 bis 1852 vor, der unzählige Menschen zum Opfer fielen. Die Hungersnot wurde verursacht, weil die Engländer ihre Pestopfer auf den Leylinien vergruben und diese dadurch blockierten, sodass die Kartoffelernte in Irland ausfiel. Unbewusst wussten die Iren davon.

Die Engländer verhielten sich ziemlich übel, und der Zorn auf England ist tief in der irischen Psyche verwurzelt. Auf höherer Ebene wurde diese Situation erlaubt, um viele Iren dazu zu zwingen, um die Welt zu reisen und ihr mystisches Bewusstsein und ihr Licht überall zu verbreiten. Das war für viele Iren, die äußerst heimat- und familienverbunden sind, sehr schwer. Generell beginnen die Iren nun langsam damit, den Engländern zu vergeben und die Situation loszulassen, sodass das Land in den nächsten Jahren sein wahres spirituelles Potenzial verwirklichen und sein Licht scheinen lassen kann.

Die ländlichen Gegenden Irlands bewahren noch viel von der keltischen Magie. Es gibt mächtige Steinkreise und heilige Stätten, von denen viele geruht haben, aber nun erwachen. In Irland existieren religiöser Dogmatismus und spirituelle Reinheit Seite an Seite. Das ganze Land ist von Engeln, Einhörnern und Elementarwesen erfüllt. Die magischen, mystischen Eigenschaften des Landes und das große spirituelle Licht der Iren werden das Land durch die Übergangsjahre bringen.

Irland ist voller warmherziger, gastfreundlicher Menschen. Diese Eigenschaften werden ihnen helfen, der Welt in Zukunft ein Licht zu sein.

Italien und der Vatikanstaat

Während der Renaissance entschlossen sich viele Bild-hauer und Maler in diesem Land zu arbeiten, weil seiner Seele große Schönheit innewohnt. Ihre Werke hoben die Schwingung enorm an, denn in ihnen fingen die Künst-ler die Energie der Keruben, also von Energiefragmen-ten der Cherubim, der Einhörner und Engel ein. Das hat dazu beigetragen, das moderne Italien im Licht zu hal-ten.

Die finanzielle Situation des Landes ist eine Auf-forderung, sich eine andere Lebensweise mit mehr Zu-sammenarbeit und Teilhabe anzueignen. Wenn sich das Schwingungsniveau der Welt weiter erhöht, wird das ganze Ausmaß der Korruption offenbar, und die Men-schen werden von ihren Führern Integrität verlangen. Sobald das geschieht, werden Führerpersönlichkeiten voller Macht und Ehrgefühl hervortreten. Die Macht von Organisationen wie der Mafia wird schwinden, da ihre Schwingung zu niedrig ist, um noch Unterstützer oder Menschen, die terrorisiert werden können, anzu-ziehen.

Bleibt die römisch-katholische Kirche so unnachgie-big und rigide, wird sie implodieren und der Vatikan wird zusammenbrechen. Öffnet sie sich aber einer hö-heren Form der Spiritualität, wird sie erblühen. So oder so wird hier schließlich eine reine Form der Spiritua-lität entstehen und die wahre Herrlichkeit der Botschaft Christi wird ans Tageslicht kommen.

Kroatien

Die Angst, die über Kroatien hing, beginnt sich aufzulösen, da die Engel als Antwort auf die Gebete der Menschen Licht und Liebe über dem Land ausschütten. Die
Seele des Landes wird geheilt, sodass es geistige Freiheit
erlangen kann. Die lange Küstenlinie trägt dazu bei, das
Land zu reinigen.

2032 wird Kroatien eine fünfdimensionale Region
sein, und die dort lebenden Menschen werden automatisch Reichtum anziehen.

Lettland

Die graue Aura dieses Landes wird heller, da es nun damit beginnt, seine Ketten abzuwerfen und seinen eigenen Wert zu definieren. Die Öffnung der kosmischen
Portale am Nordpol, in York und Omsk beeinflusst das
Land und seine Einwohner bereits, und Engel strömen
dorthin, um den Wandel zu unterstützen. Die höhere
Energie wird es allen Letten ermöglichen, neues Selbstvertrauen und Mut zu gewinnen. Wenn sie ihre wahre
Größe erkennen, wird diese Region wieder strahlen.

Norwegen

Der Staat Norwegen wurde auf Land gegründet, das von
Gletschern gereinigt und geläutert wurde. Zudem ist Nor-

wegen großenteils von Wasser umgeben, wodurch die Schwingungsfrequenz hochgehalten wurde. Dennoch waren die Norweger kriegerische Abenteurer und Entdecker, die das Wasser liebten und tapfer für ihre persönliche Freiheit und die des Landes kämpften. Der Wunsch nach Freiheit und Unabhängigkeit ist eine der Seeleneigenschaften, die dieses Land so einzigartig machen.

Norwegen bewahrt und verankert sehr reines, hochfrequentes Licht. Viele hoch entwickelte Seelen haben sich hier inkarniert und sorgen dafür, dass Norwegen auf dem Weg zum Licht bleibt. Das dreiunddreißigste kosmische Portal am Nordpol, das die stärkste Energie aller Portale hat, wird sich ebenso stark auf Norwegen auswirken wie das Licht des göttlichen Quells, das direkt vom Sternentor-Chakra hierher strömt. Nach 2032 werden hier Goldene Städte entstehen.

Österreich

Die Kultur und Schönheit Wiens bringen diesem bezaubernden Land Licht. Da die Wirtschaft vernünftig gelenkt wurde, gibt es kein großes finanzielles Karma. Viele Jahre lang hat das Land Angst davor gehabt, von Deutschland manipuliert zu werden, und wurde von Schuldgefühlen wegen seiner Rolle im Zweiten Weltkrieg geplagt. Aber dank der spirituellen Arbeit vieler heller Lichter im Land ist dieses Karma inzwischen aufgelöst, und Österreich strahlt ein helles, reines Licht aus, das in die Zukunft weist.

In den Bergen Österreichs ist die Energie rein und klar. Die Wälder bewahren das Licht und bringen Weisheit von den Sternen auf die Erde. Klänge werden in den Bergen der Welt bewahrt. Das gilt besonders für die österreichischen Alpen, da dieses Land besonders in Harmonie mit dem Klang ist. Durch Klänge werden Heilung und hohe Schwingungsfrequenzen über die ganze Welt verteilt.

In großen Teilen Österreichs herrscht ein heimeliges Gefühl vor, da die Familie sehr wichtig ist. Aus diesem Grund werden es die fünfdimensionalen Gemeinschaften hier leicht haben. Österreich wird eine vergleichsweise leichte Übergangsphase erleben, und nach 2032 werden hier Goldene Städte entstehen.

Polen

Polen ist ein Mysterium in der heutigen Zeit. Hitler griff das Land als erstes an, weil er wusste, dass es wenig Widerstand geben würde, da Polen keine Demokratie war und die Leute es gewohnt waren, Befehle zu empfangen. Zwar kämpften die Polen tapfer und verteidigten sich, aber für die Nazis war es leichter, Polen zu erobern, als eine Nation von Individualisten, die daran gewöhnt war, für ihre Rechte einzutreten.

Die Finsternis von Auschwitz hat sich auf ganz Polen ausgewirkt. Das Konzentrationslager wurde am Leben erhalten, um die Erinnerung an den Schrecken mit der Absicht wachzuhalten, dass er sich nie wiederholen möge. Aber die Menschen konzentrieren sich auf die Finsternis und geben ihr dadurch Energie, sodass sie weiter besteht. Das hat Polen zurückgehalten. Neuerdings konzentrieren aber viele Lichtarbeiter Licht, Liebe und Freude auf Auschwitz, und bis 2015 wird die Energie dort voraussichtlich geklärt sein. Das wird der ganzen Welt helfen.

Was Polen noch zurückhält, ist das graue Gefühl, das aus den Jahren der Unterdrückung, des Armutsbewusstseins und dem Mangel an Selbstwertgefühl übrig geblieben ist. Endlich ändert sich auch das, und der Wandel hin zu mehr Selbstvertrauen und einem besseren Selbstwertgefühl vollzieht sich nun relativ schnell. Reichtum und Freude strömen nach Polen, weil viele Polen Selbstverantwortung und Meisterschaft anstreben.

Das Karma, das viele Länder gegenüber Polen angesammelt haben, weil sie das Land nicht früher beschützt hatten, ist nun beglichen worden, denn die polnischen Arbeitsimmigranten haben nicht nur Geld zurück nach Hause gebracht, sondern auch neues Selbstvertrauen.

Polen wird Licht direkt vom dreiunddreißigsten Portal am Nordpol empfangen. Alle kosmischen Portale strahlen das Christus-Licht aus, aber dreiunddreißig ist die Zahl des Christus-Bewusstseins und Träger der stärksten Energie. Von diesem Portal aus strömen goldene Engel nach Polen. Auch das Licht des göttlichen Quells, das durch das Sternentor in der Arktis strömt, wird Polen tiefgreifend beeinflussen und dem Land helfen, in die fünfte Dimension aufzusteigen.

Portugal

Die Portugiesen sind wie viele andere Europäer auch angesichts des moralischen Verfalls ihrer politischen und wirtschaftlichen Führer desillusioniert. Die finanzielle und politische Krise macht den Menschen Angst, und sie beginnen nun endlich Fragen zu stellen. Viele haben erkannt, dass dies ein Weckruf ist, fühlen sich aber machtlos, Veränderungen einzuleiten. Aber Menschen mit steigendem Bewusstseinsniveau werden nach Wandel und einer anderen Lebensweise verlangen. Trotz des Widerstands eines Teils der herrschenden Elite, wird sich schließlich jeder Bereich des Lebens verwandeln.

Das Karma, das durch die kolonialen Eroberungen des 15. und 16. Jahrhunderts erschaffen wurde, ist nun fast beglichen, sodass Portugal bereit ist, die heilende Energie zu empfangen, die von Fatima, das unter dem Einfluss von Erzengel Raphael und seiner Zwillingflamme, der universellen Engelin Mutter Maria steht, aus ins Land strömt. 2032 werden sich Liebe, Heilung, Reichtum und großes Licht über das ganze Land ausbreiten und Portugal wird verwandelt werden.

Rumänien

Uraltes Karma hat dieses Binnenland zurückgehalten, da es ständig überfallen und von Kriegen erschüttert wurde. Das hat zu einer Beule in der Aura Rumäniens geführt, sodass die Menschen ihre Ziele und den Sinn ihrer Existenz aus den Augen verloren und kein Selbstwertgefühl mehr haben. Glücklicherweise ist die Energie in den schneebedeckten Bergen sehr hoch, was dazu beigetragen hat, die Würde jener zu bewahren, die stolz auf ihr kulturelles Erbe sind. Das alte Karma endet nun bald, und durch die Intervention der Engel wird göttliche Gnade das alte Leid auflösen und die Herzen vieler Rumänen heilen, sodass sie auf integre und ehrenhafte Weise agieren können. Wenn das geschieht, werden auch andere Völker diesen Menschen vertrauen.

Es wird aufgrund der Schneeschmelze zu einigen Überschwemmungen kommen und auch Feuersbrünste und Erdstöße werden auftreten. Das Land liegt zwischen dem kosmischen Portal der Arktis, dem Sternentor des Planeten in der Arktis und dem Portal in der Sphinx in Ägypten. Wenn dieses Licht Rumänien erhellt, wird die alte Weisheit, die in den Bergen bewahrt wird, zum Leben erwachen. Die Schwingungsfrequenz wird sich dramatisch verändern, und Rumänien wird noch vor 2032 automatisch Reichtum anziehen und sein nationales Selbstwertgefühl zurückgewinnen.

Schweden

Die Schweden sind sehr bodenständig und erdverbunden. Das hat es ihnen ermöglicht, weise, friedvolle Entscheidungen zu treffen. Das Karma ihrer expansionistischen Periode ist bereits seit Langem aufgelöst.

Wie die anderen skandinavischen Länder bewahrt und verankert auch Schweden sehr reines, hochfrequentes Licht. Das Land wurde im Verlauf vieler Jahre vom Wetter gereinigt. Wie in Finnland und Norwegen, so haben sich auch hier viele hoch entwickelte Seelen inkarniert.

Das dreiunddreißigste kosmische Portal am Nordpol, das mehr Christus-Licht als jedes andere Portal hat, wird Schweden ebenso stark beeinflussen wie das Licht des göttlichen Quells, das direkt vom Sternentor-Chakra hierher strömt. Nach 2032 wird hier eine ganz besondere Goldene Stadt entstehen.

Schweiz und Liechtenstein

Zwei Dinge halten die Schweiz zurück: Zum einen der große Hadronen-Speicherring in Genf nahe der französisch-schweizerischen Grenze. Dies ist der weltweit größte Teilchenbeschleuniger, bei dessen Bau bereits die Erdkruste beschädigt wurde.

Zum anderen das angesammelte Karma, weil es das Schweizer Bankensystem seit vielen Jahren ermöglicht hat, dass raffgierige, unehrliche Menschen ihr gestohlenes Geld dort verstecken. Reichtum, der gestohlen oder durch Ausbeutung oder Sklaverei erworben wurde, stellt eine dunkle Energie dar, die von den Elementen gereinigt werden muss. Diese dunkle Energie muss hinweggefegt werden, damit Neues entstehen kann. Unerwartete Erdbeben und Überschwemmungen werden die

Negativität auflösen – es sei denn, die Schweizer und die ganze Welt nehmen sich der Sache bald an.

Das gilt auch für Liechtenstein und andere Orte, die dunkle finanzielle Energien schützen. Allerdings inkarnieren sich viele hoch entwickelte Seelen in der Schweiz, die die geistigen Gesetze verstehen und die Integrität besitzen, die notwendigen Veränderungen einzuleiten.

Da in den Bergen die Energie sehr rein ist, werden sich hier fünfdimensionale Gemeinschaften bilden. Die Gesänge der Engel werden die Berge erstrahlen lassen.

Slowenien

Die Slowenen sind von Natur aus warmherzig, gastfreundlich und heimatverbunden. Viele haben offene Herzen, und Fürsorglichkeit liegt in der Seele des Landes. Aber sie haben in ihrem kollektiven Unterbewusstsein große Angst davor, nicht gut genug zu sein. Dieses Gefühl der Wertlosigkeit hat seinen Ursprung in altem Karma, das nun aber durch die Gnade des göttlichen Quells aufgehoben wurde. Weise, alte Seelen, die Frieden im Herzen tragen, entscheiden sich ebenso wie kreative Seelen dafür, sich in Slowenien zu inkarnieren. Das wird alle Slowenen beeinflussen, dem Land schließlich neue Hoffnung bringen und ihm Reichtum bescheren. Dann kann seine innere wie äußere Schönheit erstrahlen.

Spanien

Da Spanien ein großes Land mit sehr unterschiedlichen Energien ist, wird es viele Veränderungen erleben. Wenn das Wetter extremer wird, werden die Menschen in die Berge ziehen, weil es dort kühler ist und weil die Berge großes spirituelles Licht bewahren.

Viele Kirchen besitzen noch Gold und andere Schätze, die den Azteken und Inkas gestohlen wurden. Da viele Priester dies verdrängt haben, besteht hier noch immer Karma. Auch die letzten Überreste der Inquisition sind noch im Land gespeichert.

Aber der Jakobsweg, ein Pilgerweg, der quer durch Spaniens Norden verläuft, und die ständigen Pilgerströme haben eine machtvolle Leylinie großen Lichts erschaffen. Dies hat einen heilenden und läuternden Effekt auf Spanien, sodass das Land 2017 vollständig frei von diesem Karma sein wird. Außerdem empfangen die Pilger, die auf dem Jakobsweg wandern, Wissen und Informationen aus der Hohlerde.

Spanien unterliegt noch einem anderen machtvollen Einfluss: dem des kosmischen Portals in Andorra, das sich jetzt geöffnet hat. Die Drachenenergie, die von hier aus einströmt, wird den Menschen das Reichtumsbewusstsein bringen. Später werden sich fünfdimensionale Gemeinschaften in den Bergen bilden.

Tschechien

Dieses Land im Herzen Europas hat Jahrhunderte des Missbrauchs hinter sich. Jetzt endlich ändert sich das Bewusstsein der Menschen, und sie kommen in Kontakt mit ihrer eigenen Größe und ihrem eigenen Wert. Da viele von ihnen gezwungen sind, in weit entfernten Ländern zu arbeiten, um Geld nach Hause schicken zu können, haben sie neues Selbstvertrauen und den Glauben an sich selbst zurückgewonnen.

Außerdem hat die Öffnung des Portals vor der Küste von Marseille das Land erheblich beeinflusst und die sanftere, weisere Energie des göttlich Weiblichen einströmen lassen. Dazu wird auch die Öffnung des Portals von Lourdes beitragen, denn Mutter Marias heilendes Licht wird Tschechien in Liebe und Frieden hüllen.

Die schneebedeckten Berge haben dazu beigetragen, die Energie so hoch wie möglich zu halten. Es wurde vorhergesagt, dass die Schneeschmelze zu Überschwemmungen führen würde, die das Karma des Landes auflösen würden, aber wenn sich das Bewusstsein der Tschechen ändert, können sie dieses Karma auch durch positive Gedanken auflösen.

Türkei

Alte Schuldgefühle aus den Zeiten des Osmanischen Reiches sind in der Seele der Türkei gespeichert. Spirituell gesehen hatte das große Erdbeben von 2011 die Aufgabe, die Energie aus früherer Zeit auszulöschen. Die Menschen, die davon betroffen waren, hatten auf der Seelenebene zugestimmt, bei dieser Läuterungsaktion mitzuwirken. Die mit dem alten Karma verbundenen Schuldgefühle führten dazu, dass die Türken dachten, sie hätten nichts Besseres verdient. Da Schuldgefühle immer zu Bestrafung führen, hat dieses im Energiefeld der Türkei gespeicherte Gefühl dazu geführt, dass das Land vom Rest der Welt ohne Respekt behandelt wird.

Nun, da es aufgelöst ist, kann die Türkei wieder ein Gefühl für ihre Kraft und ihren Wert erlangen, wodurch automatisch Reichtum angezogen wird. Das Licht und das alte Wissen, die in den Bergen gespeichert sind, werden dann freigesetzt. Die Menschen werden anfangen, harmonisch zusammenzuarbeiten, und die Entfernung dieser Last als große Erleichterung verspüren. Die Frauen werden ihre Macht einfordern, was der Türkei spirituell, politisch und wirtschaftlich helfen wird.

Die Öffnung des kosmischen Portals in Mesopotamien hat den Nahen Osten tiefgehend beeinflusst und in den Menschen den Wunsch nach Freiheit erweckt. In einigen Ländern hat das zum Kampf gegen Unterdrückung geführt. Es besteht die Hoffnung, dass diese Energie die Seele der Türkei an ihre wahre Größe erinnern wird. Dann kann das Land als schönes und kultiviertes fünfdimensionales Land hervortreten.

Ungarn

Das Karma, das hier in vorgeschichtlicher Zeit entstand, hat dazu geführt, dass dieses flache, vom Meer abgeschnittene Land immer wieder angegriffen wurde. Durch Krieg und Niederlagen verwüstet und von Unterdrückern beherrscht, hat Ungarn es dennoch geschafft zu überleben und bezaubernde Dörfer und alte Familientraditionen zu bewahren. Der Funke, der in den Herzen der Ungarn am Leben erhalten wurde, hat begonnen, die graue Angst in der Aura des Landes zu heilen. Die Menschen fühlen sich heute wieder sicher.

Die Giftkatastrophe von 2012, bei der Flüsse wie die Donau verschmutzt wurden, war ein gigantischer Weckruf und ein großer Schock. Sie hat dazu geführt, dass die Ungarn die Natur wieder mehr schätzen und sich darauf konzentrieren, ihre Gewässer zu reinigen.

Ungarn bezieht Energie aus dem Portal vor Marseille, das die goldene Flamme der Liebe in den Herzen der Menschen entfacht. Daher werden sich hier im Jahr 2032 fünfdimensionale Gemeinschaften wie selbstverständlich bilden und Frieden und Zufriedenheit werden herrschen.

Zypern

Die Reinigung Zyperns hat bereits begonnen. Der Erdrutsch von 2009 war als Weckruf gedacht. Die Bankenrettung, die die Bürger so schwer belastete, war ebenfalls ein Weckruf für die ganze Welt. Er sollte zeigen, dass nur Geld, das eine reine Energie hat, vom Geist unterstützt wird. Alles andere muss zusammenbrechen.

Viele Einwohner Zyperns sind wütend, was sich auf zweierlei Weise auswirken kann. Wenn die Wut in Passivität und Depression umschlägt, wird sie in sich zusammenfallen, aber sie kann auch eine Energie sein, die Wandel bewirkt. Ich hoffe, dass die Ereignisse der letzten Zeit zu einer neuen Form der Zusammenarbeit führen werden.

Da die Hohepriesterin Aphrodite mit dieser Insel in enger Verbindung steht, wird damit gerechnet, dass ihre Liebesenergie für Frieden und ein Gefühl der Brüderlichkeit und Schwesterlichkeit sorgen und zu einem Wandel im Interesse des Gemeinwohls führen wird. Dann kann das Land in die fünfte Dimension hinübergleiten.

19 Der Nahe und Mittlere Osten im Überblick

Vor langer Zeit war diese ganze Trockenregion von nomadischen Stämmen bevölkert, die nur geringes spirituelles Verständnis hatten. Aber nach dem Untergang von Atlantis führte der Hohepriester Apollon seinen Stamm nach Mesopotamien, wo er sich nach und nach mit der örtlichen Bevölkerung vermischte. Die Atlanter brachten ein ungeheures Wissen mit sich, darunter auch jenes Wissen, das die Grundlage der westlichen Astrologie darstellt. Ihre Weisheit lag den großen Zivilisationen zugrunde, die sich in dieser Region entwickelten.

Apollons Stamm besaß hoch entwickelte Kenntnisse im Bereich der Bewässerung, durch die das trockene Land verwandelt und bewohnbar gemacht wurde. Diese Kenntnisse ermöglichten den Bau der Hängenden Gärten von Babylon, einem der sieben antiken Weltwunder.

Zur selben Zeit brachte El Morya, der gegenwärtig Meister des ersten Strahls von Macht, Wille und Zielgerichtetheit ist, sein Wissen von Atlantis an den Euphrat. Er überwachte die Entwicklung der Keilschrift, sodass die Menschen zum ersten Mal Aufzeichnungen anfertigen konnten – auf Lehmtafeln. Er trug auch dazu bei, den Islam und seine Kunst zu entwickeln. Aber da alles seine Zeit hat, wurde Mesopotamien unter anderem erst von den Persern, dann von den Griechen, den Mongolen, dem Osmanischen Reich und den Briten erobert, bevor die arabischen Muslime hier Fuß fassten.

Im Laufe der Jahrhunderte hat diese Region viel Blutvergießen, aber auch kreative Höhepunkte erlebt. Die Angst und Finsternis der Kriege und Verfolgungen steckt noch tief im Land und wird von der Natur gereinigt werden müssen – es sei denn, genügend Menschen senden Licht hierher. Die Länder des Nahen und Mittleren Ostens erschaffen durch ihren Zorn und ihre Verbitterung viele Probleme. Da sie das Gefühl haben, betrogen und nicht wertgeschätzt zu werden, neigen sie zur Selbstzerstörung. Die Menschen müssen begreifen, dass dies die Konsequenz alten Karmas ist, und dass sie ihre Einstellung hin zum Positiven ändern müssen. Sonst wird ihre Energie durch Feuersbrünste, Erdbeben und außerordentliche Hitzewellen auf sie selbst zurückgeworfen werden.

Aber auch im Nahen und Mittleren Osten wie im Rest der Welt wird das Licht stärker. Als Folge davon werden jene, die bisher unterdrückt wurden, dies nicht länger hinnehmen. Aufstände werden vermutlich von den Herrschenden brutal unterdrückt werden, aber das Licht wird schließlich triumphieren. Dort, wo die Führer ihre Entscheidungen aufgrund von Illusionen treffen und die Massen ihnen blindlings folgen, sollten wir die Feuerdrachen anrufen und sie bitten, die Illusionen aufzulösen und den Menschen zu helfen, die Wahrheit und die Wirklichkeit zu sehen. Wenn Sie das getan haben, rufen

Sie die Engel an und bitten Sie sie, die Schwingungsfrequenz anzuheben.

Im Land selbst liegt großes altes Wissen verborgen, und die Menschen stimmten sich bereits vor der Öffnung des kosmischen Portals von Mesopotamien im Jahr 2012 darauf ein. Deshalb spürten sie auf der Seelenebene die Sehnsucht nach Freiheit und waren willens, dafür zu sterben. Die Öffnung des Portals hat die Sehnsucht nach Freiheit noch verstärkt und zu einem Erwachen in den arabischen Ländern geführt. Das hat zwar anfangs zu großer Verwirrung geführt, aber schließlich wird der Dogmatismus durch höhere Erkenntnis ersetzt werden.

Da die Frauen anfangen, sich selbst zu respektieren und wertzuschätzen, wird ihnen dies von der Gesellschaft zurückgespiegelt werden. Schon lange vor 2032 wird diese Region Frieden finden und sich ihrer wahren Weisheit entsinnen. Die Menschen werden sich erstaunt fragen, warum so viel Unruhe und Kampf nötig war, um dies zu erreichen.

Eine Übung: Senden Sie dem Nahen Osten Heilung
Bitten Sie die Engel der Liebe, die Menschen des Nahen Ostens in wunderschöne rosafarbene und weiße Blasen der Liebe zu hüllen. Sie können das jederzeit tun: beim Spazierengehen, Autofahren, während einer Arbeitspause oder wenn Sie mit Freunden zusammen sind. Halten Sie einfach einen Moment lang inne und senden Sie den Gedanken aus. Vielleicht spüren Sie sogar die Liebesblasen, die über die Region schweben.

20 Vorhersagen für einzelne Länder des Nahen und Mittleren Ostens

Bahrain

Das Licht, das auf den Nahen Osten fällt, verursacht hier wie anderswo große Unruhe. Die geistige Hierarchie hatte gehofft, dass eine Vision von Freiheit und Gerechtigkeit mit oder ohne Monarchie hier bis 2012 verwirklicht werden könnte, aber diese Erwartungen wurden nicht erfüllt. Am Ende werden sich Ruhe und Freiheit durchsetzen, aber wenn die Monarchie ihre egoistischen Interessen nicht dem Gemeinwohl unterordnet, wird es zunächst zu Chaos und Blutvergießen kommen. Hier und anderswo werden Weisheit und der Wunsch nach Veränderungen die Bewohner aufrütteln, und dies wird innerhalb der nächsten zehn Jahre zu stabilen Verhältnissen führen.

Irak

Dieses Land liegt in einer stark von Gewalt geplagten Region, und das Chaos wird weitergehen, wenn nicht gewaltige Mengen Licht hierher geschickt werden. Schließlich werden Feuersbrünste, Erdbeben und Überschwemmungen das Land reinigen. Das dadurch entstehende Chaos wird die Bewohner des Iraks zwingen, zum Wohl des Landes zusammenzuarbeiten.

Die Frauen werden eine aktive Rolle übernehmen müssen, was es ihnen ermöglicht, ihren Selbstrespekt und ihre Macht zurückzugewinnen. Sie werden das göttlich Weibliche ins Land bringen. Das wachsende Bewusstsein der Frauen wird auch dazu beitragen, die Fesseln des religiösen Dogmatismus abzuschütteln.

Im Jahr 2032 werden sich die Iraker gegenüber höheren spirituellen Erkenntnissen öffnen, die auf den Planeten einströmen. Die Energie des Portals von Mesopotamien wird die Energie im Irak leichter machen. Dann kann die alte Weisheit, die im Land gespeichert ist, zum Vorschein kommen und während des nächsten Goldenen Zeitalters den Irak auf eine höhere Stufe als je zuvor heben.

Iran

Die Bewohner dieses riesigen Landes haben bereits mehrmals versucht sich zu befreien, aber altes Karma hat sie bisher zurückgehalten, sodass sie weiterhin unterdrückt werden. Dieses Karma ist nun aber endlich aufgelöst worden, und das Erdbeben von 2013 hat einen Teil der dunklen Energie aus den Leylinien aufgelöst. Nun wird der Einfluss der Energie von Atlantis von vielen Menschen gespürt, besonders jetzt, wo das Licht zunimmt.

Es herrscht aber immer noch große Verwirrung, und die Menschen fühlen sich verloren. Wir sind aufgefordert, die Friedensengel, die Erzengel Uriel und Butyalil, und die kosmische Engelin Mutter Maria anzurufen und sie zu bitten, den Iranern zu helfen, sich selbst zu finden. Da sich nun das Portal von Mesopotamien öffnet, wirkt sich sein Licht auch auf den Iran aus. 2032 werden die Menschen fühlen, dass ihre Seelen wieder frei sind, und Frieden und Freude werden in die Region zurückkehren.

Israel

Hier ist eine große Läuterung vonnöten, die sich vor allem durch Erdbeben vollziehen wird, obwohl sich auch andere Katastrophen ereignen werden. In der Folge wird weniger Land zur Verfügung stehen. Mehrere Dinge werden die heutige Situation bis zur Unkenntlichkeit verändern. Die Angst und das Gefühl der Verwundbarkeit, die der israelischen Aggression zugrunde liegen, werden sich auflösen, wenn die Israelis spirituell statt religiös werden. Der alte Dogmatismus wird durch friedvolle Herzen abgelöst werden, die Konfliktlösung statt Konflikt suchen.

Da die Vereinigten Staaten genügend eigene Probleme haben, werden sie die israelischen Eskapaden nicht mehr unterstützen, sodass sich unter den Israelis eine neue Demut ausbreiten wird. Da die anderen Länder des Nahen Ostens unter ihren eigenen Krisen zu leiden haben, werden die bisher verfeindeten Staaten zu hilfsbereiten Nachbarn werden, die einander, statt voller Angst, voller Mitgefühl betrachten werden. Israel wird 2032 in Frieden leben.

Katar, Kuwait, Oman

Diese Länder verfügen über großen Ölreichtum, stehen aber unter diktatorischer Herrschaft. Die Menschen werden Freiheit verlangen, was Unruhen und Kämpfe zur Folge haben wird. Aber wie überall auf dem Planeten, wird auch hier das Licht der Freiheit schließlich siegen.

Trotz ihres Rufes, gerissen zu sein, haben viele Araber sehr kindliche, unschuldige Gemüter. Für sie brachte es gewaltige Veränderungen mit sich, als auf ihrem Land Öl gefunden wurde. Diese Staaten lernen ähnliche Lektionen wie die Leute, die im Lotto gewinnen. Es entstehen Fragen wie »Wem kann ich trauen?« – »Wer sind meine Freunde und wer will mich nur ausnutzen?« – »Was fange ich mit all dem Geld an?« – »Setze ich es weise für Gesundheitsfürsorge, Wohnungsbau, Fürsorge, Erziehung, Armutsbekämpfung und soziale Gleichheit ein oder verpulvere ich es für materielle Güter und strebe nach der Macht, die Geld mit sich bringt?« – »Was mache ich nun mit meiner Familie?«

Die Menschen in diesen Ländern müssen auch entscheiden, ob sie alles Öl fördern, den Planeten schädigen und zukünftigen Generationen nichts übrig lassen wollen, oder ob sie vernünftig mit ihren Ressourcen umgehen, den Planeten respektieren und so wenig Schaden wie möglich anrichten wollen.

Diese Länder haben viel Karma erzeugt. Auch andere Länder haben durch die Manipulation der ölreichen Länder großes Karma angehäuft. Dort, wo Öl gefördert wurde, ist große Heilung vonnöten. Daher werden Heiler überall auf der Welt gebeten, ihr Licht auf diese Regionen zu richten.

Wenn sich der Planet schließlich gegen die Ausbeutung seiner Ressourcen zur Wehr setzt, werden diese Länder vor gewaltigen Herausforderungen stehen. Da die kosmischen Portale in Mesopotamien und der Sphinx nun aber erwachen, wird überall in dieser Region höhere Weisheit aktiviert. Das Portal von Mesopotamien überträgt Mut, Weisheit und Selbstliebe auf all jene, die sich darauf einstimmen, während das Portal der Sphinx dazu beiträgt, dass alles wieder ins Gleichgewicht kommt. Zudem beginnt das spirituelle Hals-Chakra der Erde in Luxor damit, die Schwingungsfrequenz dieser Region anzuheben. Schon bald werden die dort lebenden Menschen diese Weisheit über die ganze Welt verbreiten. Sie werden telepathische Verbindungen zu Tieren herstellen und beginnen, sie zu ehren. Sie werden auch das Wasser wieder für seine kosmischen Eigenschaften ehren.

Die Entwicklung wird langsam vonstatten gehen, aber bereits jetzt inkarnieren sich in diesen Ländern weise alte Seelen, um die Menschen daran zu erinnern, wer sie wirklich sind, und um ihnen zu helfen, sich spirituell weiterzuentwickeln.

Libyen

Das Licht nimmt hier wie überall zu, und die Menschen sind nicht länger bereit, Unterdrückung und die Einschränkung ihrer Freiheit hinzunehmen. Wenn das Licht weiter zunimmt, wird sich diese Überzeugung noch mehr verbreiten. Es ist unvermeidlich, dass dann Diktatoren stürzen. Es ist unerlässlich, dass die Frauen ihre Macht einfordern, damit sich der Wandel vollziehen kann.

Für Gaddafi war es an der Zeit abzutreten. Er befindet sich heute auf den inneren Welten sicher in einer Pyramide, wo er keinen Schaden mehr anrichten kann.

Zwar trauern die Engel angesichts der Grausamkeiten, die hier und in vielen anderen Ländern begangen wurden, aber Veränderungen müssen im Innern eines Landes beginnen. Es ist wichtig, weltweit für Frieden zu beten und Erzengel Uriel anzurufen, damit er Angst in Mut, Liebe und Weisheit verwandelt und die Friedensengel schickt, damit sie über den Menschen singen. Wir müssen eine Möglichkeit finden, das Licht schnell zu verbreiten.

Wie sich die Situation in Libyen entwickelt, ist noch nicht festgelegt. Je mehr Licht wir diesem Land schicken und je mehr wir für es beten, desto besser ist es. Jeder Einzelne von uns kann das Ergebnis beeinflussen.

Saudi-Arabien

Uraltes Karma, das tief im Land verborgen ist, wird ebenso Probleme verursachen wie das neuere Karma, das aufgrund der massiven Ölförderung entstanden ist. Öl wird für die Schmierung des Planeten benötigt, und der Planet wird sich irgendwann gegen die Ausbeutung seiner Ressourcen wehren.

Wenn das Land kein Öl mehr besitzt, Geld nicht mehr als Zahlungsmittel gilt und die Menschen entdecken, dass ihr neu erworbener Reichtum wertlos ist, werden ihr Selbstwertgefühl und Selbstvertrauen infrage gestellt werden.

Die Kamele, die über große Weisheit verfügen, werden anfangen, auf telepathischem Wege mit den Menschen zu kommunizieren. Das wird den Saudis helfen, ihren Seelenweg zu finden und ein Land aufzubauen, das auf Respekt zwischen Männern und Frauen und dem Verständnis der geistigen Gesetze beruht.

Syrien

Der Vorhersage für dieses Land zufolge wird es zu gewaltigem Blutvergießen kommen, während sich der überwiegende Rest der Welt zurückhält. Der gegenwärtige Führer wird noch 2014 abtreten, aber die Kämpfe werden noch einige Zeit weitergehen. Die Weltmächte haben hinter den Kulissen ihre Strippen gezogen, und niemand weiß mehr, wem er noch trauen kann. Andere

Regierungen haben nicht die Absicht sich einzumischen, und werden alles tun, um Gründe zu finden, diese Nichteinmischung zu rechtfertigen. Da sich die Syrer vollkommen isoliert und ungeliebt fühlen, verzehren sie sich vor Angst.

Um die Situation zu bereinigen, müssen sich die Syrer – egal auf welcher Seite sie stehen mögen – von der Welt geliebt und unterstützt fühlen. Es würde ungemein helfen, wenn Menschen weltweit Kerzen anzünden und Liebesblasen nach Syrien schicken würden, um die Herzen der Syrer zu stärken und sie mit der Venus zu verbinden. Wenn tatsächlich viele Menschen Liebesblasen dorthin senden, wird es eine Bewegung für den Frieden geben, der 2017 geschlossen werden wird.

Vereinigte Arabische Emirate

Die Vereinigten Arabischen Emirate mit ihrer Hauptstadt Dubai sind ein Land, das sich dem Exzess, der Gier und dem Materialismus verschrieben hat. Die Wirtschaft befindet sich nicht in Harmonie mit der Schwingungsfrequenz des Planeten und beginnt bereits zusammenzubrechen.

Da die hier lebenden Menschen jede Verbindung zur Erde verloren haben, ist es für sie sehr schwer, ihre Schwingungsfrequenz anzuheben. Die kommenden Veränderungen bieten den Menschen die Möglichkeit, miteinander zu kommunizieren, zusammenzuarbeiten und Eigenschaften wie Geduld, Menschlichkeit und

Eigenverantwortung zu entwickeln. Sollte sich ihre Einstellung aber nicht radikal verändern, hat das Land eine
sehr schwierige Übergangsphase mit vielen Reinigungs-
aktionen vor sich.

21 Asien im Überblick

Asien befindet sich in der Obhut des Engels der Weisheit, Erzengel Jophiel. Asien ist eine warmherzige Region, in der trotz aller Probleme Freude und Liebe vorherrschen. Die Gemeinschaften Asiens sind eng miteinander verbunden. Die Menschen hier werden durch eine alte rot-orangefarbene Energieströmung beeinflusst, die tief im Boden des Kontinents und der umliegenden Gebiete verläuft. Sie wurde vor Tausenden von Jahren von Wesen der Venus hierher gebracht, die sich in Asien inkarnierten. Es ist vorherbestimmt, dass diese Energie jetzt vollständig freigesetzt wird.

Sie wird dafür sorgen, dass alle sehr geerdet bleiben und ihr Gleichgewicht bewahren, wenn die höheren Kräfte und das neue Licht kommen, und dass sich die Menschen daran erinnern, was wirklich wichtig ist, damit sie ihre Prioritäten richtig setzen. Zudem verströmt diese Energie Glück, Vitalität und ein Gefühl der Freiheit. Diese alte rot-orangefarbene Energie wird vom Portal der Hohlerde kontrolliert.

Eine Übung: Asien Licht senden

1. Suchen Sie sich einen ruhigen Platz, an dem Sie nicht gestört werden.

2. Zünden Sie eine Kerze an und weihen Sie sie dem Wohle Asiens.

3. Bitten Sie die Liebesengel nach Asien zu gehen und die Region mit Liebe und Licht zu erfüllen.

4. Bitten Sie darum, dass die Bewohner glücklich, froh, frei und reich sein mögen.

5. Blasen Sie die Kerze in der Gewissheit aus, dass die Engel die Energie dorthin bringen werden, um den Menschen zu helfen.

Sie können diese Übung für jedes Land ausführen.

22 Vorhersagen für einzelne asiatische Länder

Afghanistan

Das planetarische Dritte-Auge-Chakra, das allsehende Auge der Erleuchtung, befindet sich in Afghanistan. Es steht unter der Obhut von Erzengel Raphael, dem Engel der Heilung, des Reichtums und der Erleuchtung, und ist mit der Weisheit von Andromeda und dem Orion verbunden. Die Andromeda-Galaxie ist auf höhere Heilung ausgerichtet, die kurz nach 2032 in dieses Land einströmen wird. Orion ist das Sternbild der Weisheit.

Westliche Truppen könnten noch einige Zeit im Land bleiben, und es werden weiterhin gravierende Probleme bestehen. Während der Läuterungsphase wird es zu Erdbeben und – verursacht durch die Schneeschmelze – zu Überschwemmungen kommen, wodurch die Menschen wachgerüttelt werden.

Da mehr Menschen erleuchtet werden, wird dies dazu beitragen, dem Land Weisheit und Frieden zu bringen. Im Jahr 2032 werden die Afghanen sich diesem Ziel annähern. Wenn sich Afghanistan seiner wahren Seelenenergie erinnert, wird dies ein erstaunliches Land sein. Schließlich wird es eine große Rolle dabei spielen, der ganzen Welt das Licht zu bringen.

Die Berge Afghanistans sind seit Langem für ihre Vorräte an Lapislazuli bekannt, einem Stein, der uraltes Wissen bewahrt und mit dem Dritten Auge in Verbindung steht. Herrliche Smaragde werden hier ebenfalls gefunden, die die materialisierte Energie von Erzengel Raphael sind, der für Reichtum, Heilung und die Öffnung des Dritten Auges zuständig ist. Auch viele andere Kristalle und Edelsteine sind in den Bergen Afghanistans eingeschlossen. Sie bewahren die Schwingungsfrequenz des Landes, sodass hier eine Goldene Stadt entstehen wird, wenn es schließlich erwacht.

China

Es wird erwartet, dass sich China bis 2032 grundlegend verändert. Das Erdbeben von 2008 ermöglichte es, dass die Chinesen Hilfe vom Rest der Welt annehmen konnten. Es öffnete zudem das Herz des chinesischen Volkes für die betroffenen Familien. In den nächsten zwanzig Jahren wird es gewaltige Umwälzungen geben, von denen viele von Tragödien ausgelöst werden, weil das Land durch weitere Naturkatastrophen gereinigt werden wird.

Das Wetter

Die Seele Chinas weiß um die Bedeutung der anstehenden großen Veränderungen. Statt darauf zu warten, dass die weitweite Läuterung 2017 beginnt, hat sie schon früh mit der Reinigung begonnen. Daher kam es bereits zu Erdbeben und Erdrutschen.

Die Wirtschaft

Wirtschaftlich gesehen befindet sich China in einer Position der Stärke. Die Finanzen werden bis etwa 2020 weiterhin dogmatisch gehandhabt, sodass die Bevölkerung nicht viel davon profitiert. Aber danach wird die Herrschaft des Volkes sicherstellen, dass die Bürger ihren gerechten Anteil am Reichtum bekommen.

Spirituelle Einflüsse

Da sich die östliche und die westliche Kultur so sehr unterscheiden, gehen die Chinesen davon aus, dass sie spirituell sind und der Westen nicht. Im Lauf der zwanzigjährigen Übergangsphase wird der Westen – wie der Rest der Welt auch – etliche Traumata erleben, was dazu führt, dass die Menschen zusammenarbeiten, statt egoistisch nur nach Macht und materiellem Reichtum zu streben. Dann wird der Osten beginnen, auch den Westen als spirituell zu betrachten.

Das Basis-Chakra des Planeten befindet sich in der Wüste Gobi. Zweck des fünfdimensionalen Basis-Chakras ist es, die höheren Energien der Glückseligkeit, der Weisheit und Heilung in der Welt zu verankern. Heilung ist von besonderer Bedeutung, da das Chakra mit den Plejaden verbinden ist, dem Sternenhaufen, der für die Heilung des Herzens zuständig ist. Erzengel Gabriel beaufsichtigt dieses planetarische Chakra, und er wird seinen Teil dazu beitragen, Reinheit, Klarheit und Freude von der Wüste Gobi ausstrahlen zu lassen, um die Schwingungsfrequenz der ganzen Welt anzuheben.

Drei der dreiunddreißig kosmischen Chakras, die das goldene Christus-Licht der bedingungslosen Liebe auf die Welt bringen, befinden sich in China und werden das Land tiefgreifend beeinflussen. Eines, deren Energie Guanyin bewahrt, befindet sich in den Bergen, an denen die Seidenstraße entlangführt. Es hat lange geschlafen, 2012 aber angefangen sich zu öffnen. Erzengelin Gersisa, die erleuchtete universelle Engelin, in deren Obhut sich das Hohlerde-Chakra, das siebendimensionale Paradies im Zentrum der Erde, befindet, arbeitet hier eng mit Guanyin zusammen. Gersisa ist grau, das perfekte Gleichgewicht zwischen schwarz und weiß, Yin und Yang, männlicher und weiblicher Energie. Auch dieses Portal strahlt graues Licht aus.

Wenn sich dieses Portal ganz geöffnet hat, wird es eine gründliche Läuterung bewirken, aber auch zu vollkommener Harmonie und vollkommenem Gleichgewicht führen. Seine Energie wird das Bewusstsein der Massen berühren und den Menschen helfen, die Welt zu verstehen, andere Menschen richtig einzuschätzen und eine fünfdimensionale Vision zu entwickeln. Es wird sich sehr stark auf jene auswirken, die in der Nähe leben oder sich mit ihm verbinden.

Das zweite kosmische Portal, das sich zwischen 2012 und 2014 in China geöffnet hat, befindet sich in Wuhan.

Jene, die während des Schlafes intergalaktisch reisen, um anderen zu dienen, werden bereits mit der von hier ausstrahlenden Energie vertraut sein. Sie werden sich dessen zwar nicht bewusst sein, aber wenn sie und andere, die sich auf diese Schwingung einstimmen können, so weit sind, werden sie in der Lage sein, außergewöhnliche Heilungen zu vollbringen, zu levitieren und die physischen Möglichkeiten demonstrieren, die uns möglich sind.

Das dritte kosmische Portal, das begann, sich 2012 zu öffnen, befindet sich in Ansi im Norden Chinas. Dies ist ein Portal der Weisheit. Viele Menschen werden sich berufen fühlen, diesen Ort aufzusuchen – entweder in ihrem Geistkörper während des Schlafes oder der Meditation oder physisch. Die von hier ausstrahlende Energie wird das gewaltige Potenzial vieler Menschen freisetzen und jene mit einem wachen Geist zwingen, die unglaublichen Wunder der Schöpfung und der Spiritualität zu kontemplieren.

In der Nähe des Guanyin-Portals befindet sich ein ganz besonderes hochfrequentes Portal, das nur darauf wartet, sich zu öffnen. Gegenwärtig ist es noch geschlossen, da es reine weiße Liebe wie die reine Liebe des göttlichen Quells bewahrt. Es wird sich öffnen, wenn wir unseren Planeten mit allen anderen Planeten verbunden haben. Je mehr Menschen Verbindung zu den Liebeszentren der Sterne aufnehmen, desto eher wird dies geschehen.

Zurzeit gibt es noch viele mächtige Portale und heilige Stätten, die noch gar nicht aktiviert sind. Wenn die Menschen spirituell erwachen, werden diese Orte aktiviert werden und die Portale werden sich öffnen. Das Licht, das durch sie einströmt, wird die Herzen der Massen berühren und ihre transzendenten Chakras öffnen. Dies wird gewaltigen Einfluss auf das ganze Land haben.

Ein großer Teil der chinesischen Bevölkerung wird Geister und Engel sehen. Aus diesem Grund werden die Menschen anfangen, Fragen zu stellen. Es wird selbst für die hartgesottensten Skeptiker schwierig sein, die Existenz der geistigen Welt zu leugnen, wenn sie mit ihr kommunizieren und sie sehen können. Das wird zu einer Aktivierung ihrer rechten Gehirnhälfte führen, ihrer schöpferischen, intuitiven, expansiven und spirituellen Aspekte, und es jedem Einzelnen ermöglichen, seine eigene persönliche Verbindung zum göttlichen Quell herzustellen.

China wird durch die große Zahl abgetriebener Seelen zurückgehalten, die feststecken und nicht ins Licht gehen konnten. Wenn sich die Menschen öffnen und beginnen, mit diesen Seelen zu kommunizieren, ermöglichen sie es ihnen, in die geistige Welt hinüberzugehen. Das wird die Energiefelder über China klären und die Schwingungsfrequenz des Landes anheben.

Der göttlich weibliche Einfluss von Guanyin wird in China und Japan wieder zu spüren sein, und die beiden Länder werden die Elementarwesen verstehen, besonders die Drachen. Die gesamte kollektive Denkweise des Landes wird wie verwandelt sein.

Innerhalb von achtzehn Jahren werden die Generäle verschwunden sein und durch ein System ersetzt werden, das mein Führer als »Gemeinschaftsliebe« bezeichnet. Jede Gemeinschaft wird autonom sein und von örtlichen Führern auf integre Weise im Interesse des Gemeinwohls regiert werden. Die Menschen werden sich sicher fühlen. Die Massen, die lernen, das göttlich Weibliche zu ehren, werden sich größerer Freiheit erfreuen. Das wird dazu führen, dass sie auch Mädchen ehren und respektieren.

Wenn die Menschen sich mehr im Einklang mit ihrer Welt fühlen, wenn sie sich sicherer fühlen und mehr Vertrauen entwickeln, werden sie für ihre Rechte einstehen und gleichzeitig mit anderen zusammenarbeiten und teilen. Sie werden alle Tiere, besonders Hunde, liebevoller behandeln und sie als entwickelte Seelen auf ihrem eigenen Weg schätzen lernen.

Nach 2032, wenn wieder höhere Energien auf den Planeten einströmen, werden sich die Chinesen ihrer wahren Weisheit öffnen, und das riesige Land wird von Licht erfüllt sein.

Indien

Die wirtschaftliche Situation wird weiterhin ein großes Problem für Indien sein, aber die größten Probleme werden Überschwemmungen und Hungersnöte sein. Die Welt wird Indien dabei helfen müssen.

Das planetarische Seelenstern-Chakra befindet sich in Agra. Es ist mit Alkione verbunden, dem hellsten Stern der Plejaden, der Heilung ausstrahlt. Dieses Chakra befindet sich in der Obhut von Erzengel Mariel.

Zwei kosmische Portale öffnen sich, die das Christus-Licht ausstrahlen und dem Land helfen, sich weiterzuentwickeln. Eines befindet sich an der Quelle des Ganges. Es öffnete sich im Spätsommer 2011 und strahlte
die Energien von Metatrons Herz und Aura aus. Es hat
großen Einfluss auf die klimatischen Bedingungen und
den Boden in dieser Region und strahlt etwa achttau-
send Kilometer weit in alle Richtungen aus. Mit zuneh-
mender Entfernung nimmt sein Einfluss allerdings immer mehr ab. Diese Energie löst das Alte auf, erzeugt
einen sehr positiven und liebevollen Wandel und hilft
Indien beim Aufstieg.

Das zweite befindet sich in Varanasi und hat sich
ebenfalls bereits vor 2012 geöffnet. Zwar kommt göttliches Licht in vielen Farben durch dieses Portal, aber
es strahlt vor allem in einem satten Violettton. Das hat
dazu beigetragen, die besonderen Bindungen und einzigartige Reinheit vieler Familien in dieser Gegend und
in der ganzen indischen Gesellschaft zu erhalten. Die
Menschen sind bereit, sich wieder führen zu lassen, und
dies wird geschehen, wenn sie sich mit dem Licht, das
aus diesem Portal strahlt, verbinden. Bereits jetzt beeinflusst es die indische Bevölkerung, vor allem Kinder und
sensible Menschen. Schließlich wird es einen positiven
Einfluss auf alle Inder haben.

Zudem befindet sich in Agra ein weiteres riesiges
Energiezentrum, auf dem das Taj Mahal errichtet wurde. Es ist das Seelenstern-Chakra des Planeten, das mit
der Zahl 11 schwingt. Das bedeutet, dass Energie einströmt, damit alles auf einer höheren Ebene von Neuem

beginnen kann. Dieses Chakra ist bereits offen und wird schließlich massiven Einfluss auf das Bewusstsein der Menschen haben.

Trotz der Öffnung der kosmischen Portale und des Seelenstern-Chakras geht der Fortschritt in Indien weiterhin nur langsam voran. Aber in achtzehn Jahren wird dort Frieden herrschen. Gegenwärtig hat Indien seine Seele verloren, und aus diesem Grund sind die Inder physisch wie materiell verarmt.

Es hat schon immer Überschwemmungen in Teilen Indiens gegeben. Das wird nicht nur so bleiben, sondern sogar noch zunehmen, wenn die Reinigung von den alten Energien stattfindet. Sollten die Inder aber ihre spirituelle Verbindung wiederfinden, werden sie eine Energie ausstrahlen, die Reichtum anzieht. Sobald dies geschieht, werden die Frauen respektiert werden, das Kastensystem wird sich auflösen und Indien und seine Einwohner werden wieder im Licht erstrahlen.

In den letzten zwanzig Jahren haben sich in Indien viele Seelen vom Sirius inkarniert. Sie brachten großes technologisches Wissen mit sich, und sie haben einen Verstand, der offen ist für das Erschaffen neuer und besserer Dinge. Wenn die Schwingungsfrequenz des Landes langsam ansteigt, werden sie Zugang zu diesen fortgeschrittenen wissenschaftlichen Informationen finden und die Welt voranbringen. Viele dieser Wissenschaftler werden zu reisenden Lehrern und die neuen Erkenntnisse in einer Zeit verbreiten, in der das Reisen zunehmend schwieriger wird.

Im Norden Indiens wird es zu Überschwemmungen

und Hungersnöten kommen. Und das, obwohl das Land in dieser Region eine wunderschöne rosafarbene Energie bewahrt, die Liebe und das Gemeinschaftsgefühl fördert. Zudem werden die Engel über den Bergen singen, was sich sehr stark auf die dort lebenden Menschen auswirken wird.

Japan

Im Land ist noch altes Karma aus der Zeit der Grausamkeit und Unterdrückung gespeichert. Diese dunklen Orte müssen gereinigt werden, was in Zukunft durch weitere Erdbeben geschehen wird. Dadurch werden die Menschen einander nähergebracht und sie werden Demut lernen.

Das Erdbeben und der Tsunami von 2011

Die Überseele Japans spürte die Zunahme des Lichts und den beschleunigten Aufstieg des Planeten, und die Seelen wollten größeren Anteil an der Bewegung hin zum Licht haben. Zudem wollten sie ihre spirituelle Verbindung zu den Drachen und dem göttlich weiblichen Einfluss von Guanyin mit der Welt teilen.

Der Tsunami und das Erdbeben von 2011 wurden durch altes Karma ausgelöst, das Japan zurückhält. Dieses Karma stammt von den Gräueltaten der Kriege, auch jener lang zurückliegenden, und sowohl von der furchtbaren Grausamkeit gegenüber den fünfdimensionalen

Delfinen und Walen als auch von der Verschmutzung der Meere. All das musste geläutert werden, und das Erdbeben auf der Bruchlinie und der Tsunami haben diesen Prozess in Gang gesetzt. Der alles zerstörende Tsunami, den die Welt voller Schrecken miterlebte, reinigte und zerstörte gleichzeitig. Er erinnerte uns sowohl an die Macht des Wassers als auch an die Ohnmacht der verletzlichen Menschen gegenüber den Naturgewalten. Er rief uns auf, mit der Natur zusammenzuarbeiten und Licht in die Meere und das Land zu senden, statt sie zu verschmutzen.

Die Tragödie brachte Eigenschaften wie Disziplin, Ruhe, Stoizismus, Opferbereitschaft, Zusammenarbeit, Fürsorglichkeit, Geduld und Ausdauer hervor, wofür Japan von der Welt bewundert wurde. Ihre Fähigkeit zu empfangen, hat die japanische Nation sanfter gemacht, sie verändert und sie darauf vorbereitet, mehr von Guanyins göttlich weiblicher Energie aufzunehmen. All das wird die Prioritäten Japans verändern. Am wichtigsten ist wohl, dass die tragischen Ereignisse die Japaner dazu gebracht haben, in aller Demut um Hilfe zu bitten. Dies wird Japan auf den Weg des Aufstiegs katapultieren.

Es ist an der Zeit, dass die Menschen die Tiere beobachten und Schlüsse daraus ziehen, weil Tiere auf die Schwingungen eines Erdbebens oder eines Tsunamis reagieren, bevor sie geschehen. Als Folge der Eigenschaften, die durch diese Tragödie entwickelt wurden, wird die große Reinigung, die 2020 stattfinden sollte, bereits im Jahr 2015 geschehen. Japan wird sich in Zukunft selbst helfen können.

Die Atomkraftwerke

Japan lenkte die Aufmerksamkeit der Welt auch auf die Gefahren von Atomkraftwerken. Hier wie in anderen Teilen der Welt wurden die Warnungen über die Gefährlichkeit der Kernenergie seit Jahren ignoriert.

Uns wurde bereits vor längerer Zeit gesagt, dass das Bewusstseinsniveau der Menschen nicht entwickelt genug ist, um mit Atomkraftwerken umzugehen. Daher sind Katastrophen unvermeidbar. Die japanische Tragödie sollte alle Menschen dazu bewegen, sich diese Form der Energiegewinnung genau anzuschauen und neu zu bewerten. Heute ist es an der Zeit, sich auf natürliche Formen der Energiegewinnung zu konzentrieren. Als ich *2012 and Beyond*[5] schrieb, wurde mir gesagt, dass – vorausgesetzt die Welt hätte Frieden und wir würden zusammenarbeiten – Technologien entwickelt werden würden, um Wasserkraft und andere natürliche Energiequellen effektiv zu nutzen, ohne dass die Erde dadurch in irgendeiner Weise geschädigt werden würde.

In der kollektiven Seele Japans finden sich Eleganz, Schönheit und Rhythmus. Aber wie die Chinesen so glauben auch die Japaner, der Westen sei nicht spirituell. Diese Ansicht wird sich allerdings ändern, wenn die Welt im Angesicht von Naturkatastrophen zusammenarbeitet. Die Japaner werden ihre Herzen öffnen und ihr Bewusstsein erweitern, um ein größeres Universum wahrzunehmen.

---

5 Deutsch: Diana Cooper: *2012. Die Welt nimmt Kurs auf das neue Goldene Zeitalter*. Ansata, München 2009

Die Wirtschaft

Die lang anhaltende Rezession wird weiterhin zu großen wirtschaftlichen Schwierigkeiten führen und das Leben der Menschen erschweren. In Japan – wie auch in anderen Teilen der Welt – werden die Menschen angesichts der Gier der Banker und einiger Großkonzerne so wütend werden, dass ihr Zorn schließlich überkocht. Die rigide Gesellschaftsstruktur hat die Menschen ihrer persönlichen Freiheiten beraubt und sie zur Ohnmacht verurteilt. Das fängt nun langsam an sich zu ändern, weil die Arbeiter ihren Unmut offen zum Ausdruck bringen und sich ihrer Macht besinnen. Die wirtschaftlichen Strukturen werden im Rahmen der allgemeinen Läuterung bis 2015 zusammenbrechen. Die alten Dogmen werden sich auflösen, wenn die Bürger ihre Rechte einfordern, und ökonomische Gerechtigkeit wird bereits eine Tatsache sein, noch bevor das Geld als Tauschmittel seinen Wert verliert. Hier wie überall werden im Jahr 2032 Nahrung und Wasser wichtiger sein als Geld.

Spirituelle Einflüsse

Zu ihren Gunsten spricht, dass die Japaner über große persönliche Disziplin verfügen – ein wichtiger Aspekt der spirituellen Entwicklung. Es ist leichter, diszipliniert zu sein, wenn man angreift oder ein konkretes Ziel vor Augen hat, als es ist, wenn man Frieden schaffen will. Ihre Disziplin ist also gut, aber die Ausrichtung war bisher falsch. Hätte sich Japan auf Frieden und Harmonie konzentriert statt auf die Entwicklung kriegerischer Eigenschaften, hätte es Erstaunliches vollbringen können.

Japan, China und ein großer Teil Asiens hatten früher eine sehr starke Verbindung zur Drachenenergie. Drachen sind vierdimensionale Elementarwesen, die uns unglaublich viel helfen können, wenn wir ihnen gegenüber offen sind. Angesichts der Veränderungen ihrer Welt, werden die Japaner wieder Kontakt zu den Drachen suchen. Wenn die veralteten Strukturen zusammenbrechen, werden die Drachen den Menschen Kraft und Schutz gewähren und ihnen treue Gefährten sein. Das wird ihnen helfen, sich über ihre Probleme zu erheben und sich höheren spirituellen Dimensionen zu öffnen. Gleichzeitig wird der göttlich weibliche Einfluss von Guanyin die Menschen wie in früheren Zeiten erfassen. Frauen werden anerkannt, geehrt, geschätzt und als den Männern gleichgestellt, aber nicht gleich, behandelt werden.

Die kosmischen Portale von Angkor Wat, Manila und Uluru in Australien beginnen nun, da sie sich öffnen, eine höhere Form der Spiritualität auszustrahlen.

Das Portal von Angkor Wat in Kambodscha wird den Menschen helfen, Freundschaften auf der physischen Ebene zu schließen, aber auch Kontakt zu Freunden im Geiste aufzunehmen, darunter auch zu den Engeln. Am wichtigsten ist aber, dass es diese Energie den Menschen ermöglichen wird, in Kontakt mit ihrer eigenen uralten Weisheit zu kommen.

Das Portal von Manila auf den Philippinen ist etwas ganz Besonderes. Erzengel Gabriel arbeitet eng mit diesem Energiezentrum, das einen direkten Kanal zum

Himmel darstellt. Daher ist seine Energie überwiegend weiß. Keruben, Seraphs und Einhörner nutzen es häufig. Die Energie segnet jene, die bereit sind, und bietet ihnen die Möglichkeit, altes Karma aufzulösen. Sie hilft Menschen, sich klarer und unbeschwerter zu fühlen und voller Hoffnung und Freude zu sein. Der Einfluss dieses Portals wird die Freude nach Japan zurückbringen.

Das dritte Portal, das sich auf Japan auswirkt, befindet sich in Uluru in Australien. Es verbindet uns mit der Weisheit der Aborigines. Das wird dazu beitragen, wieder Verständnis und Liebe für die Natur und das Land zu haben.

Im Jahr 2032 wird Japan von Freude erfüllt sein.

Pakistan

Das ganze Land muss geläutert werden, da hier zu viele machthungrige Menschen leben. Ich war irritiert, dass es bereits 2010 in Pakistan zu so schweren Überschwemmungen kam, obwohl die weltweite Reinigung erst für 2017 vorhergesagt worden war. Kumeka erklärte mir, dass sich die Seelenenergie dieses Landes der Notwendigkeit, sich auf das neue Goldene Zeitalter vorzubereiten, so bewusst gewesen war, dass sie darum gebeten hatte, schon früher mit der Reinigung beginnen zu dürfen. Dennoch war es natürlich schrecklich, mitanzusehen zu müssen, was damals geschah.

Andererseits ist es doch ermutigend, dass sich die Seelen bestimmter Länder verantwortlich dafür fühlen, den Planeten in höhere Dimensionen zu bringen. Die Katastrophe war für uns der Auslöser, unsere Herzen öffneten sich voller Mitgefühl und mehr Menschen verbanden sich mit dem kosmischen Herzen.

Die Mehrzahl der Pakistani sind sanftmütige, fürsorgliche Menschen, obwohl sie von kulturellen Zwängen zurückgehalten werden. Einige sind sehr rigide und extrem. Ihre Führer sind angesichts der Forderungen anderer Regierungen und des von ihnen ausgeübten Drucks verwirrt und wissen nicht, wie sie die Bedürfnisse der Bevölkerung erfüllen sollen. Sie brauchen Klarheit und Führung, um sich selbst zu finden.

Die hochfrequente Energie des Himalaja wird diesem Land helfen. Wenn Indien seine Seele wiedergefunden hat, wird sich das auch auf Pakistan auswirken, und das Land wird sich bis 2032 in Richtung Frieden entwickeln.

Tibet

Tibet wird im Jahre 2022 frei und unabhängig von China sein. Die chinesische Regierung wird Tibet so lange wie möglich halten, aber die chinesische Bevölkerung wird Tibet nicht länger unter Kontrolle haben wollen. 2032 wird Tibet wieder ein Leuchtfeuer für die Welt sein, aber die Tibeter werden das Licht nicht mehr in ihrem eigenen Land behalten wollen, sondern es über die ganze Welt verbreiten.

Durch Vergebung und spirituelle Praktiken werden sie das Land von der Finsternis der Tyrannei befreien.

Das können Menschen überall auf der Welt tun, indem sie dem Beispiel der Tibeter folgen.

Das Kausal-Chakra des Planeten, das sich in der Obhut von Erzengel Christiel befindet, ist in Tibet. Es ist mit dem spirituellen Aspekt des Sirius verbunden, der als Lakumay bekannt ist. Von dort werden die heilige Geometrie und Aspekte des höheren Geistes auf die Tibeter heruntergeladen werden.

Auch die Öffnung des kosmischen Portals in Mesopotamien wird sich auf Tibet auswirken. Dieses Portal bringt uns die Weisheit des Goldenen Atlantis zurück, die nach dem Untergang vom Stamm des Apollon dorthin gebracht wurde. Wenn Sie sich damit verbinden, gibt es Ihnen Mut, Weisheit und liebevolle Selbstakzeptanz.

23 Afrika im Überblick

Afrika und das Solarplexus-Chakra der Welt, das sich über ganz Südafrika erstreckt, befinden sich in der Obhut von Erzengel Uriel.

Das zweite Goldene Zeitalter, das als Petranium bekannt ist, herrschte auf diesem Kontinent. Damals verbanden sich siebendimensionale Wesen mit dem Land und lebten in einer hochgradig symbiotischen Beziehung mit der Natur und den Elementen. Diese Weisheit und dieses Wissen warten nur darauf, während der Übergangsphase bis 2032 wieder in Erscheinung zu treten.

Das vierte Goldene Zeitalter hieß Lemuria. Damals waren die Wesen ätherisch, wie Feen oder Engel. Dennoch übten sie einen machtvollen positiven Einfluss auf den Planeten aus. Viele von ihnen hatten starke Verbindungen zum Nordwesten Afrikas. Hier ist noch viel von der alten dunklen Energie im Boden gespeichert, und es ist diese Energie, die für einen Großteil der Gewalt auf dem Kontinent verantwortlich ist. Die lemurische Heilenergie, die darauf wartet zurückzukehren, wird die dunkle Energie schließlich umwandeln, denn die Lemurer versteckten außerordentlich starke Heilkristalle in der Erde und programmierten sie darauf, uns während der Übergangsphase zu helfen. Diese Kristalle sollten sicherstellen, dass Afrika auf das neue Goldene Zeitalter vorbereitet ist, das 2032 beginnt.

Viele der Lemurer, die damals so sehr mit der Erde verbunden waren, haben sich nun in physischen Körpern inkarniert. Sie werden überall auf der Welt darauf vorbereitet, lemurische Heilmethoden zu praktizieren. Dies ist für die Welt von außerordentlicher Bedeutung und viele Lehrerinnen der *Diana Cooper School* halten lemurische Heilungsseminare ab, um jene zu unterweisen, die bereit und daran interessiert sind, diesen Dienst auszuführen.

Die Heilung und Läuterung kann von afrikanischem Boden aus beginnen. Es ist nun an der Zeit, die lemurischen Heilkristalle darauf zu programmieren, die dunklen Kristalle Afrikas zu reinigen, damit große Veränderungen geschehen können. Lemurische Heilkristalle müssen auch nach Ägypten gebracht werden. Dann kann ein neues Lichtnetz errichtet werden, das es Afrika erlaubt, seinen rechtmäßigen Platz in der Welt einzunehmen.

Wenn das Bewusstseinsniveau der Afrikaner steigt, werden sie der Welt Reife und Weisheit beweisen. Die generelle Schwingungsfrequenz wird sich erhöhen, und die Bewohner dieses Kontinents werden sich in Richtung Erleuchtung und Aufstieg bewegen. Das wird zu einer Heilung führen und die Aids-Epidemie wird enden, allerdings nicht vor 2032. Die Öffnung des planetarischen Chakras von Honolulu wird diesen Prozess stark beschleunigen.

Die Afrikaner besitzen große, großzügige Herzen, und sie werden das viele Unrecht vergeben, das ihnen im Laufe der Jahrhunderte angetan wurde, darunter auch die Schande der Sklaverei. Die Afrikaner werden begreifen, dass das Festhalten an der Wut nur ihnen selbst schadet und sie und die Welt nur zurückhält. Sie werden loslassen und der Welt die Macht der Vergebung demonstrieren.

Afrika wird zu einem Kontinent des Überflusses erblühen. Das große Zweiweg-Portal von Groß-Simbabwe wird erwachen und voll funktionsfähig sein. Es wird riesige Mengen Licht durchlassen und das Land stark beeinflussen. Das Portal im Tafelberg wird sich ebenfalls vollständig öffnen, und sein Einfluss wird es Afrika ermöglichen, vollkommen unabhängig und autark zu werden.

In Afrika öffnen sich zwei kosmische Portale. Das eine befindet sich in Mali und steht in Verbindung mit der Energie der Dogon. Das zweite kosmische Portal ist die Sphinx in Ägypten. Wunderschöne, sanfte Energie strömt von hier aus, die allen helfen wird, ein besseres Gleichgewicht zu finden. Die Meister kommunizieren mit jenen, die sie durch dieses Portal hören können.

Am wichtigsten ist wohl, dass ganz Südafrika als spirituelles Solarplexus-Chakra der Welt zurzeit noch sehr viel Angst enthält. Die Portale haben 2012 begonnen sich zu öffnen und sind nun wieder aktiv. Das wird dazu beitragen, dass sich die Angst auflöst und die alte Weisheit zurückkehrt. Da Südafrika mit Merkur, dem Planeten der Kommunikation, verbunden ist, wird es eine führende Rolle bei der Verbreitung der goldenen Wahrheit spielen.

Eine Übung: Afrika Heilung senden

1. Zeichnen Sie die Umrisse Afrikas. Es muss kein detail-getreues Bild sein, Ihre Absicht ist entscheidend.

2. Ziehen Sie eine Linie von oben nach unten, die die golde-ne Weisheit repräsentiert.

3. Färben Sie den Rest des Umrisses rosa ein und schicken Sie gleichzeitig dem Kontinent von Herzen Liebe.

4. Umranden Sie den Umriss in Blau, um Heilung zu sym-bolisieren.

5. Tun Sie all dies in der Gewissheit, dass Ihr Fokus und Ihre Energie etwas bewirkt haben.

24 Vorhersagen für einzelne afrikanische Länder

Ägypten

Die Ägypter haben ihre Verbindung zu ihrem Selbst und daher auch zu ihrer Seele verloren. Sie wissen nicht, wie sie sie wiedererlangen sollen, da sie von Angst verzehrt werden. Als Konsequenz daraus wehren sich die Menschen gegen alles. Diese Angst wird von der Armee, der Regierung, Drogenbanden und anderen Quellen geschürt. Die Menschen wissen einfach nicht, an wen sie sich noch wenden können. Damit sich dies ändert, muss man ihnen eine Vision der Hoffnung, des Reichtums, der Macht und vor allem der Freiheit geben. Alle Leser sind aufgefordert, die Engel der Freiheit, die Fürstentümer, die sehr hochfrequente Engel sind, nach Ägypten zu schicken.

Das Fürstentum für Afrika heißt Aphra

Die Energie der Sphinx ist schon immer auf der Erde gewesen. Es war Ra, der sie von Atlantis nach Ägypten brachte. Sie steht in Verbindung mit Mars, beschützt und wacht über unseren Planeten und speichert die

Akasha-Chronik auf fünfdimensionaler Ebene. Der aufgestiegene Aspekt des Mars heißt Nigellay und strahlt die Energie des friedvollen Kriegers aus. Aber die Energie der Sphinx wird erst dann freigesetzt werden, wenn die Angst, die Ägypten erfasst, aufgelöst ist. Daher hält die gegenwärtige Situation nicht nur den Nahen Osten, sondern ganz Afrika zurück. Wenn sich das unglaubliche Portal der Sphinx vollständig öffnet, wird es gewaltigen Einfluss sowohl auf den Nahen Osten als auch auf Afrika haben. Schlussendlich wird die Energie des friedvollen Kriegers die ganze Erde umspannen.

Erzengel Metatrons Refugium befindet sich in Luxor. Er bewahrt die Aufstiegsenergie für den Planeten und zieht großes Licht ins Land. Luxor ist das planetarische Hals-Chakra und steht in Verbindung mit der Milchstraße. Dieses Chakra befindet sich in der Obhut von Erzengel Michael und hat sich bereits vollständig geöffnet. Aber die im Land herrschende Angst ruft energetische Konflikte hervor und stört die Kommunikation weltweit. Wir müssen uns darauf konzentrieren, diesem Portal Liebe zu senden.

Nach dem Untergang von Atlantis führte der Hohepriester Ra seinen Stamm nach Ägypten. Dieser bildete die Grundlage der ägyptischen Kultur und brachte die Pharaonen hervor. Ras Stamm brachte auch die Entwürfe für die Pyramiden mit, die gewaltige kosmische Computer sind, die dazu beitragen, dass sich die Erde in Übereinstimmung mit den Sternen befindet. Die große Pyramide ist ein mächtiges, vollständig fünfdimensionales Portal, das nicht geschwächt werden kann und daher auch nicht durch die in Ägypten herrschenden Energien beeinflusst wird. Vollkommene Energie entströmt diesem Portal, aber eine Trübung wird von jenen wahrgenommen, die von Angst beherrscht werden.

Heilende kristalline Gitternetze sind über ganz Afrika ausgebreitet, von der Sphinx in Ägypten bis nach Südafrika, um heilende Energie zu erzeugen und dem Kontinent Harmonie zu schenken. In Ägypten wird 2015 Frieden herrschen, wenn genügend Menschen Licht dorthin senden und die Ägypter es annehmen.

Algerien

Da dieses Land vollständig lemurisch war, sind dort die Dunkelheit der prälemurischen Hexerei und das Licht der lemurischen Heilkristalle gespeichert. Deshalb strahlt es eine gemischte Energie aus. Algerien ist häufig erobert worden, und das Land hat eine Geschichte von Korruption, Unterdrückung und von Protesten gegen die wirtschaftliche Lage. Erdbeben werden den letzten Rest an Karma auflösen und Algerien wird noch vor 2032 frei sein.

Angola

Wie der größte Teil Afrikas so wurde auch Angola von einer ganzen Reihe von imperialistischen Nationen kolonisiert. Ein großer Teil der Bevölkerung fiel der Sklaverei zum Opfer. Die Vorhersage für dieses Land beinhaltet eine sehr langsame Übergangsphase, die von Kämpfen und Hungersnöten begleitet sein wird. Angola wird bis 2028 durch Erdbeben und unvorhergesehene Wetterphänomene gereinigt werden. In lang vergangener Zeit, während des Zeitalters von Petranium, das häufig auch als Goldenes Zeitalter Afrikas bezeichnet wird, war das Land die Wiege dieses Kontinents. Hier lebten weise Wesen, deren Weisheit noch immer vom Land bewahrt wird.

Die großen Portale von Ägypten, Groß-Simbabwe und dem Tafelberg haben begonnen sich zu öffnen und verbreiten ihr Licht. Das wird es Angola ermöglichen, seine Schwingungsfrequenz anzuheben und sich auf die dem Land innewohnende Weisheit zu besinnen. Wenn die Menschen diesen Zugang wiederfinden, werden sie strahlen und aufblühen. Frieden wird herrschen, und die Menschen Angolas werden ihr Selbstwertgefühl und ihre Bestimmung noch vor 2032 wiederfinden.

Äthiopien

Äthiopien ist das gebirgigste Land Afrikas, und das Licht strahlt hier noch sehr hell. Wie im übrigen Afrika, so besteht auch hier ein Konflikt zwischen der Finsternis der Sklavenzeit und der alten Weisheit. Unvorhersehbare Stürme werden einen großen Teil des Landes reinigen, aber dank der großen Herzen der Menschen werden sie einander umarmen können, sodass in den Bergen nach 2032 eine Goldene Stadt entstehen wird.

Botswana

Botswana wurde von Erzengel Gabriel gesegnet, der Diamanten, die materialisierte Form seines reinen Lichtes, im Land platzierte. Bis man anfing, diese abzubauen, war das Land dort verhältnismäßig rein geblieben. Die Energie hat auch dafür gesorgt, dass die Menschen hier sanftmütiger sind als in vielen anderen Teilen Afrikas. Erzengel Gabriel ist für das Sakral-Chakra verantwortlich, das aus dem Gleichgewicht geraten muss, damit Aids Fuß fassen kann.

Wenn die Menschen im Verlauf der nächsten achtzehn Jahre ihr Gleichgewicht wiederfinden, wird Aids kein Problem mehr sein. Die Schwingungsfrequenz wird sich erhöhen, und die Bewohner von Botswana werden sich an ihre Integrität und Macht erinnern und ein Beispiel für ganz Afrika sein. Viele goldene Gemeinschaften werden hier gegründet werden.

Gambia

Der Schrecken der Sklaverei hat im Land großes Leid und Karma hinterlassen. Weil das Land über wenige Ressourcen verfügt, ist es auf Hilfe angewiesen. Gambia wird spirituell gesehen von zwei Faktoren beeinflusst: seiner Nähe zu Mali und der Schönheit seiner Küsten. Wenn die Menschen ihre Schwingungsfrequenz anheben und anfangen, Frauen zu ehren, wird ihr Licht erstrahlen, und finanziell wird es ihnen viel besser gehen.

Kamerun

Ein großer Teil des sehr alten Karmas im Land ist durch die tropischen Regengüsse und die heilende Kraft der grünen Vegetation weggewaschen worden. Zudem ist hoch gelegenes und bewaldetes Land ohnehin sehr rein. Aber wie in den meisten Ländern Afrikas steht auch Kamerun vor großen wirtschaftlichen Herausforderungen. Diese werden erst gelöst werden, wenn die Welt spiritueller wird und sich mehr auf Einheit statt auf Trennung konzentriert. Der landwirtschaftliche Charakter der Entwicklung wird Kamerun eine relativ einfache Übergangsphase ermöglichen, da die hier lebenden Menschen das Land verstehen.

Kenia

Die Küstenländer wurden in früherer Zeit durch ihre Verbindung zum Wasser und die Unschuld ihrer Fischerei rein gehalten. Aber wie überall in Afrika waren die ständigen Kämpfe und die Sklaverei finstere Mächte, welche die Moral der Menschen untergruben und im Land Karma zurückließen. Die Behandlung der Tiere, besonders die Wilderei an den Nashörnern, hält Kenia ebenfalls zurück. Andererseits werden die Schönheit der Küsten und die Segnungen des Wassers dazu beitragen, die Schwingungsfrequenz anzuheben, sodass schließlich Frieden herrschen und das Land gedeihen wird. Kenia wird 2032 bereit für den Aufstieg des Planeten sein.

Kongo

Vor langer Zeit inkarnierten sich hier viele Wesen vom Sirius und ließen eine Technologie zurück, die ihrer Zeit weit voraus war. Diese Wesen wurden aber ausgelöscht, als fremde Mächte das Land eroberten und den Geist der Kongolesen zu brechen versuchten. Mein Sohn arbeitete ein Jahr lang im Kongo und er liebte die Menschen dort. Materiell gesehen hatten sie nichts, aber sie luden ihn in ihre Hütten ein, um das wenige zu teilen, das sie hatten. Er fühlte sich sehr wohl bei ihnen. Als er den Kongo verließ, gaben ihm die Menschen ein Geschenk für mich, seine Mutter, mit, das ich seither in Ehren halte. Ein ganz besonderes Bewusstsein ist nötig, um andere willkommen zu heißen, wenn man selbst leidet und arm ist. Diese großherzigen Menschen werden sich wie der Phönix aus der Asche erheben und der Welt zeigen, was bedingungslose Liebe ist.

Malawi

In der neueren Geschichte Malawis spielt die Heimsuchung durch Aids, Korruption und Mangelernährung eine große Rolle. Das Land ist zudem immer wieder von Naturkatastrophen und Hungersnöten geplagt worden. Der Verlust des Selbstwertgefühls durch die Zeit der Sklaverei und der Verlust der Macht durch die fremden Eroberer haben zu diesen Unglücken geführt. Aber die Situation ist an einem Wendepunkt angelangt.

Nach 2012 fing sie an, sich in ihr Gegenteil zu verkehren, weil sich die Portale des Tafelbergs, der Sphinx und von Groß-Simbabwe geöffnet haben. Nun gewinnen die Menschen den Glauben an sich selbst zurück.

Die Energie des Portals von Honolulu, das höhere Liebe in das Sakral-Chakra strömen lässt, hat erste Auswirkungen auf sexuell übertragbare Krankheiten. Im Jahr 2028 wird Malawi wirtschaftlich autark und bis 2032 wird Aids verschwunden sein.

Mali

Mali war einmal vollständig lemurisch. Daher ist die Liebe der Lemurer im Land verblieben, aber auch große Finsternis aus der prälemurischen Ära. Nach dem Untergang von Atlantis verließen die Dogon Ras Stamm und zogen in den Nordwesten Afrikas. Mit sich brachten sie das Wissen vom Sirius. Die Dogon bewahren große Weisheit und großes Wissen, und zwar nicht nur über Sirius und andere Sternensysteme, sondern auch hinsichtlich der heiligen Geometrie und spiritueller Technologien. Wenn sich das kosmische Portal hier öffnet und das Bewusstseinsniveau der Welt angehoben wird, werden sie sich sicher genug fühlen, um ihr Wissen mit anderen zu teilen.

Mali war einmal das Zentrum des in Timbuktu ansässigen Gold- und Salzhandels, und das Karma aus dieser Zeit ist ziemlich ausgeglichen. Als sich das Portal 2012 öffnete, berührte sein Licht die neugeborenen Babys. Das wird sicherstellen, dass sie eine klare Erinnerung an das Licht und die alte Weisheit in sich tragen. Die Dogon bewahrten zwar das fünfdimensionale Licht, aber der Rest des Landes hat seine Seelenverbindung verloren, was in der Vergangenheit zu Hungersnöten geführt hat. Das mag sich noch wiederholen, bevor sich das große kosmische Portal Malis vollständig geöffnet hat und alle mit ihrer wahren Essenz verbindet. Dann wird dieses Land erstrahlen.

Marokko und Tunesien

Die Phönizier, die diese Länder in der Antike kolonisierten, waren Händler und Kaufleute und keine Kriegsherren. Daher ist aus der Zeit kein nennenswertes Karma übrig. Marokko war zum Teil lemurisch, und während dieser Zeit wurde viel Licht im Boden gespeichert. Aber alle Länder Nordafrikas wurden im Lauf der Geschichte von Mächten erobert, die das Land wegen seiner strategischen Lage schätzten. Daher hat auch Marokko eine Geschichte großen Blutvergießens und der Entmachtung der Bevölkerung.

2010 war ein Wendepunkt, als die Tunesier sich erhoben und ökonomische Gerechtigkeit und mehr Licht einforderten. Dieser Bewusstseinsanstieg übertrug sich auf andere Länder, deren Bewohner nach Freiheit streben. Es wird zu Erdbeben kommen, von denen einige sehr schwer sein werden, wenn die alte Energie umgewandelt wird. Wegen der Zerstörungen werden die Frauen eine stärkere Rolle spielen müssen und daher einen Teil ihrer Macht zurückgewinnen. Das wird zu größerer Spiritualität führen und es der Region ermöglichen zu erblühen und bis 2032 Frieden zu finden.

Mauretanien und Senegal

Diese beiden an der Westküste Afrikas gelegenen Länder waren einmal vollständig lemurisch. Aber wie große Teile Afrikas wurden auch sie ausgebeutet und kolonisiert. Beide Länder waren Zentren des Sklavenhandels, wodurch sie großes Karma anhäuften und die Erde mit Trauer erfüllten. In diesen Ländern herrscht große Armut, und falls Mauretanien seine Offshore-Ölfelder Chinguetti und Tiof tatsächlich ausbeutet, wird es noch mehr Karma anhäufen, da alles Öl, was spirituell gesehen erlaubt ist, bereits genommen wurde. Wenn sich das Portal von Mali vollständig öffnet, wird das höhere Licht endlich die wahre Bestimmung der Bewohner beider Länder offenbaren, und sie werden neue Hoffnung schöpfen.

Mosambik

Mosambik war einst ein Zentrum des Sklavenhandels und der daraus resultierende Schmerz steckt noch tief im Land. Ein Teil davon wurde durch die Überschwemmungen von 2000 hinweggewaschen, aber es muss noch viel aufgelöst werden, damit dieses edle Land seine eigentliche Macht zurückgewinnen kann. Wenn sich das Licht über Afrika ausbreitet, wird es langsam wieder aufgebaut werden und seinen Platz im neuen Goldenen Zeitalter einnehmen.

Namibia

Namibia ist reich an Mineralien, und seine Diamanten verbinden es mit Erzengel Gabriel. Wie der Rest Afrikas hat auch Namibia eine Geschichte voller Konflikte und Sklaverei. Wie in anderen afrikanischen Küstenländern hat das Meerwasser auch hier einen Teil des Schreckens beseitigt, aber noch immer steckt viel davon im Land. Wenn das ansteigende Bewusstseinsniveau Namibia erreicht, wird es ein Land der Freude und des Glücks sein, und die Schrecken der Vergangenheit werden vergeben und aufgelöst sein. Das sollte bis 2032 geschehen.

Niger

Dieses am Rand der Sahara gelegene Land hat Sklaverei, Armut und Entmachtung ertragen müssen. Während des Goldenen Zeitalters Afrikas war es aber ein grünes, furchtbares Land, dessen Bewohner weise waren und viel über die Erde wussten. Diese innere Weisheit steckt noch heute in ihnen und wartet nur darauf, hervorgebracht zu werden. Wie so viele Menschen, die ihrer

Macht beraubt wurden, so haben auch die Bewohner Nigers die Verbindung zu ihrem Selbst verloren und daher Armut in vielen Bereichen angezogen. Die Öffnung des Portals von Mali wird ihnen sehr helfen, und sie werden während der nächsten achtzehn Jahre langsam zu sich selbst finden. Je mehr Licht und Liebe Sie diesem Land schicken, desto schneller wird es in das Goldene Zeitalter eintreten können.

Nigeria

Nigeria, der fünftgrößte Ölproduzent und ein bevölkerungsreiches Land, ist ein sehr komplexes Land. Ursprünglich war es ein Ort der Kreativität und des Überflusses, aber das höhere Bewusstsein verwelkte im Angesicht der Eroberungen und Sklaverei. Heute liegt allem, was die Nigerianer tun, die Angst zugrunde, ihnen könnte alles genommen werden. Nicht einmal die Erträge aus dem Ölgeschäft gelangen zu den einfachen Nigerianern. Die Angst drückt sich gegenwärtig in Gewalt, Hexerei, Armut und Korruption aus. Aber sobald das weltweite Bewusstseinsniveau ansteigt, wird auch hier ein Wandel eintreten.

Das Wasser des Niger und des Golfs von Guinea werden, beeinflusst vom Portal von Mali, beginnen, die Küstengebiete zu reinigen. Wenn die Menschen ihr Selbstwertgefühl zurückerlangen, werden sie automatisch mit mehr Respekt behandelt werden und Reichtum anziehen. Dann wird das ganze Land zusammenarbeiten und bis 2032 wird Frieden herrschen. Schließlich wird sich hier eine Goldene Stadt erheben, wenn Afrika zu strahlen beginnt.

Sambia

Sambia ist eines der schönsten Länder der Welt mit einem perfekten Klima. Es ist mit dem Sambesi und den Viktoria-Fällen gesegnet, die das Land rein halten. Viele der großen Tiere haben sich hier eingefunden, und die Naturparks haben dazu beigetragen, die Energie des Landes anzuheben.

In früherer Zeit wussten die Menschen, wie man Kupfer und Mineralien zum Wohle des Ganzen einsetzt. Das Kupfer dieses Landes verband es direkt mit der Sonne, die das Nabel-Chakra beeinflusst, das spirituelle Zentrum der Gastfreundschaft und des Gemeinschaftsgefühls, aufgrund dessen Einwohner wie Besucher das Gefühl haben, hierher zu gehören.

Die Sambier besitzen diese Verbindung immer noch, aber aufgrund der neueren Geschichte und des Kupferabbaus ist sie schwächer geworden. Sie wird ganz wiederhergestellt sein, wenn das Land in den nächsten zehn Jahren wieder zu sich selbst findet. Sambia befindet sich direkt auf der goldenen Linie von der Sphinx über das interdimensionale Zweiweg-Portal von Groß-Simbabwe zum Tafelberg. Diese Portale werden großen Einfluss auf Sambia haben und es bis 2032 zu seiner früheren Größe zurückgeführt haben.

Simbabwe

Dieses Land war einmal so wunderschön, dass es als Garten Eden bezeichnet wurde. Da es reich an Kupfer, Gold und Mineralien ist, zog es seit Tausenden von Jahren Händler an, die schließlich den Sklavenhandel begründeten. Im Land sind so viel Zorn und so viel Schmerz gespeichert, dass selbst seine große Schönheit diese nicht auflösen konnte. Aufgrund dieses alten Zorns und dem Gefühl der Machtlosigkeit konnte Simbabwe seit vielen Jahren von grausamen Diktatoren beherrscht werden. Aber auch das wird vergehen, wenn sich die Schwingungsfrequenz anhebt, denn in Simbabwe liegt das interdimensionale Zweiweg-Portal von Groß-Simbabwe, das Adel, Mut und Stärke ausstrahlt. Wenn es sich öffnet, wird es die Energie der Menschen verändern. Denn deren Herzen sind sehr groß, selbst wenn sie Angst haben, und sie werden der Vergangenheit vergeben und bis 2025 Reichtum anziehen.

Südafrika

Das fünfdimensionale Solarplexus-Chakra des Planeten erstreckt sich über ganz Südafrika. Wie das individuelle gelbe Solarplexus-Chakra so nimmt auch das planetarische Angst auf und verwandelt sie in goldene Weisheit. Weil Südafrika die Angst der Welt auflöst, strahlt es nur selten, denn sobald es die aufgenommene Negativität umgewandelt hat, strömt neue ein. Die Erde ist das kosmische Solarplexus-Chakra des Universums, und wir wandeln die Angst des ganzen Universums durch das Chakra in Südafrika um.

Die Fußballweltmeisterschaft von 2010 trug einiges dazu bei, die Negativität aufzulösen, da sich Begeisterung und Licht auf den Fußball richteten. Ganz Afrika wurde dadurch ins Licht gebracht.

Jeder lebende Organismus gibt einen Klang ab; jedes Chakra, jeder Kontinent und jeder Planet schwingen auf einer bestimmten Note. Die Note des Solarplexus ist B; die Note Afrikas ist B; die Note der Erde ist B. Die Note der Vuvuzela, die während der Weltmeisterschaft ständig zu hören war, ist B. Diese Note löste die Angst auf, die vom planetarischen Solarplexus in Südafrika angezogen wurde, und half dem Land zu leuchten. Südafrika ist mit Merkur, dem Planeten der Kommunikation, verbunden und wird der Welt in Zukunft noch sehr helfen.

Sudan

Seit Jahrhunderten hat die komplexe Geschichte aus Invasionen, Fremdherrschaft und religiösen Konflikten negative Energie im Land hinterlassen. 2001 kam es zu massiven Überschwemmungen, die einen Teil dieses Karmas auflösten. Dadurch wurde die Aufmerksamkeit der Welt auf das Land gelenkt, und es erhielt eine gewisse Hilfe. Wie in großen Teilen Afrikas wird auch die sehr schwierige Situation im Sudan durch das ansteigende Bewusstseinsniveau behoben werden. Viele werden den

Sudan und die anderen Länder Afrikas dabei unterstützen, ihre rechtmäßigen Plätze wieder einzunehmen.

Tansania

Tansania ist mit einer langen, wunderschönen Küstenlinie und vielen Seen gesegnet, die das Land rein gehalten und die durch die Barbarei des Sklavenhandels entstandene Negativität, die die Leylinien hier verschmutzt hat, aufgelöst haben. Sansibar ist ein besonders finsterer Ort, obwohl die Kathedrale Church of Christ, die auf dem Gelände des einstigen Sklavenmarktes errichtet wurde, etwas von dem Karma aufgelöst hat. Diamanten, Gold und Silber in der Erde haben ebenfalls dazu beigetragen, das Land von innen heraus leuchten zu lassen. Außerdem haben der Kilimandscharo und die anderen Hochländer das Licht bewahrt.

Dem Land ist es gelungen, die inneren Streitereien zu vermeiden, die die meisten Länder Afrikas plagen. Es wird sich daher spirituell öffnen, wenn sich die Schwingungsfrequenz des Kontinents anhebt. Es wird auf 2032 gut vorbereitet sein.

Tschad

Dieses Binnenland wird vom Tschad-See im Westen und der Sahara im Norden begrenzt. Wie der Rest Afrikas hat auch der Tschad eine Geschichte voller Gewalt,

Korruption und Entmachtung der Bevölkerung, was zu weitverbreiteter Armut geführt hat. Aber die hier lebenden Menschen besitzen ein großes Herz, das bereit ist sich zu öffnen und eine neue Lebensweise zu akzeptieren.

Wenn das Licht auf Afrika fällt und die Energienetze aktiviert werden, wird sich der Tschad direkt im Zentrum befinden. Es wird während der Übergangsphase einige Herausforderungen geben, aber wenn das Land erwacht, wird es auf die alten Weisen hören und die alte Weisheit wiedererlangen, die im goldenen Licht in der Erde gespeichert ist. Bis 2040 wird das Land autark sein, und seine Bewohner werden ihren Stolz wiedererlangt haben.

Uganda

Nach zwei Jahrzehnten Bürgerkrieg kommt dieses Land langsam zur Ruhe, aber das Land ist voller Schmerz. Das einst so wunderschöne Land ist stark entwaldet worden, und diese Entweihung spiegelt die Gefühle der Menschen wider. Aufforstung ist nun angesagt. Das ganze Karma aus neuerer Zeit muss aufgelöst werden.

In vorgeschichtlicher Zeit war das Land aufgrund seiner Schönheit und der hochfrequenten Schwingung der Berge ein herrlicher Ort. Diese Energie hat immer noch Einfluss auf Uganda und bewahrt eine Vision dessen, was einmal war und wieder sein kann. 2032 wird das Land wieder erblüht sein.

25 Mittel- und Südamerika im Überblick

Da überall auf der Welt Demokratiebewegungen entstehen, herrscht immer mehr Unruhe. In Mittel- und Südamerika wird es zu physischen Veränderungen kommen, von denen sich einige – wie Erdbeben und Grubenunglücke – auf die Erde auswirken werden. Aber dieser Kontinent verfügt über viele wunderbare Energien und Magie. Er wird der Welt Kreativität und vieles andere schenken. Die Klänge und Obertöne, die von den Bergen und Wäldern erzeugt werden, vibrieren im Boden und beeinflussen den ganzen Planeten.

Gegenwärtig haben wir nur zu einem Teil der Weisheit der Mayas Zugang. Wenn alles allen zur Verfügung steht, werden nicht nur Mittel- und Südamerika davon profitieren, sondern die ganze Welt. Der Kontinent wird ein Ort des Glücks und spirituellen Reichtums sein und alle Länder werden erblühen.

Die Wirtschaft

Im Gegensatz zum Rest der Welt wird es hier nicht zu einer lang anhaltenden Rezession kommen, und die nationalen Ökonomien werden stabil bleiben. Mittel- und Südamerika verfügen über viele Antworten auf die Probleme der weltweiten Ökonomie, und der Kontinent wird die Welt dadurch inspirieren, dass dort Lösungen gefunden werden. Durch das Fernsehen und die anderen Massenmedien wird die ganze Welt sehen, dass Mittel- und Südamerika glücklich sind. Daraufhin werden überall die eigenen Systeme infrage gestellt und Veränderungen vorgenommen werden.

Spirituelle Einflüsse

In der letzten Phase von Atlantis wurde die Kundalini, die spirituelle Lebenskraft des Planeten, in den Himalaja gebracht und später von Sanat Kumara in seinem Refugium in der Wüste Gobi gehütet. Es handelte sich dabei um eine männliche Energie. Mittlerweile wurde sie nach Mittelamerika gebracht, wo sie sich in eine Kugel aus weiblicher Energie verwandelt hat. Diese befindet sich nun in der Obhut von Erzengel Sandalphon, der sie in seinem Refugium in den magischen Kristallhöhlen beim Lago de Atitlán in Guatemala bewacht. Sie wurde freigesetzt, als die Kundalini des Planeten 2012 erwachte. Seither haben Mittel- und Südamerika angefangen aufzublühen.

Eine Übung: Mittel- und Südamerika Heilung senden

1. Setzen Sie sich an einen ruhigen Ort, an dem Sie nicht gestört werden.
2. Zünden Sie eine Kerze an und legen Sie leise Musik auf.
3. Stellen Sie sich vor, dass Mittel- und Südamerika von einem blühenden Blumenteppich bedeckt sind.

4. Stellen Sie sich vor, dass sich die Blüten der Blumen überall auf dem Kontinent vollständig öffnen und Licht ausstrahlen.

5. Sehen Sie die Menschen des Kontinents freudig strahlend Hand in Hand mit den Engeln tanzen.

6. Tun Sie dies in dem Wissen, dass Sie sich selbst der Liebe, der Freude, dem Glück und den Engeln öffnen, wenn Sie sich vorstellen, dass sich die Blumen öffnen und die Menschen mit den Engeln tanzen.

7. Danken Sie den Engeln und öffnen Sie die Augen.

26 Vorhersagen für einzelne mittel- und südamerikanische Länder

Brasilien

Dieses riesige Land ist gegenwärtig stark von der Umweltzerstörung durch die Abholzung der Wälder, des Bergbaus und der Korruption geprägt. Aber kosmische Liebe von der Venus, die tief im Innern der Erde steckt, wartet nur darauf, emporzusteigen. Dadurch wird auch das Bewusstseinsniveau der Menschen angehoben, die anfangen werden zu erkennen, wie wichtig die Bäume sind. Die Menschen werden ihre Macht zurückfordern und beginnen, sich um das Land zu kümmern.

Brasilien hat eine lange Tradition des Heilens. In jüngster Vergangenheit sind viele dieser Heiler von der Kirche, dem Staat und dem Militär verfolgt worden, aber heute haben die Heiler endlich Zuflucht gefunden und können offener praktizieren. Das erweitert das Bewusstsein vieler Südamerikaner.

Chile

Mir blieb das Herz stehen, als ich 2010 erfuhr, dass Bergleute in Chile eingeschlossen waren. Als ich dann erfuhr, dass es dreiunddreißig waren, machte mein Herz aber einen Freudensprung, weil ich mir sicher war, dass sie gerettet werden würden, da dreiunddreißig die Zahl des Christus-Bewusstseins, der Energie der bedingungslosen Liebe, ist.

Die Tatsache, dass sich diese Rettung in Südamerika abspielte, ist ebenfalls von Bedeutung, denn der Kontinent steht in Verbindung mit der Venus, dem kosmischen Herzen, und zieht von dort die Liebesenergie für die ganze Welt an. Der Durchbruch erfolgte am 10.10.10, dem Tag des Neuanfangs, und das schien eine große Verheißung zu sein. Alle dreiunddreißig Bergleute, die das Christus-Licht repräsentierten, kamen unbeschadet wieder ans Tageslicht. Was für ein wunderbares Omen für Chile, für Südamerika und für die ganze Welt!

Für die Bergleute war dies eine Einweihung. Einweihungen sind immer extreme Herausforderungen und Prüfungen, die das ganze Leben verwandeln. Viele Seelen machen sie in diesen Zeiten durch, da eine Einweihung eine sehr große Chance auf spirituelles Wachstum darstellt. Das Ereignis war ein spiritueller Übergangsritus für die ganze Welt.

Guatemala

Nicht nur die Kundalini des Planeten wurde nach Guatemala gebracht, hier befindet sich auch das kosmische Herz, das sich gerade öffnet. Es steht mit Venus, dem kosmischen Herzen dieses Universums, in Verbindung.

Honduras

In der Maya-Stadt befindet sich ein kosmisches Portal, das sich bereits vor 2012 öffnete. Die Energie dieses Portals wärmt, und sie wird so viel Verschmutzung wie möglich wegschmelzen, indem sie uns dazu bringt, auf spirituellere Art und Weise zu leben. Die Menschen fühlen sich zu Hause, wenn sie sich mit ihr verbinden.

Mexiko

Die Mexikaner tragen Gefühle der Wertlosigkeit und Schuld in ihrem kollektiven Unterbewusstsein, und im Land selbst steckt große Angst. Aus diesem Grund wehren sich die Vereinigten Staaten so sehr gegen Mexiko. Aber das wird bald aufgelöst sein.

Das Land bewahrt nämlich auch große Weisheit. Lokale Portale beginnen zu erwachen, beeinflussen die Menschen und bringen das alte Wissen wieder hervor. Wenn sich die Portale von Sedona in Arizona und von Hawaii weiter öffnen, wird dies tief greifende Auswirkungen auf das Bewusstsein der Mexikaner und ihrer Nachbarn haben. Im Jahr 2032 wird Mexiko ein wunderbarer Ort zum Leben sein.

Peru

Das planetarische Kronen-Chakra befindet sich in Machu Picchu. Es ist in der Obhut von Erzengel Jophiel, dem Engel der Weisheit, und ist mit dem Saturn und dem Mond verbunden. Saturn ist das Gestirn der Ordnung und spirituellen Disziplin, während der Mond das göttlich Weibliche ausstrahlt. Zudem ist Machu Picchu mit dem Uranus und seinem höheren Aspekt Curonay verbunden.

Da dies eines der vier interdimensionalen Zweiweg-Portale auf dem Planeten ist, versammeln sich hier viele große Lichtwesen. Zudem ist ganz Peru ein kosmisches Portal, welches das Christus-Licht ausstrahlt und mit der Weisheit der Inkas verbunden ist, die nach dem Untergang von Atlantis von Hohepriester Thot hierher gebracht wurde. Das Portal begann sich 2012 zu öffnen und wird uns helfen, unser volles Potenzial auszuleben. Da unsere Energie dafür aber eine höhere Schwingungsfrequenz annehmen muss, ist es oft eine echte Herausforderung, dabei geerdet zu bleiben. Die Erde hier ist sehr stark und arbeitet in perfekter Harmonie mit dem Portal. Das wird den Menschen helfen, sich dem Planeten verbunden zu fühlen. Großzügigkeit wird durch dieses Portal verstärkt.

Da viele Lichtarbeiter große Anstrengungen unternommen haben, um diesem Portal Licht und Schutz zu senden, wird es allmählich klarer. Lima ist sehr dunkel und wird gereinigt werden müssen, aber die Anden sind ein Gürtel reiner Energie. Auch die Bäume, die das Land bedecken und uraltes Wissen bewahren, halten die Energie so hoch wie möglich. Von hier aus senden Elementarwesen telepathische Botschaften der Unterstützung und Ermutigung an die anderen Elementarwesen und das Netzwerk der Bäume.

Kommandant Aschtar benutzt das Portal von Machu Picchu, um mit seinen Raumschiffen zur Erde zu kommen und uns zu helfen und zu beschützen. Die Engel der Kommunikation kommen hier ebenfalls auf die Erde, um uns die Kornkreise mit ihren Symbolen zu bringen und uns zum Aufwachen zu bewegen. Peru wird schließlich ein Land großen Lichts und großen Mitgefühls sein.

Der Kristallschädel, der vom Hohepriester Thot in Atlantis angefertigt wurde, wurde seinen Hütern 2012 übergeben. Wir alle werden unbewusst von den Informationen profitieren, die in ihm einprogrammiert sind.

27 Nordamerika

Die Vereinigten Staaten

Die Vereinigten Staaten umfassen ein riesiges Gebiet, und jeder der fünfzig Bundesstaaten, darunter auch Alaska und Hawaii, werden aufgrund von unterschiedlichen klimatischen, politischen und historischen Faktoren jeweils auf andere Weise beeinflusst.

Das ganze Land wurde durch Barack Obama beeinflusst, der der vierundvierzigste Präsident der Vereinigten Staaten wurde. Seine Wahl im November 2008 erzeugte eine Welle der Begeisterung auf der ganzen Welt, die die Erde auf ihren Aufstiegsweg brachte. Vierundvierzig ist die Zahl der Schwingung des Goldenen Atlantis, und zu jener Zeit war Barack Obama tatsächlich ein Priester, der besonders darin ausgebildet war, während seiner jetzigen Inkarnation eine Brücke zwischen Rassen, Konfliktparteien und Staaten zu sein.

Er trat mit all jenen Eigenschaften an, die es braucht, um die Vereinigten Staaten voranzubringen, aber bestimmte Gegenkräfte wie die Waffenlobby, die dreidimensionalen dogmatischen Seelen im Bibelgürtel und das angehäufte Karma des Landes haben ihn seiner Entschlusskraft und Macht beraubt. Er fühlte sich gezwungen, sich mit niederen Energien auseinanderzusetzen, statt in seinem Licht zu erstrahlen. Die geistige Welt hatte gehofft, dass er stark genug wäre, bestimmte Veränderungen durchzusetzen, aber er steht nicht in Kontakt mit den Engeln. Außerdem war geplant, dass sich sein Fokus auf die Vereinigten Staaten richten sollte, aber sein Wunsch, Führer der Welt zu sein, bedeutet, dass er Gefahr läuft, seine Seelenaufgabe nicht zu erfüllen.

Das Karma des Landes und der Widerstand gegen Veränderungen müssen aufgelöst und umgewandelt werden. Einiges davon wird die Natur erledigen. In einigen Regionen wird allerdings die außergewöhnliche Gnade der Engel den Menschen und Orten helfen, in eine höhere Dimension aufzusteigen.

Nach dem Untergang von Atlantis führte der Hohepriester Imhotep seinen Stamm nach Nordamerika, wo dieser sich niederließ, sich friedlich mit den Einheimischen vermischte und sein Wissen über das Land, die Natur und den respektvollen Umgang mit Tieren mit ihnen teilte. Aber nach und nach verloren die Atlanter ihren positiven Einfluss, und die verschiedenen Stämme wurden kriegerischer und bekämpften einander. Wo das geschah, speicherte der Boden tiefen Schmerz. An den Kriegsschauplätzen und an Orten von Massakern ist zudem große Wut gespeichert und große Trauer dort, wo Stämme umgesiedelt wurden. In den früheren Sklavenstaaten müssen viele Bewohner noch das Konzept der Einheit verstehen lernen, ihre Herzen öffnen und vergeben. Überall auf dem Kontinent hat sich in den letzten vierhundert Jahren großes Karma angesammelt, das bis 2032 ausgeglichen sein muss.

Im Gegensatz dazu haben die noblen Ideale der Freiheitsurkunde den Amerikanern ein Gefühl für Freiheit, Gerechtigkeit und Wertschätzung gegeben. Einige hochgradig idealistische und hoch entwickelte Menschen haben sich hier inkarniert, um die Flamme der Unabhängigkeit und Freiheit für die ganze Welt hochzuhalten. Teile des Landes sind außergewöhnlich schön, und diese Schönheit spiegelt sich in den Seelen vieler Menschen wieder, die hier leben. Das hat die Engel dazu bewogen, helfend einzugreifen.

Das Wetter

Da das Land so riesig ist, wird es von ganz unterschiedlichen klimatischen Bedingungen beeinflusst. Allgemein gesagt werden die Wetterverhältnisse aber extremer werden. Beinahe überall wird es zu einer Reinigung und zu Massenbewegungen in höher gelegene Gebiete kommen.

Die Wirtschaft

Viele Seelen inkarnieren sich oder leben in den Vereinigten Staaten, weil sie sich von Macht, Geld, Kontrolle und Erfolg angezogen fühlen. Aber wie in Europa, so wird auch hier die Wut über die Banken immer größer werden, und die Mehrheit der Menschen wird erkennen, dass Gier und Hedonismus keine zukunftsfähigen

Visionen sind. Die Vereinigten Staaten werden von einer lang anhaltenden Rezession heimgesucht werden, durch die den Bürgern klar wird, dass sie eine andere Lebensweise annehmen, zusammenarbeiten und einander unterstützen müssen. Sie werden anfangen, in kleineren Gemeinschaften füreinander zu sorgen.

Die Überschwemmung von New Orleans war der Vorbote einer allgemeinen Reinigung und zeigte, welche Lektionen gelernt werden müssen. Wenn diese Lektionen nicht gelernt werden und sich das Bewusstsein nicht ändert, werden weitere Naturkatastrophen die Aufmerksamkeit auf den tiefen Graben zwischen Arm und Reich lenken. In diesem Fall werden die Bürger innerhalb der nächsten zehn Jahre verlangen, dass dieser Zustand geändert wird. Das soziale Bewusstsein wird dafür sorgen, dass die Armen die materiellen Hilfen bekommen, die sie benötigen, aber auch die Unterstützung, die nötig ist, damit sie ihr Selbstvertrauen und ihr Selbstwertgefühl wiedererlangen.

Es wird zu einer Vertrauenskrise kommen, wenn die Menschen realisieren, dass sie das Öl nicht mehr bezahlen können. Das Öl in den Bakken-Ölfeldern und anderswo dient der Schmierung der tektonischen Platten, was von der Seele der Vereinigten Staaten aber nicht erkannt wird. Es wird vorhergesagt, dass diese Ölreserven ausgebeutet werden, und sollte das geschehen, wird das Karma schwerwiegend sein und sich in großen Unfällen und wirtschaftlichen Verlusten äußern.

Ein anderer schwerer Schlag für die Wirtschaft wird kommen, wenn der San-Andreas-Graben kollabiert. Dies kann durchaus vor 2032 geschehen, wenn nicht gewaltige Mengen Licht in die Region geschickt werden.

Spirituelle Einflüsse

Die Amerikaner haben einen tief verwurzelten Glauben daran, etwas Besonderes oder gar auserwählt zu sein. Als Folge davon haben sie sich vom Rest der Welt abgekapselt und sind zunehmend isoliert. Die Läuterung, die in Form von Naturkatastrophen geschehen wird, wird dazu führen, dass sie um Hilfe bitten müssen. Die daraus entstehende Demut wird der Katalysator sein, der das Land zu einem höheren Bewusstsein führt.

Überall erhebt sich das Licht, und es gibt Flecken reiner Engelenergie im Land, die die Massen sowohl spirituell als auch psychisch aufwecken wird. Viele Menschen werden schockiert sein, wenn sie beginnen, Engel und Geister zu sehen, weil ihre dogmatischen Überzeugungen dadurch infrage gestellt werden. Wenn sie anfangen, ihr Glaubenssystem zu hinterfragen, werden die Vereinigten Staaten von einem religiösen in ein spirituelles Land verwandelt. Schließlich werden die USA zu einer offenen, mitfühlenden fünfdimensionalen Nation.

Viele Menschen werden von den Orten, die gereinigt werden, in höher gelegene Gegenden ausweichen. Die Berge werden sehr beliebte Orte sein, an denen es sich gut leben lässt. Wenn große Menschenmassen an hochfrequente Orte ziehen, wird auch ihr eigenes Bewusstsein automatisch angehoben.

Es gibt sechs kosmische Portale auf dem Gebiet der Vereinigten Staaten, durch die das Christus-Licht der bedingungslosen Liebe, die zwölf Strahlen und der silberne Strahl des göttlich Weiblichen einströmen.

Das erste kosmische Portal ist das von Atlantis im Atlantik. Dieses Portal öffnet sich bereits, aktiviert die Energie des Tempels des Poseidon im Atlantik und bringt die Weisheit von Atlantis zurück. Es wird Menschen und Tieren gleichermaßen helfen aufzusteigen, indem es mit ihren Energien arbeitet und ihre alten Begabungen und Talente aktiviert. Es wird vielen ermöglichen, alles in einem neuen Licht zu sehen und sich inspirierter, energetisierter und wissender zu fühlen.

Das zweite kosmische Portal, das von Lemuria, befindet sich auf Hawaii und öffnet sich ebenfalls bereits. Dadurch aktiviert es den großen Kristall von Lemuria und bringt die Weisheit, die dieser enthält, auf die Erde zurück. Dadurch entstehen eine neue Demut, eine tiefe Liebe zur Natur und der Wunsch, den Planeten zu heilen.

Das dritte kosmische Portal wird Hohlerde genannt, weil es einer der Haupteingangspunkte der menschlichen Energie in das siebendimensionale Zentrum unseres Planeten ist. Die Öffnung dieses Portals, das ins Zentrum der Erde führt, geschieht gegenwärtig und hat großen Einfluss auf die Leylinien. Es erstreckt sich in der Form eines Ovals über das Gebiet von Oklahoma, Kansas, Nebraska, Süddakota und den Süden Norddakotas. 2012 wurde die Energie stark genug, um seine ursprüngliche kreisförmige Form wiederherzustellen, was sich auf die dort lebenden Menschen und das Land auswirkt.

2035 wird es drei Jahre lang vollständig offen sein und sich dann langsam wieder schließen. Das wird sowohl physische als auch energetische Auswirkungen haben und sehr schnell viele Teile der Gesellschaft reformieren. Höhere Energien von den Engeln werden von hier aus einströmen und Mitgefühl und Liebe in einem Maße bringen, das alles übersteigt, was wir bisher erlebt haben. Bis 2032 kann das Wetter hier ziemlich unbeständig sein.

Das vierte kosmische Portal, das sich 2012 öffnete, befindet sich in Sedona und verbindet uns mit der Weisheit der nordamerikanischen Ureinwohner. Menschen, die von diesem Portal beeinflusst werden, werden anfangen, ihre wunderbaren Begabungen und Talente zu akzeptieren. Gemeinden werden zusammenstehen und anfangen, das Land, ihre Herkunft, ihre Vergangenheit und ihren Platz in der Welt zu verstehen. Sie werden wissen, wie sie das Beste für den Planeten hervorbringen können, sodass er sich erneuern kann und alle in Harmonie zusammenarbeiten können. Dieses Portal trägt dazu bei, ein Einheitsbewusstsein zu erzeugen. Das wird zu Veränderungen führen, aber wenn die Zeit reif ist, werden sich Wahrheit und Frieden durchsetzen.

Das fünfte kosmische Portal im Bermudadreieck, das den großen Kristall von Atlantis beherbergt, ist sehr wichtig. Der große Kristall wurde im Tempel des Poseidon aufbewahrt und hatte verschiedene Funktionen. So war er unter anderem auch ein Portal. Als Atlantis unterging, sank der Kristall auf den Meeresboden mitten im Bermudadreieck.

Wenn das Intergalaktische Konzil dieses Portal benutzen will, wird es geöffnet, und alles und alle innerhalb des Bermudadreiecks machen eine rasend schnelle interdimensionale Wandlung durch. Für menschliche Augen scheint alles auf tragische Weise zu verschwinden, aber auf der Seelenebene haben alle Beteiligten dem zugestimmt. Sie steigen zu einem anderen Ort auf und bereiten sich auf den nächsten Schritt ihrer Evolution vor.

Die Energie um dieses Portal herum ist sehr dicht, um den Rest der Welt vor seinem einzigartigen wunderbaren Einfluss zu schützen. Aus diesem Grund kann der Kristall das Wetter in größerer Entfernung auch nicht beeinflussen. Dieses Portal befindet sich ebenso wie die Meere in der Obhut der universellen Engelin Joules.

Das sechste kosmische Portal befindet sich in Alaska. Es bewahrt große Mengen an Christus-Licht, der goldenen Energie der bedingungslosen Liebe. Die hochfrequente Energie, die von hier aus einströmt, wird großen Einfluss auf das ganze Land haben.

Außerdem ist Yellowstone ein riesiges Portal für die Natur und die Tiere, das 2032 vollständig offen und siebendimensional sein wird. Wenn es sich öffnet, wird es eine Energie ausstrahlen, die den Menschen hilft zu verstehen, dass sich Tiere auf ihrem eigenen Weg befinden. Haustiere und frei lebende Tiere werden die gelbe Energie aufnehmen und dadurch ihren Aufstiegsweg beschleunigen. Der Vulkan, der sich hier befindet, wird während der Übergangsphase nicht ausbrechen.

Ein weiteres großes Portal, das die Energie der Plejaden bewahrt und dem Kontinent und der Welt Heilung bringt, ist der Grand Canyon.

Eine Übung: Den Vereinigten Staaten Heilung schicken
1. Zünden Sie eine Kerze an und weihen Sie sie dem Präsidenten der Vereinigten Staaten. Stellen Sie sich vor, dass jeder, der dieses Amt bekleidet, mit dem Christus-Licht verbunden ist.
2. Stellen Sie sich vor, wie Maitreya, der Träger des Christus-Lichts, diese goldene Energie über Barack Obama und alle künftigen Präsidenten ausschüttet.
3. Stellen Sie sich vor, wie das Licht durch das Kronen-Chakra des Präsidenten eindringt und direkt in sein Herz strömt.
4. Bitten Sie die Einhörner um Hilfe und sehen Sie, wie sie den Präsidenten umringen und ihn mit Licht aus ihren Hörnern überschütten.
5. Stellen Sie sich vor, dass Erzengel Gabriel das Weiße Haus reinigt.
6. Bedanken Sie sich bei den Erzengeln für ihre Hilfe und öffnen Sie die Augen.

Kanada

Erzengel Michaels Refugium befindet sich in Banff am Lake Louise, von wo aus er die Energie Kanadas aufrechterhält, den Bewohnern Kraft und Mut verleiht und sie beschützt. Da Kanada nur sehr wenig Karma hat und sich hier viele alte Seelen inkarnieren, und da es über lange Zeit durch Schnee und Eis gereinigt wurde, wird die Übergangsphase relativ leicht sein. Kanadas Licht wird erstrahlen und seinem Nachbarn, den Vereinigten Staaten, helfen, den Aufstieg zu bewerkstelligen.

In Banff befindet sich auch ein kosmisches Portal, das sowohl seine Größe als auch seine Energie ständig verändert. Es erwachte 2012, und die Menschen sind jetzt bereit, seine Botschaft zu vernehmen. Erzengel Michaels Licht ist hier sehr stark, und eine ganz spezielle heilige Energie strömt durch dieses Portal und wird sich bald über die ganze Welt ausbreiten.

28 Russland und die Mongolei

In Russland und der Mongolei existieren sechs kosmische Portale, die das Christus-Licht ausstrahlen und sich zwischen 2010 und 2014 geöffnet haben.

Das erste Portal in der Mongolei strahlt eine besondere Energie für Tiere aus, die ihnen hilft, überall glücklich zu sein und sich sicher und geliebt zu fühlen. Wenn Sie sich ganz mit diesem Portal verbinden, werden Sie in der Lage sein, auf völlig neue Weise mit Tieren zu kommunizieren, sie zu verstehen und ihnen – und damit dem Planeten – zu helfen. Sie werden zudem bemerken, dass sich Ihr Herz-Chakra vollständig öffnet. In diesem Portal arbeiten die Engel mit ganz bestimmten Menschen, zum Beispiel mit Wissenschaftlern und Bauern, um ihnen zu helfen, die Welt auf fünfdimensionale Weise zu sehen. Dieses Portal hat sich 2012 geöffnet.

Das zweite Portal befindet sich in Omsk im Ural und öffnete sich ebenfalls 2012. Es ist außerordentlich machtvoll und strahlt eine besondere schwarze und orangene Farbe aus. Es reißt Grenzen nieder, wodurch sich manche Menschen sehr nackt vorkommen. Aber gleichzeitig strömen große Mengen an Liebe, Güte und Großzügigkeit von hier aus. Das ermöglicht es unseren Schutzengeln, in engeren Kontakt mit uns zu kommen.

Das dritte Portal befindet sich in Sibirien. Viele Wesen von anderen Planeten benutzen es, um uns zu besuchen. Wir können uns darauf einstimmen, um zwischen den Dimensionen hin und her zu reisen. Wenn wir uns mit seiner Energie verbinden, hilft es uns, in Träumen und Meditationen die Vergangenheit zu sehen, kurze Blicke auf die Zukunft zu werfen, die geistige Welt zu besuchen und die Gegenwart zu verstehen. Weil hier so große Aktivität herrscht, werden Sie automatisch beschützt, wenn Sie sich mit ihm verbinden. Schlussendlich wird es jeden Menschen beeinflussen. Es öffnete sich 2012.

Das vierte Portal im nordrussischen Agata, das sehr viel Christus-Licht enthält, hat sich erst 2014 vollständig geöffnet. Dieses Portal lehrt uns die Bedeutung von Familienzusammengehörigkeit und Disziplin und hilft uns, zu unseren Wurzeln zurückzukehren, als Team zu arbeiten, Teil eines größeren Ganzen zu sein und unsere Nächsten zu lieben und zu akzeptieren.

Das fünfte Portal, das sich ebenfalls 2014 öffnet, befindet sich im Vulkan Opala auf der Halbinsel Kamtschatka. Dies ist ein Portal des Lachens, des Gemeinschaftsgefühls und der Bodenständigkeit. Es erdet uns und hilft uns zu erkennen, wer wir wirklich sind. Zudem ermöglicht es uns zu erkennen, wer wir während unserer Seelenreise waren.

Das sechste Portal, das sich bereits 2010 öffnete, befindet sich am Berg Gora Chen in Sibirien. Es trägt das Licht der Engel in sich, und diese siebendimensionalen Wesen nehmen durch dieses Portal Kontakt zu uns auf.

Seine Energie sorgt dafür, dass sich unser Schicksal erfüllt und dass wir uns mit ihm auseinandersetzen. Menschen, deren Schwingungsfrequenz niedrig ist, weil sie aus diesem oder einem anderen Leben ungelöste Emotionen in sich tragen, werden es schwierig finden, mit diesem Portal in Kontakt zu kommen. Es kann sehr hilfreich sein, zuerst Opala aufzusuchen.

Die Öffnung dieser besonders wichtigen und anderer Portale wird zu einem gewaltigen spirituellen Erwachen der Menschen führen. Das Selbstvertrauen der Massen wird größer werden und mit ihm auch das Reichtumsbewusstsein. Dadurch werden sie Glück für ihr Land anziehen. Zurzeit haben sich die Herzen der Menschen, besonders die der Politiker, aus Angst vor dem Westen verschlossen. Sie müssen das Licht wiederfinden. Das wird 2032 geschehen, wenn genügend Menschen dafür beten.

Die neue Energie, die einströmt, wird viele Menschen für das Übersinnliche öffnen, sodass sie die Dinge auf andere Weise sehen und neue Hoffnung gewinnen werden. Das riesige Land wird sich in kleinere Gemeinschaften aufteilen, die harmonisch zusammenleben und in Frieden mit ihren Nachbarn leben.

Aufgrund der Schneeschmelze, aber auch aus anderen Gründen, wird es zu ausgedehnten Überschwemmungen kommen, wodurch das Beste in den Menschen hervorgebracht wird. Sie werden sich nach Kräften bemühen, ihren Landsleuten zu helfen, und auch Hilfe von außen annehmen. Dort, wo der Schnee schmilzt, ist das Land rein. Daher wird es hochfrequente Einwan-

derer anziehen, die dort fünfdimensionale Gemeinschaften gründen werden. Schließlich werden in Russland und der Mongolei Goldene Städte entstehen, und
die Menschen werden wieder lachen.

Eine Übung: Russland und der Mongolei Heilung senden

1. Setzen Sie sich an einen ruhigen Ort, an dem Sie nicht
gestört werden können.

2. Schließen Sie die Augen und entspannen Sie sich, indem
Sie sich auf den Atem konzentrieren.

3. Öffnen Sie Ihr Herz, bis Sie spüren, dass Liebe daraus
hervorströmt.

4. Senden Sie diese Liebe in irgendeinen Teil der Region.

5. Rufen Sie Erzengel Gabriel an und spüren Sie seine Gegenwart.

6. Stellen Sie sich schneeweiße Tropfen vor, die wie Schnee
auf die Region niederfallen, auf die Sie sich konzentrieren.
Das ist Erzengel Gabriels Energie, die die Region reinigt.

7. Stellen Sie sich vor, dass dieser weiße reinigende Schnee
auch auf Gebiete fällt, wo er noch nie vorher gesehen wurde,
und die Gegend reinigt und heller macht.

8. Danken Sie Erzengel Gabriel dafür, dass er Ihnen geholfen hat, die Region zu reinigen.

29 Australasien und der Pazifikraum

Dies ist eine der Regionen, die noch vor Atlantis maß-
geblich von den Lemurern während ihrer Zeit auf dem
Planeten beeinflusst wurde. Der universelle Engel Roquiel hat sein Refugium über Uluru, von wo aus er die
Energie Australiens bewahrt.

Australien

Die wirtschaftliche Situation in Australien und Neusee
land wird schwierig werden, aber nicht so problematisch
wie in Europa, Amerika, Russland oder China.

Uluru ist ein riesiges kosmisches Portal, das jetzt begonnen hat sich zu öffnen. Es verbindet uns mit dem
uralten Wissen der Aborigines, das nach und nach aus
diesem Portal ausströmt und den Menschen hilft, die
Wahrheit zu fühlen und zu erkennen. Die Engel arbeiten
mit den Geistern der Aborigines, um uns jeden Zweifel
und jede Unsicherheit zu nehmen, die wir möglicherweise spüren. Das Licht, das von hier ausgeht, wird dazu
beitragen, Verständnis und Liebe zur Natur und dem
Land zurückzubringen.

Zudem wird diese Region zum größten Zielportal für
Raumschiffe und Wesen aus anderen Teilen des Univer-

sums werden, wovon die gesamte Region außerordentlich profitieren wird. Viele Sternenkinder von anderen Planeten und aus anderen Universen, die um die Bedeutung intergalaktischen Reisens wissen, werden sich hier inkarnieren.

Mir wurde gesagt, dass die klimatischen Verhältnisse in Australien noch extremer werden, dass es zu Überschwemmungen nie gekannten Ausmaßes, zu Hitzewellen und Dürreperioden kommen wird, was dazu führt, dass weite Teile des Landes unbewohnbar werden. Teile Australiens werden einfach verschwinden. Unglücklicherweise hat sich dies bereits bewahrheitet, als ganze Städte an der Ostküste unter Wasser standen. Die Überschwemmungen in Queensland waren schrecklich, aber obwohl es im Verlauf der Übergangsphase zu weiteren Überschwemmungen kommen wird, wird keine so schlimm sein wie die von 2011.

Wenn sich die Schwingungsfrequenz des Planeten anhebt und den Wissenschaftlern gestattet wird, die Geheimnisse der Wetterkontrolle und der Erzeugung von Regen zu »entdecken«, werden bestimmte Regionen Australiens nicht nur bewohnbar, sondern sogar sehr angenehm und schön sein. Sobald die Welt einmal gelernt hat, wie man das Element Wasser hervorlocken und es dorthin bringen kann, wo es gebraucht wird, werden gewaltige Wiederaufforstungsaktionen unternommen werden. Nach 2027 wird sich Australien bis zur Unkenntlichkeit verändert haben.

Trotz der Art und Weise, wie die englischen Siedler die Aborigines behandelt haben, braucht das Land kein großes Karma aufzulösen. Das liegt zum Teil daran, wie die Aborigines das Land seit Jahrtausenden behandelt haben, wodurch sich hier viel positive Energie angesammelt hat.

Dank des Klimas haben die Bewohner Australiens einen großen Hang zu sportlichen und anderen Aktivitäten in der Natur. Wo aber der Fokus auf Gier, dem Anhäufen von Geld und Macht gelegen hat, wird die Erde gereinigt werden müssen. Das gilt natürlich für die ganze Welt.

Die Australier werden Technologien hervorbringen, die ihnen von Außerirdischen gebracht werden. In Übereinstimmung mit den fünfdimensionalen Prinzipien werden sie dieses Wissen freigebig mit der ganzen Welt teilen. Das wird einerseits auf telepathischem Weg geschehen, andererseits durch hoch entwickelte Computertechnologie, die wir uns gegenwärtig noch nicht einmal vorstellen können.

Wenn die Portale von Uluru und Hawaii, das den großen Kristall von Lemuria enthält, erwachen, werden sie Australien außerordentlich stark beeinflussen, seine Schwingungsfrequenz anheben und die Menschen sanftmütiger machen. Sie werden wieder mehr Kontakt zur Erde haben und sie heilen wollen.

Fidschi

Das Nabel-Chakra des Planeten befindet sich auf Fidschi. Es öffnet sich und strahlt eine fünfdimensionale Schwingung aus, die der Welt Freundschaft und Vertrauen schenkt. Von hier aus wird sich Harmonie über die ganze Welt verbreiten und ein Gefühl der Brüderlichkeit und Schwesterlichkeit und des gegenseitigen Respekts vor allen Kulturen fördern. Bis 2032 werden alle Menschen ihre Nächsten ehren.

Ein riesiges kosmisches Portal, welches das Christus-Licht und die Weisheit der Maori enthält, öffnete sich 2012. Nach dem Untergang ihres Kontinents kamen die Atlanter zuerst nach Fidschi, bevor sie nach Neuseeland weiterzogen. Dieses Portal bringt Energien ins Gleichgewicht, sodass nur das Beste in den Menschen hervorgebracht wird. Vergessene Erinnerungen werden zurückkehren und alte Bande zwischen Freunden und Familien werden wieder gefestigt – und zwar unabhängig davon, ob die Betreffenden auf körperlicher oder geistiger Ebene existieren. Die Menschen werden sich inspiriert und eins fühlen und wichtige Erkenntnisse gewinnen, wenn sie von diesem Portal beeinflusst werden.

Hawaii

Das Sakral-Chakra unseres Planeten befindet sich in Honolulu. Erzengel Gabriel sendet die fünfdimensionale blassrosa Energie der höheren Sexualität durch dieses Chakra. Das Licht, das von hier ausgeht, wird den Menschen überall auf der Welt helfen, ihre Schwingungsfrequenz von Lust und Bedürftigkeit zu Liebe und selbstbewusster Fürsorglichkeit anzuheben. Wenn sich das Verständnis und Gefühl für eine reine Sexualität von diesem Chakra aus über die ganze Welt verbreiten, werden sexuell übertragbare Krankheiten seltener werden und bis 2032 vollständig verschwinden. Das Wissen um die transzendente Sexualität wird zu uns zurückkehren.

Neuseeland

Neuseelands Energie ist ziemlich jungfräulich. Die Menschen werden anfangen zusammenzuarbeiten und gemeinsam für das Gemeinwohl zu wirken.

Die Region um den pazifischen Feuerring ist schon immer eine Erdbebenzone gewesen. Die Zerstörung des Geschäftszentrums von Christchurch im Jahr 2011, das direkt auf einer Bruchlinie liegt, sollte uns daran erinnern, aufzupassen, wo wir bauen und leben. Das Erdbeben sandte eine Warnung an alle, die auf Bruchlinien leben, und zeigte ihnen ihre Verletzlichkeit. Aber wie schon seit Anbeginn der Zeit fühlen sich bestimmte Seelen von Gefahren geradezu magisch angezogen, und das wird sich auch in Zukunft nicht ändern. Dieses Erdbeben machte den Menschen überall klar, dass der beste Weg, die Sicherheit einer Region zu gewährleisten, darin besteht, in der fünften Dimension zu leben und zu arbeiten.

Es wird auch weiterhin entlang der Verwerfungszonen zu Erdbeben kommen. Das liegt daran, dass sich das Land des alten Lemuria innerhalb des pazifischen Feuerrings im Verlauf von einigen Tausend Jahren wieder erheben wird, was natürlich Auswirkungen auf Neu-

seeland haben wird. Das wird zwar eine gewisse Herausforderung darstellen, aber dennoch wird das Land eine
relativ leichte Übergansphase erleben. Die Gebiete, die
nicht in der Nähe von Bruchlinien liegen, werden sicher
sein.

Nach dem Untergang von Atlantis zog einer der zwölf
Stämme unter Führung der Hohepriesterin Hera zu den
Pazifikinseln und dann weiter nach Neuseeland. Aus ihnen gingen die Maori hervor, die nicht nur mystisches
und schamanisches, sondern auch einzigartiges land-
wirtschaftliches Wissen besaßen. Dieses Wissen wird
nun bald ins Bewusstsein der Menschen zurückkehren
und ihnen in der Zukunft helfen.

Wenn mehr Menschen übersinnliche Fähigkeiten
entwickeln, werden sie erkennen, dass das Land bereits
jetzt ein Landeplatz für Lichtraumschiffe ist, besonders
für jene, die unter dem Kommando von Kommandant
Aschtar stehen. Sie werden die Anwesenheit von Lichtwesen von anderen Planeten begrüßen und die Hilfe,
die sie uns anbieten, dankbar annehmen. Als Folge dieser außerirdischen Hilfe wird Neuseeland aufblühen
und der Welt ein Beispiel sein, besonders nach der Reinigungsphase, während der der Ausbruch eines Super-
vulkans vorhergesagt wird.

Die Pazifischen Inseln

Fidschi und Hawaii sind die spirituellen Nabel- und Sa-
kral-Chakras des Planeten. Da sie sich in der Obhut von

Erzengel Gabriel befinden, strahlen diese Inseln eine solche Sinnlichkeit, Warmherzigkeit und Gastfreundschaft aus. Beide fünfdimensionale Chakras haben 2012 begonnen sich zu öffnen.

Da die planetarischen Chakras des Pazifiks mit unserem Planeten Erde verbunden sind, wird sich die unglaubliche Weisheit aller alten Zivilisationen, Portale, Reiche und Goldenen Zeitalter von hier aus ausbreiten. Als sich das kosmische Portal von Fidschi 2012 öffnete, begann der gesamte Pazifische Ozean reine Liebe auszustrahlen und über die ganze Welt zu verbreiten.

Das kosmische Portal von Mu, das sich ebenfalls im Pazifik befindet, begann sich 2012 zu öffnen. Es erweckte die verborgene Weisheit der alten Zivilisation von Mu, die ein Goldenes Zeitalter noch vor Atlantis und Lemuria war. Diese Energie wird Menschen helfen, sich selbst zu akzeptieren und inneren Frieden zu finden, damit sie das Alte für immer hinter sich lassen können. Dann können sie wirklich spüren, wer sie sind, wodurch sie sich weiterentwickeln werden. Dieses Portal ist voller heilender Energie, die dazu beitragen wird, das Wetter in dieser Region zu beruhigen.

Eine Visualisierungsübung: Delfine

1. Suchen Sie sich einen ruhigen Ort, an dem Sie niemand stören wird.
2. Bitten Sie einen Delfin, zu Ihnen zu kommen. Verbringen Sie einige Augenblicke mit ihm und spüren Sie seine Liebe und Weisheit.

3. Stellen Sie sich riesige Säulen goldenen Lichts vor, die von Hawaii und Fidschi aufsteigen und dann wie eine Fontäne über dem Pazifik niederfallen.

4. Nehmen Sie die Tausende Delfine wahr, die dieses goldene Licht in alle Meere der Welt tragen.

5. Wenn alle Meere von diesem goldenen Licht erfüllt sind, sehen Sie, wie es sich wie ein Nebel erhebt und sich über die Kontinente verbreitet.

6. Konzentrieren Sie sich auf die Auflösung von Grenzen und sehen Sie, wie die Menschen einander willkommen heißen und sich umarmen.

7. Danken Sie den Delfinen für ihre Energie und öffnen Sie die Augen.

30 Die Arktis und die Antarktis

Die Arktis

Das planetarische Sternentor befindet sich in der schneebedeckten Arktis, die seit Jahrhunderten darauf vorbereitet wurde, diese hohe Frequenz zu halten. Die Arktis ist mit einem Energiehaufen in den Plejaden verbunden, der wiederum mit einem Wurmloch verbunden ist, das direkt zum göttlichen Quell führt. Das Sternentor befindet sich in der Obhut von Erzengel Metatron.

Das kosmische Portal am Nordpol beginnt sich nun zu öffnen. Das höchste und reinste Licht, das mehr Christus-Licht enthält als jedes andere kosmische Portal, strömt hier ein. Es ist extrem expansiv und so gewaltig, dass es die ganze Welt beeinflussen wird.

Alle möglichen Energieformen verschmelzen hier und arbeiten harmonisch und auf positive Weise zusammen. Wenn Sie dieses Portal aufsuchen, wird es alle niederen und schädlichen Schwingungen absorbieren und auflösen – falls dies im Interesse Ihres höchsten Wohles ist.

Das kosmische Portal der Arktis in Alaska, das uns mit der Weisheit der Inuit verbindet, öffnete sich ebenfalls 2012. Dieses Portal hilft, die Worte der Engel zu materialisieren. Es besitzt eine reinigende Energie, und die Elementarwesen arbeiten mit seinem Licht. Besonders aktiv sind die Esaks, deren Aufgabe darin besteht, die Negativität vom Planeten zu entfernen. Wenn Sie sich mit diesem Portal verbinden, stellt es für Sie den Kontakt zu anderen Welten her, damit diese mit Ihnen kommunizieren und Ihnen helfen können. Dies ist ein besonders magischer Ort, der keinerlei Einfluss auf das Klima hat.

Die Region ist seit Langem von Schnee und Eis bedeckt und daher gründlich gereinigt. Die hier lebenden Inuit stammen aus dem Goldenen Atlantis und bewahren die Weisheit ihres Stammes aus jener Zeit. Da Alaska eine so hochfrequente Region ist, wird es hoch entwickelte Menschen anziehen, die hierher ziehen, wenn es schließlich bewohnbar sein wird, damit sie den Bauplan einer fünfdimensionalen Welt entwickeln können.

Die Antarktis

Die Antarktis ist vollkommen rein, und ihre Energie hilft den Tieren der Welt, sich besser an die bevorstehenden Veränderungen anzupassen. Das hier befindliche kosmische Portal steht in Verbindung mit dem in Yorkshire in England, das großen Einfluss auf die kommenden Veränderungen hat.

Erzengel Sandalphon arbeitet mit dem Portal der Antarktis, um Ruhe und Gelassenheit auf der Erde zu verbreiten. Das geschieht bereits. Dieses kosmische Portal ist mit dem Weltraum und anderen Portalen verbunden, die sich außerhalb unseres Sonnensystems befinden. Daher werden wir von dort Hilfe erhalten, und die Weisheit, die wir von dort empfangen, wird sich von der Antarktis aus über die ganze Welt verbreiten. Die Erde selbst profitiert davon, dass sie sich der Energie anderer Planeten öffnet, die durch dieses Portal einströmt. Schlussendlich wird uns diese Energie erleuchten und es uns ermöglichen, klarer zu sehen.

Das kosmische Portal am Südpol öffnete sich 2012 und es ist sehr lebendig. Es energetisiert Menschen und Tiere und bringt uns Kreativität, Licht und Lachen. Wenn Sie sich mit ihm verbinden, werden Sie in der Lage sein, Ihre Angehörigen im Geiste und die gesamte geistige Welt viel klarer zu spüren. Wenn Sie sich richtig auf dieses Portal einstimmen, werden Sie von Glückseligkeit erfüllt. Sobald auch alle anderen Portale offen und aktiv sind, wird es den Planeten reinigen und unser Bewusstsein erweitern.

Teil IV

2032 und die Zeit danach

31 Die Technologie des Jahres 2032

Viele Menschen fragen mich, ob es 2032 noch Mobiltelefone oder Fernseher geben wird. Was wird mit dem Internet geschehen? Wird es noch Autos geben?

Im Jahr 2032 werden die meisten Menschen ihre zwölf Chakras aktiviert und sich spirituell wie medial den genetisch in ihnen angelegten Gaben geöffnet haben. Die Menschen werden im Allgemeinen auf telepathischem Wege miteinander kommunizieren oder zumindest so sehr aufeinander eingestimmt sein, dass nur noch sehr wenige Telefone nötig sein werden. Es wird allerdings immer noch einige Menschen geben, die per Telefon kommunizieren. Noch wichtiger ist allerdings, dass sie dafür immer noch dieselben Frequenzbereiche nützen, die den Bienen, Delfinen und Walen so sehr schaden. Aber dies wird nicht mehr so verbreitet sein, denn es wird ein größeres Verständnis für den Schaden geben, der durch bestimmte Frequenzbereiche angerichtet wird.

Werden wir noch Fernseher haben? Möglicherweise auf dem Dachboden oder in irgendeinem Schuppen. Die Technologie wird sich weiterentwickelt haben und niemand wird mehr ein Fernsehgerät wollen. Wir möchten ja auch nicht mehr zum Grammophon zurückkehren.

Das Internet wird es noch geben, aber es wird weitaus komplexer sein als das heutige, da es auf spirituellen Technologien basieren wird, die mit denen des Goldenen Atlantis zu vergleichen sind. Es werden viel höhere Frequenzbereiche genutzt und nur noch inspirierende, positive Inhalte verbreitet werden. Da der größte Teil der Bevölkerung fünfdimensional sein wird, haben die meisten Menschen kein Interesse mehr an Inhalten, wie sie zurzeit verbreitet werden.

Spirituelle Technologien

Einerseits wird das Leben sehr einfach und natürlich sein, andererseits werden wir über unglaubliche spirituelle Technologien verfügen, die unser Vorstellungsvermögen im Augenblick noch weit übersteigen. Alles wird eine weitaus höhere Frequenz haben, die wir uns nicht vorstellen können.

Die Engel versprachen vor langer Zeit, dass sie sich den Menschen sichtbar machen würden. Sie taten dies, indem sie aufgeschlossene Wissenschaftler dazu inspirierten, Digitalkameras in einem Frequenzbereich zu entwickeln, mit dem die geistige Welt arbeiten kann. So wurden die Engel in die Lage versetzt, ihre Schwingungsfrequenz so weit abzusenken, dass ihre Lichtkörper auf Fotos sichtbar wurden. Das Ergebnis waren die Orbs, die weltweit so viel Aufsehen erregt haben, als sich die Menschen bewusst wurden, dass es sich um Fotos der Engel handelte. Auf dieselbe Weise werden weitere

Wissenschaftler bewusst oder unbewusst Informationen aus der geistigen Welt herunterladen und sie zum Wohle der ganzen Menschheit umsetzen.

Die Quantenphysik lehrt uns, dass die Gedanken des Beobachters den Ausgang eines Experiments beeinflussen, aber das ist nur die Spitze des Eisbergs. Schon bald werden die Physiker erkennen, dass konzentrierte Gedanken materielle Objekte hervorbringen können, besonders wenn eine Gruppe von Menschen, die in der Gedankenkontrolle geschult sind, effizient zusammenarbeitet. Wenn die fünfdimensionalen Menschen ihren höheren Geist entwickeln und sich darauf konzentrieren, etwas zum Wohle der Gemeinschaft zu erschaffen, wird es einen exponentiellen Wandel im Verständnis und Gebrauch unserer Macht geben. Wenn wir uns unserem vollen übersinnlichen Potenzial öffnen, werden wir außerordentliche und sehr nützliche Dinge erschaffen.

Die Kristalltechnologie wird sich über den Gebrauch von Siliziumchips in Computern hinausentwickelt haben, und Kristalle werden wieder programmiert werden, um der Menschheit zu helfen.

Laser werden eingesetzt werden, um Knochen wieder zusammenzufügen. Wir werden in der Lage sein, Wirbelsäulenverletzungen mit Lasern, Gedankenkontrolle und Intention zu heilen. Die neue Medizin wird sich damit befassen, die Chakras mithilfe von Klang und Licht ins Gleichgewicht zu bringen. Kräuter und natürliche Substanzten werden allen helfen, den optimalen Energiefluss im Körper aufrechtzuerhalten. Heiler werden die Kraft ihres Geistes einsetzen, um die Person, die ihrer Aufmerksamkeit bedarf, in das Licht der göttlichen Vollkommenheit zu heben, sodass vollkommene Gesundheit aufrechterhalten werden kann.

Alles wird biologisch abbaubar sei. Fahrzeuge werden aus pflanzlichen Materialien hergestellt und mit Pflanzenölen oder Wasser betrieben werden. Pflanzen werden zu elastischen, haltbaren und ökologischen Materialien verarbeitet werden und die aus Öl und Metallen hergestellten Materialien ersetzen.

Raumschiffe

Dank der neuen Technologien und den neuen Materialien werden die Menschen wieder den Weltraum erforschen. Größere Forschungsunternehmungen werden aber erst dann erlaubt sein, wenn Frieden herrscht und internationale Zusammenarbeit selbstverständlich ist. Dann werden die Projekte auch Erfolg haben, da die Absicht eine andere ist als heute. Die Energie des Eroberers wird sich in etwas verwandeln, das viel demütiger und ehrfürchtiger ist. Wenn die Menschen vom Wunsch angetrieben werden, Gottes Schöpfung zu erforschen und liebevoll in Kontakt mit anderen Sternensystemen zu treten, werden die geistigen Welten harmonisch mit unseren Wissenschaftlern zusammenarbeiten.

Beleuchtung und Heizung

Für beides werden Sonnenlicht oder andere natürliche Energiequellen verwendet werden, die man in kompakten Batterien speichert. Die Menschen werden zudem in der Lage sein, wie zu den Zeiten des Goldenen Atlantis Kristalle aufzuladen.

Es existiert ein göttliches Paradoxon bezüglich der Technologie des neuen Goldenen Zeitalters. Obwohl der technologische Fortschritt bedeutet, dass wir immer mehr erstaunliche Dinge tun können, werden sich immer mehr Menschen liebevoll der Erde zuwenden. Gärtnern, wandern, bergsteigen, Fahrrad fahren und sportliche Aktivitäten aller Art in der Natur werden beliebter sein als je zuvor.

Kleidung

Es werden neue Materialien entdeckt werden, die nicht nur leicht und atmungsaktiv sind, sondern auch den Wärmehaushalt regulieren. Überall auf der Welt werden sich die Menschen dafür entscheiden, schlichte, eng anliegende Ganzkörperanzüge zu tragen, die sommer- wie wintertauglich sind. Sie sind angenehm auf der Haut und können beidseitig getragen werden.

Aber es wird viele Frauen geben, besonders solche, die seit Jahren unterdrückt wurden, die ihre Weiblichkeit darin zum Ausdruck bringen, dass sie extravagante farbenprächtige Kleider tragen. Auch Männer werden in

Bezug auf ihre Kleidung mehr Freiheit genießen. Aber Mode wird nicht mehr von Bedeutung sein.

Da es kein Ego und keine Konkurrenz mehr geben wird, können alle ihre wahre Essenz auf die von ihnen gewünschte Weise zum Ausdruck bringen.

Eine Visualisierungsübung: Kreativität
Hilarion, der Meister des fünften, orangefarbenen Strahls, bringt uns die neue Wissenschaft und hilft uns neue Technologien zu entwickeln. Er flüstert den Erfindern ins Ohr und inspiriert sie so, Dinge zu entwickeln, die der Menschheit helfen. Millionen Engel arbeiten mit ihm.

1. Setzen Sie sich an einen Ort, wo Sie nicht gestört werden.

2. Stellen Sie sich eine Welt vor, in der wir von einer unglaublich inspirierenden spirituellen Technologie unterstützt werden, zum Beispiel einem spirituellen Internet oder freier Energie, die es uns ermöglicht zu fliegen. Lassen Sie Ihrer Fantasie freien Lauf.

3. Stellen Sie sich vor, Sie würden eine orangefarbene Lichtkugel in den Händen halten. Mit jedem neuen Gedanken wird sie größer und größer.

4. Stellen Sie sich vor, die Engel würden die orangefarbene Energie, die Sie gerade erschaffen haben, aufnehmen.

5. Sie benutzen diese Energie, um Wissenschaftlern, Erfindern, Physikern, Tierärzten, Ärzten und anderen etwas zuzuflüstern und ihren Geist für neue Möglichkeiten zu öffnen.

6. Nehmen Sie ihren Dank an, weil Sie geholfen haben, eine wunderschöne Zukunft mit zu erschaffen.

7. Öffnen Sie die Augen.

32 Führung und Führerschaft

Es heißt, jedes Land habe die Führer, die es verdiene. Das Gesetz der Anziehung besagt, dass wir das anziehen, was unser inneres Wesen widerspiegelt. Dreidimensionale Menschen stimmten für Führer von minderer Qualität.

Seit Jahrhunderten wird die Politik von Männern dominiert. Auf der negativen Seite finden sich folgende Eigenschaften: kontrollierend, logisch, gefühllos, autoritär, polarisierend und kurzfristig denkend und handelnd. Auf der positiven Seite finden sich Eigenschaften wie: logisch, wohlüberlegend, sachkundig und im Interesse des Wandels und des Fortschritts handelnd.

2008 und 2009 kam wie vom Maya-Kalender vorhergesagt eine neue Energie auf den Planeten. Sie brachte Hinterlist, Betrug und Missbrauch ans Tageslicht, damit diese negativen Energien offengelegt und aufgelöst werden.

2008 kam zudem der silberne Strahl des göttlich Weiblichen zum ersten Mal seit den Zeiten von Atlantis auf den Planeten. Er hat sich mit allen aufgestiegenen Meistern und Engeln vereinigt und fängt nun an, die Menschheit zu berühren. Der silberne Strahl bringt jene weiblichen Eigenschaften hervor, die traditionell als Domäne der Frauen betrachtet werden: Zusammenarbeit, Unterstützung, Arbeit für das Gemein- statt das Individualwohl, für die Bedürftigen einstehen, die eigene Wahrheit sprechen, zuhören, statt anderen die eigene Meinung aufzuzwingen. Bereits jetzt beeinflussen diese Eigenschaften alle Menschen auf subtile Weise.

Da der silberne Strahl eine sehr hohe Schwingungsfrequenz hat, werden diejenigen, die an der Macht sind und mit seiner Energie nicht umgehen können, ihre Posten aufgeben. Die Bürger fühlen es bereits und erwarten von ihren Führern, dass sie mehr Integrität und Ehrlichkeit an den Tag legen und höhere moralische Standards einhalten. Der Strahl löst das alte männliche Paradigma auf und berührt das Bewusstsein der Menschen mit dem neuen.

Die Macht liegt immer beim Volk. In der dreidimensionalen Welt haben wir sie an Politiker und Großkonzerne abgegeben. Um in das neue Zeitalter eintreten zu können, müssen wir sie uns zurücknehmen. Wenn sich genug Menschen auf die höhere Wahrheit einstimmen, wird sich der Wandel wie ein sanfter Frühlingshauch vollziehen.

Die Übergangsjahre

Das Licht, das 2012 auf die Erde kam, hob das Selbstbewusstsein und das Selbstwertgefühl vieler Menschen an. Wenn sich das Bewusstseinsniveau weiter erhöht, werden die Menschen anfangen, sich selbst zu lieben, und ihre göttliche Essenz zu erkennen. Sie werden ihre innere Persönlichkeit integrieren und auf integre, ehrliche Weise handeln. Dann werden sie sich in Bezug auf sich selbst gut fühlen, sich öffnen und andere ebenfalls ermächtigen.

Wenn Sie sich lieben und vertrauen, suchen Sie Autorität und Führung nicht außerhalb Ihrer selbst. Sie verlassen sich nur auf Ihre eigene innere Weisheit.

Während der zwanzigjährigen Übergangsphase zwischen 2012 und 2032 wird es eine gewaltige Veränderung in der Art und Weise geben, wie bestimmte Kulturen sich selbst und den Rest der Welt wahrnehmen. In den schweren Zeiten der Reinigung und klimatischen Veränderungen werden Menschen aus verschiedenen Nationen zusammenarbeiten und einander unterstützen. Das wird ein dauerhaftes Gefühl des Wohlwollens gegenüber den anderen hinterlassen und das Verständnis, dass wir alle gleich sind, dass wir alle eins sind. Wir werden uns nicht länger durch die Augen der Angst, des Misstrauens und der Verurteilung ansehen, sondern immer mehr durch die Augen der Liebe, des Vertrauens und der Akzeptanz.

Die Menschen werden erstaunt auf die Zeiten der politischen Kontroversen, Einschüchterungstaktiken und Diktaturen zurückblicken. Der bloße Gedanke, eine andere Seele besitzen oder versklaven zu wollen, wird unvorstellbar sein. Aber in einigen traditionell patriarchalischen Gesellschaften und in solchen mit sehr dogmatischen Ansichten kann es Widerstände geben, die auf Angst vor Kontrollverlust beruhen und uns alle zurückhalten.

Wenn Sie sich gegen etwas wehren, konzentrieren Sie sich auf das, was Sie nicht wollen. Der Weg in die Zukunft liegt darin, sich auf das zu konzentrieren, was dem Gemeinwohl dient. Jeder Mensch, der bereit ist, für Gleichheit, Gerechtigkeit und Ermächtigung einzutreten, kann dies unterstützen, indem er sich das Neue vorstellt und die silberne Flamme anruft.

Meine Großmutter, eine sehr spezielle, warmherzige Dame, hatte in ihrem Gästezimmer eine kleine Tafel, auf der stand: »Willkommen, Gast. Wir fragen nicht, wer du bist. Bist du ein Freund, heißen wir dich mit Herz und Hand willkommen. Bist du ein Fremder, wirst du es nicht lange sein. Bist du ein Feind, wird unsere Liebe dich besiegen.«

Für mich fasst dies zusammen, wie Familien und Länder sich einander gegenüber verhalten sollten, während die Übergangsphase voranschreitet.

Schon bald werden ehrbare Menschen hervortreten, die die Welt während der Übergangsphase inspirieren werden. Während dieser Zeit werden Ehrlichkeit, Integrität, Offenheit und die Fähigkeit, andere zu ermächtigen, zunehmend respektiert werden.

2032

Bis 2032 werden so viele Menschen die Energiefelder der anderen sehen oder spüren, dass nichts mehr verborgen bleiben kann. Alles wird offenbart werden.

Die alten Seelen, die bis 2032 geboren werden, werden zurzeit darauf vorbereitet, stark, weise, fürsorglich, kooperativ und erleuchtet zu sein, damit sie ehrenhaft für das höchste Wohl aller arbeiten können.

Das gesellschaftliche Leben wird sich so stark von unserem gegenwärtigen politischen Paradigma unterscheiden, dass es mit unserem jetzigen Bewusstseinsniveau nahezu unvorstellbar ist. Ursprünglich hatte ich dieses Kapitel »Führung und Regierung« genannt, aber Kumeka bat mich, das Wort »Regierung« wieder zu entfernen, da es Kontrolle impliziert, die es 2032 nicht mehr geben wird. Es wird keine Hierarchien und keine Führer mehr geben. Alle werden im Interesse des Gemeinwohls zusammenarbeiten, woraus sich automatisch bestimmte Entscheidungen ergeben.

2032 werden die Menschen überwiegend eine fünfdimensionale Schwingung haben und erkennen, dass es »sie« und »wir« nicht gibt, sondern nur »wir«. Auf allen Kontinenten werden die Gemeinschaften gastfreundlich sein und einander unterstützen. Als Welt werden wir Technologien und neue Ideen miteinander teilen. Überall werden die Menschen im Interesse des Gemeinwohls arbeiten und gemeinsam eine neue Welt erschaffen.

Die Menschen werden innerhalb von Gemeinden, Ländern und der ganzen Welt Mitschöpfer miteinander und mit dem Göttlichen werden. Alle Entscheidungen werden im Interesse des höchsten Wohles aller getroffen.

Eine Übung: Zusammenarbeit einüben

Damit wir uns in Übereinstimmung mit den neuen höheren Energien bringen können, müssen wir üben, diese Eigenschaften zu verkörpern.

Üben Sie also Zusammenarbeit ein.

Erschaffen Sie gemeinsam mit anderen etwas, ganz gleich, wie klein es auch sein mag.

Treffen Sie erleuchtete Entscheidungen. Immer wenn Sie das tun, wird die Möglichkeit einer neuen Welt für alle etwas realer.

33 Das Leben in der fünften Dimension

Diejenigen, die dazu bereit sind, können seit 2012 mehr Licht in sich tragen. Das ist nötig, um den Massen zu helfen, denn Mutter Erde wird den Planeten weiterhin läutern. Viele werden sich vor den Veränderungen fürchten, und es werden Lichtarbeiter gebraucht, die bereit sind, als Leuchtfeuer und Lehrer zu wirken. Für jene, die bereit sind, gibt es viel zu tun, und es stehen ihnen viele Chancen zur Verfügung, um spirituell schneller zu wachsen.

In der fünften Dimension werden unsere Chakras in hellem Licht erstrahlen.

Wie wir in der fünften Dimension leben

Behandle andere so, wie du von ihnen behandelt werden möchtest

Wenn wir in der fünften Dimension leben wollen, müssen wir zuerst lernen, andere so zu behandeln, wie wir von ihnen behandelt werden möchten. Denken Sie stets daran, wie sich die anderen fühlen und wie sie behandelt werden möchten. Wenn Sie sehen, dass jemand sehr zurückhaltend ist, weil er schüchtern ist, integrieren Sie ihn behutsam in die Gruppe. Wenn Sie ein verlorenes oder von Schmerz erfülltes Geschöpf sehen, helfen Sie ihm.

Es ist aber nicht angebracht, den Retter zu spielen und anderen nur zu helfen, um die eigene Bedürftigkeit zu überspielen und sich besser zu fühlen. Das sind Aspekte der dritten Dimension. In der fünften Dimension reagieren Sie auf die Bedürfnisse anderer, ohne Eigeninteressen zu verfolgen. Das Universum wird Sie zehnfach dafür belohnen.

Tun Sie Dinge, die Ihrem höchsten Wohl dienen

Wenn etwas nicht Ihrem höchsten Wohl dient, dient es auch nicht dem höchsten Wohl anderer. Das gilt auch umgekehrt. Wenn es jemand anderem nichts nützt, wird es auch Ihrer Seele nichts nützen. Denken Sie bei all Ihren Handlungen an diesen Grundsatz.

Bewahren Sie sich ein offenes Herz

Handeln Sie stets mit Güte und aus Liebe. Wenn jemand Sie unfreundlich behandelt oder verletzt, segnen Sie den Betreffenden.

Legen Sie Prioritäten fest, damit Sie mehr Freizeit haben

Sie können nicht arbeiten, arbeiten, arbeiten und gleichzeitig die Schwingung der fünften Dimension aufrechterhalten. Gönnen Sie sich eine Auszeit, entspannen Sie sich, meditieren Sie und freuen Sie sich des Lebens.

Nehmen Sie die Dinge leicht, damit Sie lachen können

Achten Sie auf Ihre Einstellung. Nehmen Sie die Dinge leicht. Reagieren Sie mit einem Lachen. Sie werden glücklicher sein und die Menschen um Sie herum ebenfalls.

Umgeben Sie sich mit hochfrequenten Menschen

Entscheiden Sie sich bewusst, wer Ihre Schwingung anhebt und wer sie senkt. Selbst wenn das bedeutet, dass Sie eine Zeit lang allein sind oder weniger Freunde haben, bis Sie neue angezogen haben, ist es doch eine Entscheidung, die Sie treffen müssen.

Halten Sie in Ihrem Heim eine fünfdimensionale Schwingung aufrecht

Gestalten Sie Ihr Heim und Ihre Familie so harmonisch wie möglich. Das bedeutet aber nicht, dass Sie zum Fußabtreter werden sollen, um Menschen glücklich zu machen. Dazu gehören Stärke, Meisterschaft und die Fähigkeit, die Schwingung Ihrer Familienangehörigen anzuheben. Ihr Heim soll ein sauberer, fröhlicher und sicherer Rückzugsort sein. Blumen, schöne Musik und Farben tragen dazu bei.

Strahlen Sie eine Schwingung aus, welche die Arbeit anzieht, die Sie befriedigt

In dieser höheren Dimension erlangen Sie Meisterschaft über Ihr Leben und Ihre Energiefelder. Richten Sie Ihre Schwingung auf eine Arbeit aus, die Ihrem Charakter entspricht und Ihre Seele tief erfüllt. Die Informationen und Übungen im Kapitel über »Reichtum und Manifestation« könnten Ihnen dabei helfen.

Leben Sie im Reichtumsbewusstsein

Achten Sie auf Ihre Gedanken und Worte. Sorgen Sie dafür, dass sich alle Ihre Gedanken und Aussagen im Einklang mit Ihrem höchsten Potenzial befinden. Zerstören Sie Ihre Vision nicht durch Zweifel, Ängste und Armutsbewusstsein. Seien Sie großzügig.

Leben Sie als Meister

Handeln Sie stets mit Integrität, Ehre und Verantwortung.

Verbinden Sie sich ständig mit Ihrem Erdstern-Chakra

Ihr Erdstern-Chakra, etwa dreißig Zentimeter unter Ihren Füßen, ist Ihr spirituelles Fundament. Ist es nicht erwacht, offen und aktiv, können Sie nicht aufsteigen. Sie sind wie ein hohes Gebäude: Je stabiler Ihr Fundament, desto höher können Sie bauen. Die Samen Ihres Potenzials werden hier von Erzengel Sandalphon genährt. Wenn Sie Ihre höchste Bestimmung erfüllen wollen, müssen Sie sich unbedingt mit diesem Chakra verbinden.

Dafür ist jede Aktivität, bei der Sie in Kontakt mit der Erde kommen, geeignet. Spazieren gehen, klettern, beim Picknick auf der Wiese spielen, barfuß im Gras stehen, Blumen und Gemüse anpflanzen: Das sind alles Aktivitäten, die Ihnen helfen, in Kontakt mit Ihrem Erd-stern-Chakra zu sein. Wann immer möglich, sollten Sie nicht auf Asphalt, sondern auf der Erde gehen.

Gehen Sie eine symbiotische Beziehung zu Pflanzen, Bäumen und der Natur ein

Wenn Sie einen Baum umarmen, können Sie sich sei-nem Wissen und seiner Weisheit öffnen. Gleichzeitig helfen Ihnen seine Wurzeln, sich tiefer in Ihrem Erd-stern-Chakra zu verankern. Der Aufenthalt in der Natur hilft Ihnen, ausgeglichen und in Harmonie zu sein und eine fünfdimensionale Schwingung aufrechtzuerhalten.

Wandeln Sie mit den Elementarwesen, den Engeln und der geistigen Welt

Als fünfdimensionales Wesen sind Sie sich automatisch der geistigen Dimensionen bewusst. Gehen Sie einen Schritt weiter und wandeln Sie im Alltag Hand in Hand mit den Engeln. Nehmen Sie wahr, wie viel Arbeit die Elementarwesen um Sie herum leisten, und seien Sie offen für jene Geistbesucher, die zwar bereits durch den

Schleier gegangen, aber noch an die Erde gebunden
sind.

Hören Sie auf die göttlichen Inspirationen

Halten Sie Ausschau nach Zeichen und hören Sie immer auf die Inspirationen des Göttlichen. Das ist Teil der
fünfdimensionalen Ausrichtung.

Essen Sie geeignete Nahrung

Essen Sie leichte Kost, die eine so hohe Schwingung hat,
dass sie Ihrer entspricht. Fünfdimensionale Nahrungsmittel werden biologisch angebaut. Essen Sie so viel grünes Gemüse, Früchte und Nüsse wie möglich und ernähren Sie sich möglichst ausgewogen. Segnen Sie Ihr
Essen, bevor Sie es verzehren. Denken Sie daran, dass
Sie möglicherweise auch einmal schwerere Nahrung
brauchen, um geerdet zu bleiben. Respektieren Sie das.
Sie können nicht in der fünften Dimension sein, wenn
Sie herumschweben wie ein Luftballon. Es muss ein
Gleichgewicht geben.

Haben Sie allen Dingen gegenüber
eine spirituelle Einstellung

Bemühen Sie sich in allen Situationen und bei allen
Menschen stets um die höchste Sichtweise. Segnen Sie
alles, was eine niedere Schwingungsfrequenz hat und
ziehen Sie es auf ein höheres Niveau.

Strahlen Sie Weisheit vom Solarplexus aus

Ihr Solarplexus ist eine gewaltige psychische Pumpe, die in der dritten Dimension nach Gefahren Ausschau hält, damit Sie diese vermeiden können. Auf der höheren Ebene reichen seine Fühler in die Energiefelder von Erzengel Uriel hinein, dem Erzengel, der sich um die Entwicklung des Solarplexus kümmert. Vertrauen Sie darauf, dass er für Ihre Sicherheit sorgt. Dann können Sie Ihre eigene Weisheit ausdrücken und die Ängste anderer besänftigen. Es ist sehr hilfreich, dies zu visualisieren, wenn Sie in der Natur sind.

Arbeiten Sie mit allen zwölf Chakras

Stimmen und energetisieren Sie häufig Ihre zwölf Chakras. Sie können dies jederzeit tun: wenn Sie still dasitzen, in der Natur spazieren gehen, auf jemanden warten, Hausarbeit verrichten oder als Beifahrer mit dem Auto oder dem öffentlichen Verkehr unterwegs sind.

Dies ist keine Meditation und wird mit offenen Augen gemacht. Sie müssen sich lediglich einen Augenblick auf jedes Chakra konzentrieren und die entsprechenden Engel darum bitten, sie so zu stimmen, dass die Energie des göttlichen Quells durch sie zu Ihnen strömt. Tun Sie das im Stillen und für jedes einzelne Chakra.

Erzengel Sandalphon: Bitte öffne mein Erdstern-Chakra und richte es aus.

Erzengel Gabriel: Bitte öffne mein Basis-Chakra und richte es aus.

Erzengel Gabriel: Bitte öffne mein Sakral-Chakra und richte es aus.

Erzengel Gabriel: Bitte öffne mein Nabel-Chakra und richte es aus.

Erzengel Uriel: Bitte öffne mein Solarplexus-Chakra und richte es aus.

Erzengel Chamuel: Bitte öffne mein Herz-Chakra und richte es aus.

Erzengel Michael: Bitte öffne mein Hals-Chakra und richte es aus.

Erzengel Raphael: Bitte öffne mein Drittes-Auge-Chakra und richte es aus.

Erzengel Jophiel: Bitte öffne mein Kronen-Chakra und richte es aus.

Erzengel Christiel: Bitte öffne mein Kausal-Chakra und richte es aus.

Erzengel Zadkiel und Mariel: Bitte öffnet mein Seelenstern-Chakra und richtet es aus.

Erzengel Metatron: Bitte öffne mein Sternentor-Chakra und richte es aus.

Eine sehr wirkungsvolle Alternative besteht darin, sich die Orbs der für die jeweiligen Chakras zuständigen Erzengel anzuschauen. Das wird das Licht in Ihnen entfachen. Fotos der Orbs finden Sie in meinem Buch *Ascension Through Orbs*[6], das ich gemeinsam mit Kathy Crosswell geschrieben habe.

---

6 Deutsch: Diana Cooper und Kathy Crosswell: *Orbs. Wegbereiter für den Aufstieg ins Licht.* Heyne, München 2013

Verbinden Sie sich mit Erzengel Metatron

Rufen Sie Erzengel Metatron in seinem goldenen orangefarbenen Licht täglich an und bitten Sie ihn, Ihnen auf Ihrem Aufstiegsweg zu helfen.

Denken Sie stets daran, dass Sie Teil des Einen sind

Schauen Sie zum weiten Himmel empor, zu den Sternen, dem Mond, der Sonne und dem ganzen Kosmos und denken Sie daran, dass dies ein einziger großer Organismus ist, von dem Sie ein Teil sind, der mit allen anderen Lebewesen verbunden ist.

Rufen Sie fünfdimensionale Blasen herbei

Erzengel Sandalphon, in dessen Obhut sich das Erdstern-Chakra befindet, wird Sie in eine fünfdimensionale Blase hüllen, wenn Sie ihn darum bitten.

Sie können ihn auch bitten, andere Menschen, auf deren höheres Selbst Sie sich eingestimmt haben, mit deren Zustimmung in solche Blasen zu hüllen. Ich bat Erzengel Sandalphon einige Tage lang, einen Freund in eine fünfdimensionale Blase zu hüllen, weil ich dachte, dies würde ihm helfen. Mir fiel dann aber auf, dass er immer verwirrter und deprimierter wurde. Ich überlegte, ob das wohl an der Blase liegen könnte. Ich fragte Kumeka danach, und er sagte mir, ich solle sofort damit aufhören, weil mein Freund nicht bereit dafür war und es sich negativ auf ihn auswirkte. Ich fühlte mich schrecklich!

Als ich einem anderen Freund von diesen Blasen erzählte, fing er richtig an zu strahlen. Er bat mich, ihn im Rahmen meiner täglichen Einstimmungen in eine zu hüllen. Ein paar Tage später rief er mich an, um mir zu sagen, dass er jedes Mal gespürt hatte, wenn ich ihm eine geschickt hatte. Sein Verstand war vollkommen klar, und er hatte das Gefühl, er würde auf eine höhere Ebene gehoben und dort verweilen.

Falls Sie das Gefühl haben, bereit zu sein und eine Blase herbeirufen möchten, können Sie dies mit dieser Visualisierungsübung tun.

Eine Visualisierungsübung:
Die eigene Schwingung erhöhen

1. Suchen Sie sich einen ruhigen Ort, an dem Sie nicht gestört werden.

2. Atmen Sie gleichmäßig, bis Sie entspannt sind.

3. Rufen Sie Erzengel Sandalphon an und spüren Sie seine Gegenwart neben sich.

4. Bitten Sie ihn, Sie in eine fünfdimensionale Blase zu hüllen.

5. Spüren oder sehen Sie, wie das geschieht.

6. Entspannen Sie sich in die Blase hinein und akzeptieren Sie, dass sie Ihre Schwingungsfrequenz anhebt.

7. Wenn Sie möchten, dass Erzengel Sandalphon auch andere Menschen in derartige fünfdimensionale Blasen hüllt, können Sie das jetzt tun. Sorgen Sie dafür, dass Sie ihre Zustimmung dafür haben oder dass Ihre Intuition eindeutig ist.

8. Danken Sie Erzengel Sandalphon.

9. Öffnen Sie die Augen und denken und handeln Sie bewusst auf höhere Weise.

Eine Übung:
Halten Sie Ihren Solarplexus in der fünften Dimension

1. Suchen Sie sich einen ruhigen Ort, an dem Sie niemand stören wird.

2. Atmen Sie gleichmäßig, bis Sie entspannt sind.

3. Stellen Sie sich vor, auf Ihren Solarplexus würde eine goldgelbe Sonne scheinen.

4. Nehmen Sie mit der Einatmung die Wärme und Weisheit dieses goldenen Lichtes auf.

5. Lassen Sie mit der Ausatmung grüngelbe Angst aus dem Solarplexus ausströmen.

6. Stellen Sie sich eine fünfdimensionale Schnur vor, die von Ihrem Solarplexus ausgeht und sich mit Erzengel Uriels Energiefeld verbindet. Tun Sie das in dem Wissen, dass er Sie beschützen wird.

7. Bedanken Sie sich bei Erzengel Uriel und öffnen Sie die Augen.

34 Die neuen Goldenen Städte

Schon bald nach 2032 werden überall auf dem Planeten neue fünfdimensionale Goldene Städte entstehen. Viele, aber nicht alle, werden in den Bergen errichtet werden, wo das Land gesäubert wurde und die Luft rein ist. Mir wurde gesagt, angesichts unseres heutigen Bewusstseinsstandes sei es nahezu unmöglich, sie uns vorzustellen. Sie werden Goldene Städte genannt, weil ihre Energie golden ist.

Da die Bevölkerungszahl stark abgenommen haben wird, ist genügend Platz vorhanden, sodass die Städte großzügig angelegt, grün und anmutig sein werden. Sie werden auch viel kleiner sein als unsere heutigen Städte. Alle Wohnhäuser werden ein- oder zweistöckig sein, da wir verstanden haben werden, dass wir in Hochhäusern unsere Verbindung zur Erde verlieren. Jede Stadt wird um eine Quelle herum erbaut werden, und überall auf der Welt wird fließendes Wasser genutzt werden, um die Energie eines Ortes zu erhöhen. Nirgends wird das Wasser chemisch verschmutzt werden, es wird mithilfe von Kristallen und Magneten rein und sauber gehalten.

Da es keine Bauabteilungen, gesetzliche Vorschriften oder Egos mehr geben wird, werden sich die Straßen und Gebäude im Interesse des Gemeinwohls organisch entwickeln. Alle Bürger werden auf eine Vision von Harmonie eingestimmt sein. Mit unserem derzeitigen Bewusstsein würde dies zu Chaos und Anarchie führen, aber in einer fünfdimensionalen Welt entspringen die besten Entscheidungen den Herzen und Visionen der Beteiligten.

Bäume und natürliche Gesteinsformationen werden in höchstem Maße respektiert werden, und die Gebäude werden um sie herum errichtet. Die Häuser werden gemeinschaftlich von bereitwilligen, großherzigen Menschen errichtet, die ihren Familien, Freunden und Fremden gleichermaßen gern helfen. Sie werden verstanden haben, dass wir alle eins sind.

In den letzten Jahrtausenden wurde Städte und Gebäude nach den Prinzipien der männlichen Energie errichtet: eckig, rigide, linear, gerade, rechtwinklig und reglementiert. Die Bürger der Zukunft werden sich mit Schrecken an unsere heutige Lebensweise erinnern. Was wir Privatsphäre nennen, werden sie Einsamkeit und Isolation nennen.

Bis die neuen Goldenen Städte erblühen, wird der Einfluss des göttlich Weiblichen überall spürbar sein. Diese Energie ist fließend, freudig, kreativ, gemeinschaftlich, rund und schön. Zudem werden spirituelle Technologien entwickelt worden sein, sodass Kurven und fließende Strukturen möglich werden.

Häuser werden aus starken, biologisch abbaubaren Pflanzenmaterialien gebaut, die zu wunderbaren runden, farbenfrohen Strukturen geformt werden können, die runde oder ovale Fenster enthalten. Alle Häuser werden sich harmonisch in die Landschaft einfügen. Sie werden in Gruppen gebaut werden, die gemeinschaftlich genutzte Gebäude aufweisen, die freundlich, aber nicht verschwenderisch sind. Spielerische Elemente werden in die Häuser eingefügt, wie Rutschen oder Seilbrücken, die von den Gärten zu den Schulen führen.

Individuellen Besitz, der auf der Angst vor Mangel beruht, wird es nicht mehr geben. Innerhalb der Städte wird es Seen und Bäche geben, auf denen im gemeinschaftlichen Besitz befindliche Boote an bestimmten Plätzen ankern und von allen benutzt werden können. Wassersportarten werden sehr beliebt sein, besonders dort, wo es warm ist. Das liegt zum einen daran, dass die reinigenden Eigenschaften des Elementes Wasser bekannt sein werden, und zum anderen, weil es einfach Spaß macht. Überall wird es Sportstätten geben, die allen zur freien Verfügung stehen.

Die Kinder, die in den nächsten achtzehn Jahren geboren werden, sind auch weiterhin hochfrequente Seelen voller Energie, die sich körperlich ausdrücken müssen. Im fünfdimensionalen Bewusstsein ist kein Platz für Unehrlichkeit oder Diebstahl, daher werden alle Sportgeräte allen jederzeit zur Verfügung stehen. Die Menschen werden nicht mehr so schüchtern oder verklemmt sein, sodass sie ganz natürlich zusammenkommen und an Mannschaftssportarten und anderen sozialen Aktivitäten teilnehmen.

Fahrzeuge werden aus biologisch abbaubaren Materialien hergestellt, mit ökologischen Brennstoffen betrieben und gemeinschaftlich genutzt werden. Im höheren Bewusstsein herrscht die Überzeugung vor, dass Bedürfnisse immer erfüllt werden. Daher ist ein Fahrzeug auch immer zur rechten Zeit am rechten Ort, wenn man es braucht. Es wird aber auch öffentliche Transportmittel geben, die von Freiwilligen oder per Fernbedienung gelenkt werden und je nach Bedarf von einem Ort zum anderen fahren.

Um größere Entfernungen zu überwinden, werden kleinere Fahrzeuge an ein Motorfahrzeug andocken, das sie auf Luftkissen mit unglaublicher Geschwindigkeit an den gewünschten Zielort transportieren wird. Dort lösen sie sich wieder und fahren weiter bis zu ihrem endgültigen Ziel. Bis dahin wird aber eine ganze Reihe Menschen in der Lage sein zu levitieren und so kürzere Entfernungen zu überwinden. Schließlich werden ökologisch betriebene Flugzeuge, die wie Raketen aussehen, die Menschen mit unvorstellbarer Geschwindigkeit um den Globus transportieren. Dies wird allerdings nicht vor 2050 geschehen.

Aspekte wie Gesundheit und Sicherheit werden nicht länger belächelt werden, sondern in die Bereiche gesunder Menschenverstand und individuelle Verantwortung fallen. Da alle zum Wohle des Ganzen arbeiten, werden sie natürlicherweise Vernunft walten lassen, statt überfürsorglich zu sein.

Musik wird sehr beliebt sein, besonders weil die Macht und Bedeutung von Klängen und Harmonien wahrhaft verstanden werden. Jeder wird die Gelegenheit erhalten, ein Musikinstrument zu erlernen. Wie Sportgeräte, Fahrzeuge und Boote, so werden auch Musikinstrumente frei verfügbar sein und mit Sorgfalt behandelt werden. Wenn jemand sich auf ein bestimmtes Instrument einstimmen möchte, wird dies von den anderen verstanden und respektiert werden. Er kann dann die betreffende Gitarre oder Flöte so lange behalten, wie er sie braucht. Die Menschen werden in Gruppen zusammenkommen, um gemeinsam zu musizieren oder der Musik zu lauschen. Jede Art von Musik wird harmonisch sein, weil sie den Geist des Musizierenden widerspiegelt. Nur Menschen, die aus dem Gleichgewicht geraten sind, spielen disharmonische Musik oder lauschen ihr.

Nicht nur Musik, auch alle anderen kreativen Ausdrucksformen werden bei Kindern wie bei Erwachsenen ermutigt. Die Menschen werden die Möglichkeit haben zu malen, zu zeichnen, zu entwerfen, zu kreieren, zu singen oder sich auf die Weise zu entwickeln, die ihrer Seele entspricht.

Arbeit

In der fünfdimensionalen Welt gibt es keine Egos, keine Machtkämpfe und keinen persönlichen Ehrgeiz, nur den Wunsch, sich auf kreative Weise auszudrücken, einander zu dienen, sich mit der Erde zu verbinden und sich auf die geistigen Dimensionen einzustimmen. Das mag für jene Menschen langweilig klingen, die in den Dramen emotionaler Bedürfnisse und egoistischen Bestrebens gefangen sind, aber tatsächlich wird uns das mit einem wunderbaren Gefühl der Freude, der Befriedigung und des Friedens erfüllen.

Es wird wichtig sein, das zu tun, was uns wirklich erfüllt und glücklich macht. Die Menschen werden ihre Zeit damit verbringen, auf kreative und frohe Weise produktiv zu sein. Daher wird es auch kein Geld und keine Banken mehr geben, sondern nur noch den Energieaustausch.

Ohne den Ehrgeiz, eine Firma aufzubauen oder in einem bestimmten Beruf erfolgreich zu sein, werden die Menschen sehr gern zusammenarbeiten, um das herzustellen, was sie zur Befriedigung ihrer Bedürfnisse brauchen. Überschüsse werden gelagert und frei getauscht.

Nahrung

Die meisten Menschen werden sich vegetarisch ernähren, obwohl einige noch Fisch essen werden. Wenn die Menschen ihre Schwingungsfrequenz anheben, brauchen sie weniger schwere Nahrung, daher wird die Nachfrage nach einfachen, gesunden Lebensmitteln zunehmen.

Abfall

Es wird kein Plastik, keine Supermärkte und keine Nachfrage nach Verpackungen mehr geben. Muss etwas geschützt werden, wird es in ökologisch wiederverwertbaren Materialien verpackt, die heute allerdings noch nicht erfunden worden sind.

Neue Kühlmethoden werden Kühl- und Gefrierschränke ersetzen. Da Gemüse das ganze Jahr über produziert werden wird, wird Kühlen zur Frischhaltung überflüssig werden – außer an einigen wenigen Orten. Damit erübrigt sich natürlich auch die Frage der Entsorgung. Es wird noch einige Zeit dauern, bis die Entmaterialisierungsmethoden, die in Atlantis zur Müllentsorgung in Gebrauch waren, wieder einsatzfähig sind.

Wenn Menschen ein intaktes Selbstwertgefühl haben, schätzen sie auch ihre Umgebung. In den Goldenen Städten wird es daher weder illegale Müllentsorgung noch Verschmutzung durch achtlos weggeworfenen Müll geben. Alle öffentlichen Plätze werden sauber und schön sein.

Blumen und Bäume

Die Bäume werden respektiert werden, und die Menschen werden mit den Elementarwesen kommunizieren, die in ihnen leben. Viele Bäume werden neu angepflanzt werden, einerseits aus ökologischen Gründen, aber auch weil einzelne Exemplare als Objekte der Bewunderung dienen. Blumen werden überall erblühen, und die neuen Goldenen Städte werden voller herrlicher Skulpturen, anderer Kunstwerke, Brunnen und Blumenbeete sein.

Aufgrund der veränderten klimatischen und geografischen Umstände werden manche von ihnen unter der Erde, auf dem Wasser oder in anderer Form, als wir es uns jetzt vorstellen können, wachsen. Aber das hochfrequente Licht der Bürger wird garantieren, dass auch sie auf neue Weise glücklich, harmonisch und ökologisch leben können.

Eine Übung:
Vergolden Sie Ihr Heim oder Ihren Arbeitsplatz
Sie können die Energie Ihres Heims oder Ihres Arbeitsplatzes vergolden, indem Sie diese Orte verschönern, sie mit harmonischen Gegenständen, Musik, Blumen und – was am wichtigsten ist – mit goldenen Gedanken füllen. Beginnen Sie heute damit, zu tun, was in Ihrer Macht liegt.

35 Kumeka, der Herr des Lichts

Nachdem der göttliche Quell die göttlichen Funken erschaffen hatte, sandte er zunächst einmal zwölf Funken
aus. Diese Monaden besaßen seine Energie und waren
wie seine Söhne und Töchter. Danach wurden die anderen göttlichen Funken von diesen Söhnen und Töch-
tern erschaffen. Sie besaßen die Energie des göttlichen
Quells, wie es Enkelkinder tun. Einer der ursprünglichen göttlichen Funken war die Monade von Jesus,
der sich auf unserem Planeten inkarnierte, um zu versuchen, die Welt zu verändern. Aus diesem Grund wird
er der Sohn Gottes genannt. Gegenwärtig ist er Mitglied
der Herren des Karmas, beaufsichtigt den achten Strahl
und überbringt die kosmische Liebe.

Kumeka ist ebenfalls einer der ursprünglichen Zwölf
und wurde einem anderen Universum zugeteilt. Dort
stieg er auf und wurde ein Herr des Lichts. Er näherte
sich unserem Universum in den Zeiten von Atlantis und
stand dem Intergalaktischen Konzil bei der Planung von
Atlantis beratend zur Seite. Anschließend überwachte er
gemeinsam mit anderen dieses Goldene Zeitalter.

Wie viele andere große Wesen, so zog auch er sich
aus unserem Universum zurück, als die Schwingungsfrequenz gegen Ende von Atlantis absank und der Kontinent im Meer versank. Nun, am Ende der zweihundert-

sechzigtausend Jahre währenden atlantischen Periode, ist er zurückgekehrt, um uns zu helfen, das Alte zu beenden und das Neue auf den Weg zu bringen. Die Erde hat sich wieder das Recht auf seine Führung verdient. Er ist Meister des achten Strahls und arbeitet eng mit Jesus zusammen, der der Herr des Karmas dieses Strahls ist.

Kumeka hat sich noch nie inkarniert und weiß daher nicht, was es bedeutet, einen physischen Körper zu haben. Alle, die je einen physischen Körper auf der Erde gehabt haben, werden auf ihren Reisen von Engeln begleitet. Das gilt auch für alle aufgestiegenen Meister wie Guanyin oder Kuthumi. Während sie auf Erden tätig sind, werden sie immer von einem Engel begleitet. Daher kann man immer die Energie eines Engels um sie herum sehen, wenn man einen Orb von ihnen fotografiert.

Da Kumeka aber noch nie Erfahrungen in einem menschlichen Körper gemacht hat, reist er unabhängig. Sein blauer Orb ist einzigartig, weil er in der Mitte eine kleine Ausbuchtung hat. Das erklärt sich dadurch, dass er ständig seine Energie nach außen drückt, um Menschen zu berühren, während die Engel die Menschen mit ihren Orbs umschließen.

Ich empfinde es als großes Privileg, dass Kumeka mein wichtigster Führer ist. Er stammt aus demselben Universum wie ich, aber nicht vom selben Planeten. Ich habe in anderen Büchern schon über meine erste Begegnung mit ihm geschrieben, die an einem Silvesterabend stattfand, den ich mit Shaaron Hutton verbrachte, mit der ich später *Discover Atlantis*[7] schreiben sollte. Während unserer gemeinsamen Meditation drang eine sehr machtvolle Energie in den Raum ein, die sich als Kumeka vorstellte und uns sagte, er wolle durch uns arbeiten. Jener Abend war einer der aufregendsten meines ganzen Lebens.

Sein ätherisches Refugium und Eintrittsportal befindet sich in Caracas in Venezuela. Er sagte mir, er habe mein Licht zum ersten Mal gesehen, als ich dort in der Nähe lebte. Er hatte nur gewartet, bis ich so weit war.

Seine Farbe ist blau, und er hat mich zweimal eindrücklich aufgefordert, Topas-Ringe zu kaufen. Der erste war ziemlich klein. Später sagte er mir, dass er mich gemeinsam mit meinem Schutzengel geradezu in den Laden gestoßen hatte. Als ich den Ring dann doch nicht kaufte, blitzte das Licht des Topas die ganze Nacht über in meinem Dritten Auge auf, bis ich endlich verstanden hatte, zurückging und ihn kaufte.

Als ich es mir verdient hatte, einen größeren Topas zu kaufen, der mich noch stärker mit Kumeka verbinden sollte, begriff ich augenblicklich. Ich muss den Ring heute nicht mehr tragen, um mich mit Kumeka zu verbinden, aber er trägt mir manchmal auf, ihn zu holen, wenn er mir detailliertere Informationen übermitteln möchte.

---

7 Deutsch: Diana Cooper und Shaaron Hutton: *Entdecke Atlantis. Das Urwissen der Menschheit verstehen und heute nutzen.* Ansata, München 2006

Als er zum ersten Mal Kontakt zu Shaaron und mir aufnahm, waren wir beiden die einzigen Kanäle. Er bat mich, den Menschen in meinen Büchern von ihm zu erzählen, und Andrew Brel zu bitten, Musik für ihn zu komponieren. Heute kann sich Kumeka unbegrenzt teilen und überträgt seine Energie durch Hunderttausende. Tatsächlich kann er sich so oft teilen, wie es nötig ist.

Wegbereiter der Erleuchtung

Kumeka hilft ebenso wie die vier Aufstiegsgestirne unseres Universums mit, die Erde zu erleuchten. Denselben Dienst erweist er anderen Planeten in anderen Universen. Seine Arbeit für die Erde verrichtet er gemeinsam mit den folgenden großen Wesen:

Erzengel Metatron ist für die Entwicklung des Sternentors verantwortlich und beaufsichtigt die gegenwärtige Bewegung in Richtung Aufstieg.

Die Einhörner, die Reinsten der Reinen, helfen uns, den Schleier der Illusion, der vor dem Dritten Auge liegt, aufzulösen.

Wywyvsil ist ein Engel mit einer extrem hohen Schwingung, der zu den Mächten gehört. Außerdem ist er einer der Herren des Karmas und der Engel der Geburt. Er hat eine ganze Reihe von Schulen auf den inneren Welten gegründet, um dort jene, die genügend Licht besitzen, in Heilung, Erleuchtung und Transformation zu unterweisen. Wenn Sie bereit sind, können Sie darum bitten, dass Ihr Geist diese Schulen während des Schlafes aufsuchen darf.

In Atlantis erschuf er gemeinsam mit anderen einen Energiespeicher zum Zwecke der Heilung, Erleuchtung und Transformation, von wo aus er Licht, das Sie anzapfen können, direkt zur Erde schickt. Zudem arbeitet er gemeinsam mit den Seraphim an der Schöpfung.

Azariel ist die große Erzengelin, die gemeinsam mit den Einhörnern daran arbeitet, die Sache der Erleuchtung und des Aufstiegs voranzubringen. Sie klärt speziell die Energien um das Dritte Auge und die Krone.

Serafina ist jener weibliche Seraphim, der Metatron dabei hilft, das Sternentor zu entwickeln. Dann hilft sie mit, die Energie des göttlichen Quells so zu justieren, dass der Betreffende aufsteigen kann.

Kumeka arbeitet zudem auch noch mit den Erzengeln Gabriel, Michael, Uriel und Raphael zusammen. Weitere Informationen über diese mächtigen Wesen finden Sie in meinem Buch *Ascension Through Orbs*.[8]

Kumeka ist Meister des achten Strahls der tiefen Läuterung. Er hebt die Läuterung und Umwandlung, die die Erzengel Gabriel und Zadkiel anbieten, auf eine höhere Ebene. Wie alle großen Meister und Erzengel ist er vollständig mit dem silbernen Strahl verschmolzen.

---

8 Deutsch: Diana Cooper und Kathy Crosswell: *Orbs. Wegbereiter für den Aufstieg ins Licht*. Heyne, München 2013

Heilung

Wenn Sie eine fünfdimensionale Schwingungsfrequenz haben, können Sie Kumeka bitten, alle Zellen Ihres Körpers zu erwecken, wodurch Sie vollständig geheilt werden. Dazu ist es aber notwendig, dass Sie den vierten Schleier der Illusion beiseite geschoben haben. Im Laufe der nächsten Zeit werden immer mehr Menschen auf diese Möglichkeit zugreifen können.

Als er uns dies sagte, baten Kathy Crosswell und ich ihn, das für uns zu tun. Wir spürten beide ein Blubbern im Körper. Es kam uns vor, als ob Licht aus uns hervorsprudeln würde.

Ich hatte augenblickliche Heilung für ein gesundheitliches Problem mit meinen Händen erwartet, aber er sagte mir, ich müsse Verantwortung für meine Ernährung übernehmen und mich mehr bewegen. Außerdem sollte ich mehr mit ihm und den Elementarwesen sprechen und mein Leben allgemein ins Gleichgewicht bringen.

Kumeka wies uns auch darauf hin, dass wir für unseren Körperfettanteil verantwortlich sind. Er sagte, wir müssten grüne Nahrung essen, um die Abfallprodukte in den Zellzwischenräumen loszuwerden. Dann würden die Elementarwesen, besonders jene der Erde, in unseren Körpern arbeiten und uns durch das Medium der grünen Nahrung helfen. Am nächsten Morgen aß ich Salat zum Frühstück, aber meine guten Vorsätze hielten nicht lange.

Eine Meditation: Verbinden Sie sich mit Kumeka

Wenn Sie an Kumeka denken, wird er zu Ihnen kommen.

1. Suchen Sie sich einen ruhigen Ort, an dem Sie sich entspannen können.

2. Schließen Sie die Augen und stellen Sie sich ein blaues Licht von der Farbe eines blauen Topas vor.

3. Bitten Sie Kumeka, den Herrn des Lichts und Meister des achten Strahls, zu Ihnen zu kommen.

4. Vielleicht spüren Sie seine Präsenz auf Ihrer linken Seite. Wenn Sie ihn weder sehen noch spüren können, vertrauen Sie einfach darauf, dass er da ist.

5. Bitten Sie ihn, Ihnen bei einer tief gehenden Läuterung und Erleuchtung zu helfen.

6. Seine Antwort mag in Form eines Gedankens oder einer plötzlichen Inspiration zu Ihnen kommen. Er wird Sie immer auffordern, selbst etwas zu tun, um sich zu helfen. Sollte dies nicht geschehen, sollten Sie wissen, dass er Sie behutsam in die Richtung führen wird, die Ihnen weiterhilft.

7. Sitzen Sie ein paar Minuten still in Kumekas Licht.

8. Bedanken Sie sich bei ihm dafür, dass er gekommen ist.

9. Öffnen Sie die Augen.

36 Erzengel Metatron

Wir nennen ihn einen Erzengel, aber in Wirklichkeit ist
Metatron ein großer universeller Engel, dessen Energie weit in den Kosmos hinausreicht und viele Existenzebenen beeinflusst. Deshalb sind er und seine Zwillings-
flamme Sandalphon, der ebenfalls ein universeller Engel
ist, auch als die großen Engel bekannt.

Metatron wird auch »Fürst des Antlitzes« genannt,
weil er der einzige Engel ist, dem es gestattet ist, in das
Licht des göttlichen Quells zu schauen. Er stammt vom
Orion, dem Planeten der Weisheit.

Unser Universum gleicht einem Orchester. Der göttliche Quell ist der Komponist und Metatron ist der Diri-
gent, der sich zurzeit auf die Erde konzentriert, weil dies
der einzige Planet im ganzen Universum ist, von dem
Misstöne erklingen. Metatron ist gegenwärtig dabei, unsere Instrumente zu stimmen, damit das ganze Orchester wieder in Harmonie spielen kann.

Warum wurde es der Erde überhaupt erlaubt, aus der göttlichen Harmonie herauszufallen?

Dies war das Ergebnis des uns vom göttlichen Quell ge-
schenkten freien Willens. Es war ursprünglich geplant,

dass die Menschen ihn nutzen würden, um wunderbare Dinge zu erschaffen, aber wir benutzten ihn, um immer tiefer in die Ebene der Materie und Sexualität einzutauchen und um unsere Mitmenschen zu kontrollieren.

Daraus resultierte Karma oder eine kosmische Schuld, die beglichen werden muss. Sobald der freie Wille von den Menschen einmal angenommen worden war, mussten sie auch die Verantwortung für die daraus resultierenden Konsequenzen übernehmen. Sie mussten sich reinkarnieren, um ihr Karma auszugleichen. Es ist aufgrund der Rückkopplungsmechanismen des Körpers, der aufgrund von Entscheidungen auf der Seelenebene entstanden ist und durch unsere täglichen Gedanken und Gefühle und die Art und Weise, wie wir ihn behandeln, geformt wird, leichter, das auf diesem Planeten zu tun. Dabei spielen Essen, Trinken und Bewegung eine große Rolle. Unser Körper sagt uns immer, was los ist und ob wir uns in Harmonie befinden oder nicht.

Weil sich nun die Frequenz der Erde anhebt, haben der göttliche Quell und Metatron all jenen Menschen, die sich bereits mehrmals inkarniert haben, großzügigerweise die Gelegenheit gegeben, ihr Karma auszugleichen, bevor die großen Veränderungen stattfinden. Nicht jedem gelingt das. Das ist nur einer der Gründe für die große Überbevölkerung.

Metatrons Farbe ist Orange, eine Mischung aus Gold und Rot. Gold ist die Schwingung der tiefsten Weisheit, die mit dem Christus-Bewusstsein der Liebe und der Frequenz der Engel verschmolzen ist. Rot ist die rohe männliche Schöpferkraft des göttlichen Quells, durch die Metatron die Energie zum Handeln bekommt. Orange strahlt Freude und Glück aus.

Lange bevor ich wusste, dass ich eine so enge Verbindung zu Metatron hatte, entschied ich mich eines Tages, mein Schlafzimmer, Badezimmer und das angrenzende Büro in wunderschönen, zarten Orangetönen zu streichen. Später sagte Metatron mir, dass er mich dazu inspiriert hatte, damit ich mich während des Schlafes und der Arbeit besser auf ihn einstimmen und seine Weisheit umfassender verbreiten konnte. Außerdem ist Orange eine sehr angenehme, beruhigende Farbe.

Metatron schwingt auf der Zwölf, der Zahl der Schülerschaft. Das bedeutet, dass jene, die sich auf ihn einstimmen wollen, spirituell sehr diszipliniert sein müssen. Er ist für die Entwicklung des Sternentor-Chakras zuständig, des höchsten spirituellen Zentrums des Körpers, durch das wir die Energie des göttlichen Quells empfangen. Im Sternentor verschmelzen wir mit unserem ursprünglichen göttlichen Funken, auch Monade oder ICH-BIN-Gegenwart genannt. Metatron arbeitet dort mit Serafina und dem universellen Engel Butyalil zusammen, um die große Leiter zum göttlichen Quell zu errichten.

Verbindungen nach Ägypten

Metatron hat auf jedem Stern, jedem Planeten und in jeder Sternenkonstellation in unserem Universum einen Eintrittspunkt. Sein Eintrittspunkt zur Erde befindet sich in Luxor in Ägypten, weil dort die Heimat der Sphinx und der großen Pyramide von Giseh ist, zu denen er starke Verbindungen unterhält. Aufgrund seines umfangreichen Wissens aus Atlantis und weil er die heilige Geometrie vom göttlichen Quell gebracht hatte, beaufsichtigte er die Errichtung der ägyptischen Pyramiden und füllte sie mit kosmischem Licht. Diese Pyramiden sind riesige kosmische Computer, die uns mit dem ganzen Kosmos verbinden.

Metatron wird auch der himmlische Schreiber genannt, da er für die himmlischen Archive zuständig ist und die karmischen Aufzeichnungen überwacht, die in einer höheren Dimension innerhalb der Sphinx aufbewahrt werden. Er beaufsichtigt auch die Engel, die alles aufzeichnen, und überbringt den Erzengeln die Tagesbefehle des göttlichen Quells auf eine Weise, in der sie dem gesamten Engelreich übermittelt werden können.

Der universelle Engel Metatron arbeitet eng mit Thot, dem großen Priester-Avatar aus Atlantis zusammen. Thot wird der ägyptische Schreiber genannt, da er die Akasha-Chroniken der Ägypter und Araber hütet.

Metatron leitet auch Henoch den Weisen und Serapis Bey an. Der letztere, der von der Venus stammt, ist Meister des vierten Strahls der Harmonie und des Gleichgewichts und war in Atlantis ebenfalls ein Priester-Avatar und Hüter der weißen Flamme. Serapis Bey ist als der Ägypter bekannt, weil er beim Untergang von Atlantis mit Erzengel Metatron und seinen Engeln am Bau der Pyramiden beteiligt war, wo seine Lehren auf der vierdimensionalen Ebene verborgen sind.

Metatrons Würfel

Dieser Würfel stellt einen heiligen geometrischen Plan dar, der die kosmischen Verbindungen innerhalb dieses Universums aufzeigt. Er ist auf dem Dreieck aufgebaut und zeigt, dass alles mit allem verbunden ist und voneinander abhängig ist. Die Grundlage bildet ein Dreieck, eine sehr starke, stabile Form. Sind zwölf Orte, Planeten oder Menschen miteinander verbunden, entstehen daraus vier Dreiecke. Die Zwölf ist Metatrons Zahl. Wenn sich zwölf Abschnitte der Zwölf miteinander verbinden, entstehen einhundertvierundvierzig Verbindungslinien. Das wird zu einem Ganzen, und ein neues Konstrukt entsteht.

Mein Führer Kumeka teilte mir mit, dass Metatron mir Informationen für dieses Kapitel übermitteln würde. Einmal wachte ich mitten in der Nacht auf und machte mir spontan Notizen. Während ich das tat, schaute ich auf den Wecker und sah, dass 04.40 Uhr war. Da Vierundvierzig die Zahl des Goldenen Atlantis ist, inspirierte mich diese Koinzidenz ihn zu fragen, worin seine Verbindung zu Atlantis bestanden hatte.

Metatron erzählte mir, dass er die Idee für das fünfte atlantische Experiment gehabt hatte, während dem sich das Goldene Zeitalter entwickelte. Die vorangegangenen vier waren kläglich gescheitert, da die Menschen machthungrig waren und aus der Harmonie herausfielen. Dieses Mal, so beschloss er, sollten diejenigen, welche die übrig gebliebenen atlantischen Inseln bevölkerten, mit nichts anfangen, da sie auf diese Weise gezwungen sein würden, zusammenzuarbeiten und gemeinsam eine Gemeinschaft aufzubauen. Metatron beaufsichtigte gemeinsam mit Kumeka dieses kontrollierte Experiment. Die beiden berieten das Intergalaktische Konzil, das sich um die Einzelheiten kümmerte. In *Discover Atlantis* habe ich genau beschrieben, wie das außerordentliche Experiment des Goldenen Atlantis vorbereitet und durchgeführt wurde und wie sich daraus der einzige Himmel auf Erden entwickelte, den es auf diesem Planeten jemals gegeben hat.

Als ich mit dem Schreiben fertig war, ließ ich den Notizblick neben meinem Bett auf den Boden fallen und sah dort ein Orb-Foto von Metatron liegen. Neben ihm lag ein Foto des universellen Engels Purlimiek, der für das Naturreich zuständig ist. Die beiden Fotos waren nicht dort gewesen, als ich zu Bett gegangen war! Ich glaube, dass die beiden Orb-Fotos aufgetaucht waren, um mich daran zu erinnern, dass das letzte Experiment vor allem deswegen so erfolgreich gewesen war, weil die Bürger eng mit der Natur kooperiert hatten.

Metatrons goldorangefarbener Mantel

Ich erwähnte schon, dass ich Metatrons goldorangefarbenen Mantel erhalten hatte. Er sagte mir, wenn man ihn einmal bekommen hat, muss man ihn nicht extra anlegen, weil er immer da ist. Er kann einem auch nicht wieder genommen werden. Man wird zu einem Hohepriester oder einer Hohepriesterin, aber um diese Ehre zu erlangen, muss man in einem früheren Leben eben-falls einer oder eine gewesen sein. Die Hohepriester und Hohepriesterinnen aus der gesamten Geschichte des Planeten kehren jetzt zurück.

Metatron ist ein sehr machtvolles Wesen. Er besitzt so viel Energie und so große Macht, dass diese augen-blicklich überall im Universum gespürt werden kann. Wenn Sie seinen Mantel tragen, werden auch Sie über-all gespürt werden. Mir wurde gesagt, dass er immer nur im Geist des Mitgefühls getragen werden darf. Wenn Sie aufrecht stehen, mit Himmel und Erde verbunden sind und Ihr Herz öffnen, sodass die Menschen das Gefühl bekommen, sie dürften sich Ihnen nähern, dann erfüllt der Mantel automatisch seine Aufgabe.

Eine Übung: Schreiben Sie Erzengel Metatron
Legen Sie Stift und Papier bereit. Je besser Sie sich konzen-trieren und je leidenschaftlicher Sie sich eine Antwort wün-schen, desto klarer wird diese ausfallen.

1. Zünden Sie eine Kerze an und weihen Sie sie Ihrer Ver-bindung zu Erzengel Metatron.

2. Sitzen Sie ein paar Minuten still da und denken Sie an Erzengel Metatron.

3. Atmen Sie erst goldenes Licht aus, dann rotes, dann leuchtend orangefarbenes. Vermischen Sie die Farben mit-einander, bis Sie ganz in ein herrliches Orange getaucht sind.

4. Nehmen Sie sich ein Blatt Papier und beginnen Sie mit: »Lieber Erzengel Metatron ...«

5. Danken Sie ihm für alles, was er getan hat. Stellen Sie ihm Fragen. Bitten Sie ihn, häufiger Kontakt zu Ihnen aufzunehmen. Teilen Sie ihm mit, was immer Sie möchten.

6. Unterschreiben Sie mit »In Liebe« und Ihrem Namen.

Möglicherweise sind Sie damit zufrieden, den Brief zu schreiben und ihn an einem sicheren Ort aufzubewahren oder ihn zu verbrennen. Sie können sicher sein, dass Sie zur rechten Zeit eine Antwort bekommen werden. Sie können aber auch ein zweites Stück Papier nehmen und warten, bis Sie eine Antwort bekommen. In diesem Fall schreiben Sie oben auf das Blatt »Lieber« oder »Liebe« und dann Ihren Namen.

Setzen Sie dann den Stift locker auf das Papier und lassen Sie die Antwort durch sich hindurchfließen. Zensieren Sie nichts. Schreiben Sie einfach auf, was Ihnen in den Sinn kommt. Die Ratschläge oder Informationen, die Sie auf diese Weise bekommen, werden Sie möglicherweise überraschen. Wenn sie voller Licht, liebevoll und hilfreich sind, können Sie sicher sein, dass sie von Erzengel Metatron stammen. Wenn nicht, dann befinden Sie sich nicht in Kontakt mit einem Engel. Verschließen Sie sofort Ihren Geist und zerstören Sie den Brief.

Nachdem ich dies geschrieben hatte, fragte ich Metatron, ob er sich darüber freuen würde, wenn ihm alle Menschen schreiben würden. Seine Antwort bestand nur aus einem einzigen Wort: »Ja!«

37 Religion und Spiritualität

Unsere Religionen haben uns seit Tausenden von Jahren entzweit. Im Laufe der Äonen hat der göttliche Quell Erzengel und große Meister geschickt, die Liebe, Vergebung und Einheit gelehrt haben, um die Welt zu erleuchten. Aber ihre Lehren wurden nach ihrem Tod durch die Egos ihrer Anhänger verzerrt, die nach Kontrolle strebten, indem sie Angst verbreiteten und künstliche Grenzen schufen. Aber die Religionen haben auch viel Gutes bewirkt. Sie haben den Massen in einer Zeit, in der ihr Bewusstsein für wahre Spiritualität verschlossen war, Trost gespendet und ihnen Hoffnung gegeben.

Bis 2032 werden wir als planetarische Gemeinschaft über dogmatische Begrenzungen hinausgegangen sein. Spiritualität wird zu einem verbindenden und erhebenden Licht zwischen den Nationen geworden sein.

Der Spiritualität geht es nur um Liebe und Gemeinsamkeit. Sie heilt, inspiriert und gibt den Menschen Kraft. Sie sucht den göttlichen Funken in den Herzen aller Wesen und facht ihn zu einer Flamme an. Spiritualität wird die treibende Kraft des neuen Zeitalters sein.

Die Erzengel Mariel und Lavendel, die für das Seelenstern-Chakra zuständig sind, helfen mit, alle Wesen auf

Erden auf der Seelenebene so zu beeinflussen, dass sie nach Spiritualität streben, statt nach Religion.

Akzeptanz

Tief im Innern möchte jeder Mensch gütig, liebevoll, glücklich, großzügig, ehrlich, heiter, selbstsicher, freundlich und vertrauensvoll sein. Wenn Sie jemanden auch nur in Gedanken beurteilen oder kritisieren, wird er das spüren und darauf reagieren. Sofort geht die Zugbrücke zum Herzen hoch, die Mauern werden zur Verteidigung bemannt und Pfeile werden zum Angriff abgeschossen. Die Angst, beurteilt zu werden, führt dazu, dass Menschen sich verschließen.

Nach dem dreidimensionalen Paradigma sind wir sehr schnell bereit, andere zu verurteilen oder zu kritisieren. Die Konsequenzen kann jeder in den privaten wie internationalen Beziehungen sehen. Wenn wir aber durch die fünfdimensionalen Augen der Liebe schauen, nehmen wir die Herzen anderer Menschen wahr. Nichts kann und muss versteckt werden, denn wir können ihre Auras sehen, in denen sich alle Gefühle wiederspiegeln. Wir verstehen dann ihren Schmerz und ihren Leidensweg und bemühen uns, sie in Liebe und Akzeptanz zu unterstützen. Wenn Sie sich der inneren Burg eines Menschen mit Respekt, Akzeptanz und Liebe nähern, wird er sich sicher fühlen und Sie einlassen.

Die neue Spiritualität wird eine Spiritualität des geheilten und offenen Herzens sein. Alle Menschen werden Freunde sein. Dann können wir uns alle mit dem kosmischen Herzen verbinden, woraus innerer Friede, internationaler Friede und intergalaktischer Friede entstehen werden.

Werden die Religionen der Vergangenheit angehören?

Nein, die wunderschöne, liebevolle Essenz der Religionen wird erhalten bleiben, aber die dogmatischen Strukturen, die um sie herum errichtet wurden, werden sich auflösen. Der Leim, der den Kosmos zusammenhält, ist Liebe. Dies ist die Grundlage der Spiritualität. Manchmal scheint es mir, als seien wir Menschen die Einzigen, die das noch nicht verstanden haben. Wir dürfen uns aber auf eine Welt freuen, in der Spiritualität nicht nur innerhalb von gleichgesinnten Gemeinschaften existiert, sondern auch zwischen verschiedenen Gemeinschaften.

Die Liebe der Elementarwesen

Bevor ich dieses Buch zum Abschluss brachte, machte ich einen Spaziergang in einem nahe gelegenen Wald. Ich hielt an, um eine Birke zu bewundern und um zu sehen, ob irgendwelche Elementarwesen dort waren.

Plötzlich sprang eines vom Baum herunter. Es war etwa 1,20 Meter groß, grün und dünn, und es spazierte keck neben mir her. Ich dachte zuerst, es sei ein Waldmännlein. Ich fragte es telepathisch, was es für die Menschen tun würde, woraufhin es die Arme ausbreitete, sein Herz so ausdehnte, dass es unglaublich hell erstrahlte, und antwortete: »Einfach alles!«

Als ich dann fragte, wie es sich von den anderen Elementarwesen im Wald unterscheiden würde, schaute es mich schräg an und antwortete: »Wir sind eins ... Und wir unterscheiden uns.« »Und wie seht ihr die Menschen?«, hakte ich nach. Wieder sah es mich komisch an, als ob ihn die Frage überraschen würde, und sagte dann: »Wir sind eins ... Und wir unterscheiden uns.«

Es ging mit mir aus dem Wald auf die Straße, bis es umkehren wollte. Ich rief ihm telepathisch nach: »Wie heißt du eigentlich?« »Gobolino!«, rief es zurück und lachte. »Ich bin nämlich ein Goblin-Kobold.«

Ich konnte nicht aufhören, an diese merkwürdige Unterhaltung und an die Liebe, die aus dem Herzen dieses Elementarwesens strömte, zu denken. Ich war auch verwirrt, da Goblins normalerweise einen ziemlich schlechten Ruf haben. Als ich später Kumeka befragte, sagte er mir, dass Kobolde wie die Goblins fünfdimensionale Erdelementarwesen sind, die riesige Herzzentren und eine große Liebesfähigkeit entwickelt haben. Dieser Goblin verkörpert für mich die Spiritualität der Zukunft.

Eine Übung: Öffnen Sie Ihr Herzzentrum
Öffnen Sie Ihr Herzzentrum, ganz gleich, wo Sie auch sein und was Sie auch tun mögen – ob während eines Spaziergangs, im Auto, beim Gärtnern oder bei der Hausarbeit.

Stellen Sie sich vor, es würde in hellem Licht erstrahlen. Dadurch werden Lichtstrahlen zu allen und allem ausgesandt, bis alles in Liebe miteinander verbunden ist.

Eine Visualisierungsübung: Bedingungslos lieben

1. Suchen Sie sich ein ruhiges Plätzchen.

2. Zünden Sie eine Kerze an.

3. Schließen Sie die Augen und atmen Sie gleichmäßig und ruhig, bis Sie vollkommen entspannt sind.

4. Stellen Sie sich einen hohen Berg vor, dessen Gipfel von Schnee bedeckt ist.

5. Ihr Schutzengel ist bei Ihnen und hält Ihre Hand.

6. Er führt Sie leichten, beschwingten Schrittes auf den Gipfel des Berges hinauf, wo Sie sich von Engeln umgeben sehen, die von Liebe und Freude singen. Hier existieren nur Frieden und Akzeptanz.

7. Vom Berggipfel können Sie auf die Menschen der Welt hinunterschauen. Achten Sie darauf, wie sehr sie durch Dogmen, Egos und Angst zurückgehalten werden. Wie weit sind sie den Hang des Berges bereits emporgeklettert?

8. Senden Sie ihnen allen bedingungslose Liebe und laden Sie sie ein, höher hinaufzukommen und in die Einheit einzugehen.

9. Achten Sie darauf, was geschieht, wenn die Menschen im reinen Licht der Einheit baden.

10. Bitten Sie die Engel, den Menschen zu helfen, zu verstehen, und bedanken Sie sich bei ihnen dafür.

11. Öffnen Sie die Augen und kehren Sie in die äußere Welt zurück.

38 Erleuchtung

Der Begriff Erleuchtung kennzeichnet einen Zustand, in dem sich das Bewusstsein so weit ausgedehnt hat, dass es alles, was existiert, umfasst, sodass der Erleuchtete allsehend und allwissend ist. Die Energien, die während der kosmischen Momente am 11. November 2011 und 21. Dezember 2012 auf die Erde einströmten, boten uns eine riesige Chance, vollständig oder zumindest teilweise erleuchtet zu werden.

Es gibt während der folgenden achtzehn Jahre noch viele Gelegenheiten, bei denen die kosmischen Energien alle Menschen auf ihrem Weg zur Erleuchtung unterstützen werden. Sie sind eingeladen, diese besonderen Gelegenheiten zu nützen.

Als die Priesterinnen von Atlantis den Tanz der sieben Schleier tanzten, beschrieben sie auf symbolische Weise das Entfernen dieser Schleier vom Dritten Auge. Der Tanz wurde zu Ehren des göttlich Weiblichen getanzt. Als Atlantis unterging, wurde das Wissen nach Ägypten und Griechenland gebracht, wo aus diesem Tanz aufgrund mangelnden spirituellen Verständnisses ein Akt der sexuellen Verführung wurde.

Wenn Menschen vollständig erleuchtet sind, gehen sie über die Beschränkungen des Menschseins hinaus. Das heißt: Sie können sich zum Beispiel selbst heilen, wenn sie dies auf der Seelenebene wünschen. Sie können ihre Körperfunktionen kontrollieren und ihre Umwelt und Lebensumstände meistern. Am wichtigsten ist aber, dass sie immer in der Gegenwart leben, ohne Zorn und Scham über die Vergangenheit oder Angst vor der Zukunft. Für sie gibt es keine Schuldzuweisungen mehr, nur das Wissen, dass im göttlichen Plan alles gut ist.

Im Gegensatz dazu beschreibt das Wort Aufstieg ein aktives Handeln, durch das mehr vom Licht der Seele und Monade in den physischen Körper gezogen wird. Dadurch wird das Bewusstseinsniveau angehoben und die spirituelle Bewusstheit ausgedehnt, woraus sich physische Veränderungen ergeben können. Erleuchtung und Aufstieg können sich gleichzeitig ereignen, allerdings geschieht die Erleuchtung meistens zuerst.

Wenn Sie eine plötzliche Eingebung haben, entwickelt sich Ihr Verständnis. In diesem Augenblick beschleunigt sich das spirituelle Wachstum, und Ihr Grad der Erleuchtung erhöht sich.

Das Dritte Auge

Das Dritte Auge ist als das allsehende, allwissende Auge bekannt. Aber nicht jeder Erleuchtete ist hellsichtig, auch wenn er »weiß«, denn auf dem Weg zur Erleuchtung müssen die sieben Schleier der Illusion entfernt werden.

Der erste Schleier, der entfernt werden muss, ist der siebte, der am weitesten vom Dritten Auge entfernt ist. Aber man kann die anderen schon vor der endgültigen

Entfernung ausdünnen, sodass sie sich schließlich ohne Trauma oder schwierige Einweihungen auflösen. Sie können dann in den Momenten, in denen kosmisches Licht einströmt, oder während besonderer Meditationen, leichter entfernt werden. Es kann aber auch vorkommen, dass Sie eines Morgens aufwachen und das Gefühl haben, es hätte sich etwas verändert. Sie sehen die Welt plötzlich mit anderen Augen. In einem solchen Fall ist während Ihrer spirituellen Reisen in der Nacht ein Schleier entfernt worden.

Zwar ist Erleuchtung eine Funktion des Dritten Auges, aber wenn ein anderes Chakra blockiert ist, wirkt sich das auf das Dritte Auge aus, da alles miteinander verbunden ist.

Die sieben Schleier der Illusion

Der siebte Schleier

Dies ist der Schleier, der am weitesten vom Dritten Auge entfernt ist und sich als erstes auflöst. Wenn Sie sich Ihrer Seele bewusst werden und erkennen, dass Sie für Ihren persönlichen Weg selbst verantwortlich sind, löst sich der siebte Schleier, der die Farbe Rot hat, auf. Dies geschieht, wenn Sie endlich jede Form von Opferbewusstsein aufgeben und aufhören, anderen Menschen Schuld zuzuweisen oder irgendetwas auf sie zu projizieren. Dies ist die Stufe, auf der Sie Meisterschaft über Ihr Leben erlangen und sich fragen, warum sie bestimmte

Umstände und Ereignisse angezogen haben, statt »Ach, ich Arme, ich hab aber auch immer Pech!« zu jammern. Sie fangen an, an sich selbst zu arbeiten, um Ihre innere Welt zu verändern. Und sobald Sie sich selbst grundlegend verändert haben, müssen die äußeren Umstände diese Wandlung widerspiegeln, und Ihr Leben wird Sie mehr befriedigen.

Der sechste Schleier

Viele Menschen haben noch nicht erkannt, dass andere Dimensionen mit der unsrigen verflochten sind. Sie akzeptieren nur, was sie sehen, hören oder anfassen können. Der sechste Schleier, der gelbe, löst sich auf, wenn Sie akzeptieren, dass es jenseits der materiellen Welt noch andere Welten gibt. Sie haben erkannt, dass unter uns nicht nur die Geister der Verstorbenen leben, sondern auch Engel, Feen und andere Wesen. Um diesen Schleier zu entfernen, müssen Sie an die geistige Welt glauben und ihr vertrauen. Sie müssen tief im Innern wissen, dass die anderen Welten Ihnen helfen können und möchten.

Der fünfte Schleier

Der fünfte Schleier, der rosafarben ist, löst sich nur dann auf, wenn Sie in Ihrem Herzzentrum bedingungslose Liebe für alle Wesen empfinden. Zur Entfernung dieses Schleiers sind häufig Einweihungen nötig, da dazu Vergebung gegenüber allen, die Ihnen jemals wehgetan haben, notwendig ist. Zudem müssen Sie die ganze Welt und alle Menschen, die Unrecht begehen, mit den Augen der Liebe sehen. Sie müssen bereit sein, Gebete für die Täter ebenso wie für die Opfer zu sprechen, weil Sie erkannt haben, dass alles aufgrund von Vereinbarungen auf einer höheren Ebene geschieht. Kurz gesagt: Sie müssen alles durch die Augen des Göttlichen sehen.

Der vierte Schleier

Der vierte Schleier, der blaue, löst sich auf, wenn Sie die Natur, die Tiere und Elementarwesen achten, respektieren und mit ihnen zusammenarbeiten. Das bedeutet nicht, dass Sie sich tatsächlich um Haustiere oder andere Tiere kümmern müssen, aber es beinhaltet, dass Sie Folgendes verstehen: Jedes Tier ist – genau wie Sie selbst – hier auf Erden, um in dieser Welt Erfahrungen zu machen und etwas zu lernen.

Jedes Tier hat eine Seele, auch wenn manche Arten eine Gruppenseele haben, und jedes Tier befindet sich auf seinem eigenen Weg zur Erleuchtung und zum Aufstieg. Manche Tiere, zum Beispiel Hunde, haben sich inkarniert, um den Menschen Gefährten und Freunde zu sein. Unser Teil der Abmachung besteht darin, uns um sie zu kümmern, sie zu achten und für sie zu sorgen. Andere Tiere, wie Haus- und Raubkatzen, haben sich inkarniert, um uns und den Planeten vor Wesenheiten und negativen Energien zu beschützen, die uns schaden können. Jene Geschöpfe, die wir essen oder jagen, kamen, um das Leben in der dritten Dimension zu erfahren und nicht, um von Menschen gegessen oder gejagt zu werden.

Wir sind aufgefordert, während der Meditation mit den Geistern der Tiere zu sprechen und ihnen unseren Respekt zu erweisen. Sie können Ihrem Geist auch auftragen, nachts mit anderen Menschen über die Tiere zu sprechen. So kann Ihr Geist beispielsweise mit den Geistern der Bauern, die Massentierhaltung betreiben, über die höhere Bestimmung der Tiere reden. Das wird letztlich in ihr Bewusstsein einsinken.

Um diesen Schleier aufzulösen, müssen wir erkennen, dass die Natur unglaublich mächtig, liebevoll und zugänglich ist. Wir sagen, dass ein Gärtner einen grünen Daumen hat, wenn die Pflanzen unter seiner Obhut besonders gut gedeihen. Tatsächlich hat ein solcher Mensch große Sympathie für die Natur, die ihn dafür im Überfluss belohnt.

Blumen strahlen hochfrequentes Licht aus. Ist jemand gestorben, schicken wir Blumen zur Beerdigung, da die Engel deren Essenz aufnehmen und damit dem Geist des Verstorbenen helfen können. Die Engel können die Essenz der Blüten auch nutzen, um die Trauernden zu trösten. Das Licht, das in den Blumen enthalten ist, kann auch kranke oder unglückliche Menschen heilen, wenn es richtig fokussiert wird.

Es ist sehr wichtig, dass wir mit der Natur zusammenarbeiten. Der universelle Engel, der für die Natur zuständig ist, heißt Purlimiek und strahlt eine wunderbar weiche, grünblaue Farbe aus.

Es gibt viele Elementarwesen und Naturgeister, die

eine wichtige Rolle im Ablauf der Natur spielen. So kümmern sich zum Beispiel die Feen um die Blumen, die Elfen helfen den Bäumen und die Kobolde sorgen für den Boden. Viele, aber nicht alle dieser Geister, gehören nur zu einem Element, entweder zu Erde, Luft, Feuer oder Wasser. Um den vierten Schleier der Illusion aufzulösen, müssen wir begreifen, welcher Nutzen darin liegt, mit den Elementarwesen zusammenzuarbeiten. So können wir die Elementarwesen zum Beispiel darum bitten, den Pflanzen beim Wachsen zu helfen.

Als meine frisch gepflanzten Erbsensetzlinge von Schnecken abgefressen wurden, wollte ich schon Schneckenkörner streuen, aber Kumeka fand diese Idee überhaupt nicht gut. Er forderte mich auf, doch erst einmal mit den Schnecken zu sprechen. Ich erwiderte, das hätte ich bereits getan, aber sie hätten nicht auf mich gehört. Daraufhin schlug er vor, ich solle die Elementarwesen bitten, die Schnecken aufzufordern, andere Dinge zu essen. Im Gegenzug sollte ich ihnen ein Stückchen Land reservieren, auf dem sie nach Herzenslust fressen könnten. Er sagte weiter, manche Pflanzen würden sich selbst als Opfer darbringen und auf diese Weise spirituell wachsen. Er riet mir, Setzlinge zu pflanzen, sie zu segnen und für sie zu sorgen und die Elementarwesen zu bitten, sich zum Wohl aller Wesen um sie zu kümmern, was ich auch tat. Daraufhin wuchs und gedieh mein Gemüsegarten prächtig.

Wir können die Elementarwesen auch bitten, mit jenen Menschen, die Tiere misshandeln, über die höhere Bestimmung der Tiere zu reden.

Der dritte Schleier

Dieser Schleier, der eine dunkelblaue Farbe hat, löst sich automatisch auf, wenn Sie sich mit den Engeln und ähnlichen Wesen von anderen Planeten und Sternen verbinden, wie zum Beispiel mit meinem Führer Kumeka oder Fekorm, dem Meister der Musik. Wandeln und leben Sie mit ihnen, sodass sie ein integraler Bestandteil Ihres Lebens werden.

Der zweite Schleier

Dieser violettfarbene Schleier löst sich auf, wenn Sie universelles Bewusstsein erlangt haben. Das geschieht, wenn Sie verstehen, dass alles im Kosmos miteinander verbunden ist: Bäume, Sterne, Tiere, Steine – einfach alles. Und Sie müssen in der Lage sein, dies auch vor Ihrem geistigen Auge zu sehen.

Sobald Sie den universellen Metatron-Würfel verstehen, der die Verbundenheit des Alls symbolisiert, wird von Ihnen erwartet, ihn hochzuhalten, damit er sich an den betreffenden Planeten ausrichten kann, und ihn in Ihrem Bewusstsein wirken zu lassen.

Dies ist der letzte Schleier, der entfernt werden muss, solange Sie sich noch in einem physischen Körper befinden. Ist dieser entfernt, sind Sie vollständig erleuchtet.

Der erste Schleier

Dies ist der Schleier, der dem Dritten Auge am nächsten ist. Er ist kristallklar und der letzte, der entfernt werden muss. Dies geschieht nach Ihrem Tode, wenn Sie dazu bereit sind. Ist dieser Schleier aufgelöst, treten Sie in den Himmel oder die siebte Dimension ein. Wenn Sie Ihr Leben als Erleuchteter gelebt haben, wird sich dieser Schleier während des Sterbeprozesses auflösen. Aber selbst dann ist es noch möglich, dass man Sie prüfen wird. Kumeka nannte als Beispiel, dass man Sie bitten könnte, eine weitere Inkarnation auf sich zu nehmen. Wenn Sie sich dagegen wehren, wird sich der erste Schleier nicht auflösen.

Wenn dieser Schleier dünner wird, können Sie, noch während Sie sich in einem Körper befinden, Augenblicke erleben, in denen Sie sich in dieser himmlischen Dimension befinden.

Als ich am Morgen der Beerdigung meiner Lieblingstante Gwendy aufwachte, erwartete ich, mich einfach schrecklich zu fühlen. Aber ich strahlte von innen heraus. Ich hatte tatsächlich das Gefühl, goldenes Licht würde aus mir herausströmen. Offensichtlich sahen das auch andere Menschen, denn eine meiner Cousinen beschrieb mich als strahlend. Eine andere Frau schnappte nach Luft, als wir uns unterhielten, und sagte: »Mein Gott, Sie leuchten ja!« Der Geist meiner Tante war nicht auf der Beerdigung, niemand konnte ihn spüren. Kumeka erklärte mir, dass ihr Geist die Erde in dem Moment verlassen hatte, als er sich vom Körper getrennt hatte, und dass Erzengel Azrael, der Engel des Todes, mich am Tag ihrer Beerdigung überstrahlte, um den anderen Anwesenden durch mich zu zeigen, dass es ein Leben nach dem Tod gibt. Dies war eine siebendimensionale Erfahrung.

Wie man Erleuchtung erlangt

Am wichtigsten ist es, Ihr Leben so rein wie möglich zu leben und in jedem Augenblick vollkommen präsent zu sein. Sie können nicht erleuchtet werden, wenn Sie nicht geerdet und daher nicht wirklich hier sind. Achten Sie auf Ihre Gedanken und Worte und sehen Sie in allen und allem das Göttliche.

Alle spirituellen Praktiken werden Sie auf Ihrem Weg unterstützen, solange Sie sie konzentriert und absichtsvoll ausüben. Dabei ist es gleich, ob Sie Gebete, Meditationen, Anrufungen, Dekrete, Mantras, Yoga, stille Kontemplation oder irgendeine andere Methode wählen. Bestimmte Energien wie die gold- und silberviolette Flamme, der goldene Christus-Strahl oder die Mahatma-Energie können Ihre Reise beschleunigen, wenn Sie regelmäßig mit ihnen arbeiten. Visualisierungen sind einer der großen Schlüssel zur Transformation. Visualisieren Sie, dass sich Ihr Herz öffnet und ein goldener Weg vor Ihnen liegt – oder irgendetwas anderes, das Ihnen hilft, Ihrem Ziel näher zu kommen.

Wie Ihnen die Einhörner auf dem Weg der Erleuchtung helfen

Die Einhörner sind dermaßen erleuchtete Wesen, dass der nächste Schleier vor Ihrem Dritten Auge automatisch entfernt wird, wenn Sie einen Einhorn-Orb betrachten – vorausgesetzt, Ihr Herz ist offen. Dann werden die Einhörner bei Ihnen bleiben und Ihnen helfen, alle übrigen Schleier zu entfernen, bis auch der zweite aufgelöst ist – der letzte, der in einem physischen Körper aufgelöst werden kann.

Erzengelin Azariel hilft den Einhörnern bei diesem Unterfangen. Führen Sie die folgende Übung bitte mit Ehrfurcht und konzentriert aus.

Eine Visualisierungsübung:
Mithilfe der Einhörner die Schleier entfernen
1. Öffnen Sie Ihre Arme, um die ganze Welt zu umarmen.
2. Erinnern Sie sich daran, dass Sie ein ganz erstaunliches göttliches Wesen sind.
3. Intonieren Sie dreimal den Klang »Maaah« mit der Absicht, Ihr Herz zu öffnen.
4. Stellen Sie sich vor, ein wunderschönes weißes Einhorn stünde vor Ihnen. Lassen Sie das Licht aus seinem Horn in Ihr Drittes Auge strömen. Stellen Sie sich vor, dass der nächste Schleier wie ein Vorhang zurückgezogen wird.
5. Danken Sie dem Einhorn dafür, dass es zu Ihnen gekommen ist und mit Ihnen daran gearbeitet hat, alle Schleier zu entfernen, bis Sie vollständige Erleuchtung erlangt haben.

Eine Visualisierungsübung:
Erleuchtung in einer Beziehung
Wenn Sie eine Frau sind und mit einem Mann erleuchtet sein möchten, müssen Sie die Energien, die er mitbringt, wertschätzen. Akzeptieren Sie seine männliche Essenz und

schauen Sie in seine Seele. Wenn Sie ein Mann sind, tun Sie dasselbe mit einer Frau.

1. Suchen Sie sich ein ruhiges Plätzchen, an dem Sie sich wohlfühlen und nicht gestört werden können.

2. Zünden Sie eine Kerze an und weihen Sie sie der Absicht, Erleuchtung in einer Beziehung mit dem anderen Geschlecht zu erlangen.

3. Schauen Sie mit erleuchteten Augen auf die Person, die vor Ihnen erscheint.

4. Wertschätzen Sie ihre Energien und Eigenschaften.

5. Nehmen Sie Kontakt zu ihrem inneren Kind auf. Um das zu tun, können Sie sich die andere Person als verletzliches dreijähriges Kind vorstellen. Spüren Sie seine Unschuld und seine Angst. Öffnen Sie diesem Kind Ihr Herz und schenken Sie ihm die Liebe und Akzeptanz, die es braucht.

6. Suchen Sie nach dem Licht seiner Essenz und ehren Sie diese.

7. Betrachten Sie die Farben seiner Seele und seines mächtigen höheren Selbst, das allliebend ist.

8. Danken Sie dem Kind dafür, dass es Sie erleuchtet hat.

9. Wenn Sie die Augen öffnen, achten Sie darauf, wie Sie sich jetzt fühlen.

Eine Übung: Den zweiten Schleier entfernen

1. Sitzen oder liegen Sie bequem.

2. Visualisieren Sie, dass alles durch Licht miteinander verbunden ist: Sterne und Planeten, Bäume und Pflanzen, Felsen und Steine, Menschen und Tiere, Fische und Insekten.

Eine Übung: Verbundenheit spüren

1. Setzen oder legen Sie sich in einer sternenklaren Nacht auf die Erde.
2. Visualisieren Sie die Verbindungen im Kosmos.
3. Sehen Sie nun das Licht, das alles und alle auf der Erde miteinander verbindet.

Es wird erwartet, dass bis zum Jahr 2032 über siebzig Prozent der Menschen auf unserem Planeten erleuchtet sein werden.

39 Reichtum und seine Manifestierung

Reich zu sein und im Überfluss zu leben, bedeutet nichts anderes, als dass alle Energien ungehindert in Liebe und Glück fließen. Sie wissen, Erfolg und Wohlstand werden immer in Ihr Leben strömen, weil Sie, als ein geliebtes Kind des Universums, all dies verdienen.

Da Religionen alles kontrollieren müssen, haben sie schon immer dafür gesorgt, dass die Menschen ein schlechtes Selbstwertgefühl haben, wodurch der Geist verarmt, Armutsbewusstsein und der Glaube an den Mangel entstehen. Spirituelle Menschen hingegen wissen, dass wir in einem überreichen Universum leben. Bis zum Jahr 2032 wird die höhere Schwingung des Reichtumsbewusstseins alle niederen Ängste verzehrt haben.

Schlüssel zu Reichtum und seiner Manifestierung

1. Die Macht des Bittens
Die Engel sind immer um uns, sie helfen uns, erschaffen Synchronizitäten, öffnen uns Türen und flüstern uns zu, welchen Weg wir einschlagen sollen, aber wir müssen sie um Hilfe bitten. Sie können nicht gegen unseren freien Willen handeln und uns Dinge bringen, um die wir nicht gebeten haben.

2. Manifestierung in der dritten Dimension

Wenn Sie sich unbeirrt und ohne jeden Zweifel auf etwas konzentrieren, muss es Wirklichkeit werden, da Sie das geistige Gesetz der Manifestierung aktiviert haben. Aber wenn es nicht dem höchsten Wohle aller Beteiligten und dem Planeten dient, erschaffen Sie dadurch Karma. In der dreidimensionalen Welt konzentrieren sich die Menschen auf das, was ihnen fehlt, nicht auf das, was sie brauchen. Das bedeutet, dass sie ihr Drittes Auge dazu benützen, sich auf eigennützige Wünsche zu konzentrieren, statt auf spirituelle Dinge, die dem höchsten Wohl dienen. Dadurch wird das Dritte Auge blockiert, und ihre Erleuchtung und ihr Aufstieg verzögern sich. Das war bisher kein Problem, da nur wenige Menschen um die Macht dieser Art von Manifestierung wussten. Aber da heute so viele dreidimensionale Bücher über Manifestierung veröffentlicht werden, tun viele Menschen dies in einem solchen Ausmaß, dass der Fortschritt des Planeten gebremst wird.

Bitten Sie zunächst um das höchste Gute, und dann bitten Sie Erzengel Michael, alle Bindungen daran zu durchtrennen. Wenn Sie um etwas im Interesse des höchsten Wohles aller bitten, werden die Engel es nur zu gern zu Ihnen bringen – oder sogar etwas Besseres.

3. Manifestierung in der fünften Dimension

In der fünften Dimension sind Sie ausschließlich daran interessiert, Allem-Was-Ist zu dienen. Daher sind auch Ihre Wünsche von dieser Qualität. Es macht Ihnen überhaupt nichts aus, etwas loszulassen, wenn es nicht dem Gemeinwohl dient. Auf der Ebene eines solchen reinen Bewusstseins geschehen alle Manifestierungen zum Wohle aller. Ihre Konzentration auf etwas Bestimmtes bringt Wohlstand und Reichtum in jeder Form auf göttlich korrekte Weise hervor. Dann entsteht auch kein Karma.

4. Lösen Sie sich von unbewussten kollektiven Glaubenssystemen

Überzeugungen, die tief im kollektiven Unbewussten verankert sind, gleichen grauen Wolken voller klebriger Spinnweben, die uns alle in der dritten Dimension gefangen halten. Einzelne Menschen, Familien, Gemeinden und Staaten verstricken sich so sehr darin, dass sie das Licht des Göttlichen oder eine andere, höhere Perspektive gar nicht sehen können. Sie sehen nur die gleiche niedere Realität. Das Kollektiv ist voller Wut, Angst, Schuldgefühlen und fehlendem Vertrauen. Am wichtigsten sind die Angst vor finanziellem Mangel und die Unfähigkeit, darauf zu vertrauen, dass das Universum für uns sorgen wird.

Um für das neue Goldene Zeitalter bereit zu sein, müssen wir alle Bindungen durchtrennen, die uns an das Kollektiv binden, und sie dem Licht von Erzengel Raphael, dem Engel des Reichtums, oder dem fünfdimensionalen Bewusstsein übergeben.

5. Reichtum, Wohlstand und Liebe akzeptieren

Visualisieren Sie das, was Sie haben möchten, und machen Sie sich keine Gedanken darüber, was Sie nicht haben möchten. Widerstand verhindert Reichtum.

Ich unterhielt mich mit einer Frau, die ihren Chef hasste und kein gutes Wort für ihn übrig hatte. Obwohl sie ihre Arbeit sehr effizient erledigte, war sie bei Beförderungen bereits mehrmals übergangen worden. Ich wies sie behutsam darauf hin, dass sie selbst das Gute in ihrem Leben blockierte. Sie verstand nicht, welche Macht ihre Gedanken hatten, aber ich erklärte ihr, dass sie sich energetisch gegen ihren Chef sperrte, woraufhin sich dieser natürlich von ihr zurückgezogen hatte.

Ich bat sie sich vorzustellen, ihn freundlich zu begrüßen, wenn er ins Büro kam. Aber da sie dies nur sehr halbherzig tat, war nach einer Woche keine Veränderung festzustellen. Da sie Einhörner liebte, kam sie plötzlich auf die Idee sich vorzustellen, wie er auf einem Einhorn ins Büro geritten kam. Das konnte sie. Jeden Tag stellte sie sich vor, wie er angeritten kam. Sie sah sich selbst lächeln und ihn mit einem Blumenstrauß begrüßen. Es wirkte Wunder! Ihre Energie ihm gegenüber veränderte sich, und innerhalb von zwei Wochen wurde sie befördert.

Hören Sie also auf, sich gegen das zu wehren, was Sie nicht wollen, und konzentrieren Sie sich auf das, was Sie wollen.

6. Klarheit über den nächsten Schritt, über Sinn und Zweck Ihrer Wünsche

Wenn Sie etwas in Ihr Leben bringen möchten, ist es wichtig, sich im Klaren zu sein, um was es eigentlich geht. Wenn Sie sich nicht sicher sind, setzen Sie sich hin und bitten Sie Erzengel Gabriel, Ihnen zu helfen es herauszufinden. Sie können darum bitten, dass Ihr Geist sein Refugium am Mount Shasta in Kalifornien während des Schlafes aufsucht. Formulieren Sie diesen Wunsch ganz klar. Vielleicht müssen Sie es mehrmals tun, aber wenn es geklappt hat, können Sie vertrauensvoll voranschreiten.

7. Richten Sie Ihre Seelenenergie an Ihrer Vision aus

Sie möchten Koch sein, arbeiten aber im Büro? Dann sind Sie nicht reich, weil Sie nicht im Einklang mit Ihrer höchsten Wahrheit leben. Wenn Sie wirklich reich sind, macht Ihnen Ihre Arbeit Freude.

Die Weltwirtschaft bricht zusammen, weil sich der Planet spirituell weiterentwickeln will und dafür alle Zahnräder reibungslos ineinander greifen müssen. Damit das geschehen kann, müssen die einzelnen Volkswirtschaften, die Banken, Versicherungsgesellschaften und Großkonzerne ihre Schwingungsfrequenz erhöhen, denn gegenwärtig dienen sie nicht dem Gemeinwohl.

8. Bekräftigen Sie, dass Sie Reichtum verdient haben

In dem Augenblick, in dem Sie daran glauben, dass Sie Reichtum und Überfluss verdient haben, wird Ihre Schwingung dies automatisch anziehen. Wenn Sie etwas bekommen, aber tief im Innern glauben, es nicht verdient zu haben, wird es wieder aus Ihrem Leben verschwinden. Bekräftigen Sie jeden Tag, dass Sie Reichtum verdient haben.

9. Erleuchtung

Erleuchtung ist der wahre Weg zum Reichtum. Wenn die Schleier der Illusion von Ihrem Dritten Auge entfernt werden, wird Ihr Denken klarer und Sie können sich besser konzentrieren. Ihre Schwingungsfrequenz wird fünfdimensional, und Sie können Ihre eigene höhere Realität manifestieren. Die Schlüssel zur Erleuchtung finden Sie im vorigen Kapitel.

Eine Visualisierungsübung: Reichtum anziehen

1. Suchen Sie sich einen ruhigen Ort, an dem Sie sich entspannen können.

2. Rufen Sie Erzengel Gabriel an. Wenn Sie sein weißes Licht um sich herum fühlen, bitten Sie ihn um Läuterung und Klarheit. Sitzen Sie einen Moment lang still da und nehmen Sie sein Licht auf.

3. Vor sich sehen Sie einen herrlich anzuschauenden Berg. Überlegen Sie sich, was Sie zurückhält. Schuldgefühle, Angst oder Wut können wie graue Bälle an Ihnen kleben. Vielleicht hält Sie aber auch etwas anderes zurück.

4. Trennen Sie diese grauen Bälle ab und wandeln Sie sie in der gold- und silbervioletten Flamme um.

5. Während Sie mühelos den Berg weiter emporsteigen, kommen Sie in die dunkle Wolke des kollektiven Unbewuss-

ten. Achten Sie auf die klebrigen Spinnweben, in denen Sie sich verfangen. Außer Ihnen sind hier noch viele andere Menschen gefangen.

6. Bitten Sie Erzengel Michael, die klebrigen Spinnweben zu durchtrennen. Nachdem er es getan hat, sind Sie endlich frei.

7. Erzengel Gabriel führt Sie zu einem wunderschönen tosenden Wasserfall, in dessen weißem Wasser Sie geläutert werden. Lassen Sie das Wasser auf sich herabprasseln und Sie reinwaschen.

8. Die Wolken haben sich verzogen und Sie können den Gipfel des Berges sehen. Die Sonne scheint auf Sie herab.

9. Ein goldener, von der Sonne beschienener Weg liegt vor Ihnen. Gehen Sie gemeinsam mit all den anderen den goldenen Weg hinauf und halten Sie einander an den Händen.

10. Auf der Bergkuppe warten viele Engel auf Sie. Sie befinden sich nun in der fünften Dimension, wo alles Licht ist. Visualisieren Sie, was Sie wollen, zum Wohle aller Wesen.

11. Bedanken Sie sich bei den Erzengeln für ihre Hilfe. Kehren Sie dann langsam in diese Welt zurück, öffnen Sie die Augen und bewahren Sie in sich die Energie des Reichtums.

Eine Übung: Reichtum manifestieren

1. Überlegen Sie sich, was Sie zum Wohle aller Wesen manifestieren möchten.

2. Sprechen Sie mit jemandem darüber oder – wenn Sie niemanden haben, mit dem Sie reden können – ziehen Sie sich an einen ruhigen Ort zurück und machen Sie die Übung allein. Sprechen Sie Ihren Wunsch laut aus.

3. Stellen Sie sich vor, Sie wären sechs Monate in der Zukunft. Bezeichnen Sie den Monat, um sich besser konzentrieren zu können.

4. Stellen Sie sich vor, alles, was Sie sich gewünscht haben, ist eingetreten. Es hat sich bereits in der physischen Realität manifestiert.

5. Sprechen Sie mit Begeisterung über diese Dinge, so als ob wirklich sechs Monate vergangen wären und Ihr Wunsch tatsächlich wahr geworden wäre. Das trägt dazu bei, Ihre jetzige Schwingung der Schwingung dessen, was Sie manifestieren wollen, anzugleichen.

Eine Übung:
Reichtum mithilfe eines Ballons manifestieren

1. Malen Sie einen Ballon in Gold, Blau oder Rosa mit einer Schnur daran.

2. Schreiben Sie in den Ballon, was Sie manifestieren möchten.

3. Schreiben Sie unter den Ballon: »Dieser Wunsch oder etwas Besseres manifestiert sich jetzt zum Wohle aller Wesen.«

4. Malen Sie eine große blaue Schere, welche die Schnur durchschneidet. Das Blau repräsentiert Erzengel Michael, der alle Anhaftungen an Ihre Wünsche durchtrennt.

5. Stellen Sie sich vor, dass Ihr Ballon hoch in die Luft fliegt und dass die Engel ihn mit in die höheren Welten nehmen.

40 Die Bedeutung der Zahlen

Zur Zeit des Goldenen Atlantis erhielt Erzengel Metatron vom göttlichen Quell Einblick in die Wissenschaft der Zahlen. Er lehrte die Menschheit, dass jede Zahl großen kosmischen Einfluss hat.

Zahlen sind kosmische Energien. Jede Zahl hat eine einzigartige Schwingung, die Sie beeinflusst, wenn Sie Verbindung zu ihr aufnehmen.

So ist zum Beispiel die Zahl 9 eine Energiekugel mit einer Schwingung, die dafür sorgt, dass etwas zu Ende gehen oder sich vervollständigen kann. Wenn Sie in einem Haus mit der Nummer 9 wohnen, sind Sie automatisch auf die Neuner-Frequenz eingestimmt. Der allgemeine Einfluss der Zahl auf Ihr Leben wird so aussehen, dass Sie Dinge zusammenfügen, möglicherweise Beziehungen heilen oder sogar Probleme aus früheren Leben auflösen, ohne sich dessen bewusst zu sein. Möglicherweise verspüren Sie Zufriedenheit, was den Abschluss einer alten und den Beginn einer neuen Suche ankündigt.

Wenn Ihr Haus die Nummer 28 hat, werden die beiden Zahlen zusammengezählt: 2 + 8 = 10. Dann wird die 10 wiederum auf eine einstellige Zahl reduziert: 1 + 0 = 1. Ihr Haus wird dann von der kosmischen Zahl 1 beeinflusst, der Zahl des Neuanfangs, der Individualität und Einzigartigkeit.

Für Geburtsdaten gilt dasselbe Prinzip. Aus diesem Grund wurde Ihr Geburtsdatum von Ihrer Seele und dem sie überstrahlenden Erzengel vor Ihrer Inkarnation so sorgfältig ausgesucht. Sie werden von der betreffenden Zahl ein Leben lang beeinflusst werden, weil Sie auf diese eingestimmt sind. Wenn jemand beispielsweise am 21.03.1950 geboren wurde, werden die Zahlen folgendermaßen addiert: $2 + 1 + 0 + 3 + 1 + 9 + 5 + 0 = 21 = 2 + 1 = 3$. Diese Person wird sich also unter dem Einfluss der kosmischen Schwingung der 3 befinden.

Die Buchstaben Ihres Namens sind ebenfalls mit einer Zahl verbunden. Daher hat Ihr Name einen tief gehenden Einfluss auf Ihr Leben. Ein Elternteil, meistens die Mutter, empfing vor Ihrer Geburt Ihren Namen von Ihrer Seele. Dies ist so wichtig, dass es kaum jemals vorkommt, dass Eltern einen falschen Namen wählen.

Der Einfluss der einstelligen Zahlen

1 Die Zahl 1 beeinflusst Sie dahingehend, etwas Neues zu beginnen. Sie kann Ihnen auch helfen, ein Alpha-Mensch zu werden, der Erste, sehr individualistisch und einzigartig.

2 Die Zahl 2 wirkt sich so auf Sie aus, dass Sie am liebsten mit anderen zusammenarbeiten, alles in Paaren machen oder nach dem Seelenpartner suchen.

3 Die 3 ist eine sehr spirituelle Zahl, die Sie unter den

Einfluss der Dreiheit stellt. Sie hilft Ihnen, indem sie Ihnen Stabilität gibt, sodass Sie sich gleichzeitig erden und nach dem Geistigen streben können.

4   Die Zahl 4 hat einen soliden, verlässlichen Einfluss. Sie zeigt an, dass Sie Ihre Träume und Hoffnungen auf einer stabilen Basis verwirklichen, nach Gerechtigkeit streben und praktisch veranlagt sind.

5   Die Zahl 5 schwingt auf der Frequenz der Weisheit und kann Sie zu einem Visionär machen. Sie hilft Ihnen, Ihre Möglichkeiten während eines Lebens stark zu erweitern.

6   Die Zahl 6 bringt Geselligkeit in Ihr Leben und führt auf der höchsten Ebene dazu, dass Sie nach spiritueller Gemeinschaft und bedingungsloser Liebe suchen.

7   Der Einfluss der Zahl 7 bewirkt, dass Sie logisch denken, sich aber gleichzeitig der spirituellen Weisheit des höheren Bewusstseins öffnen.

8   Die 8 ist die Zahl der Unendlichkeit. Sie birgt unendliche Möglichkeiten in sich und ermöglicht die Umwandlung der Welt.

9   Der Einfluss der Zahl 9 bringt Sie Ihrer spirituellen Vision, der Erleuchtung und göttlichen Weisheit näher. Sie hilft Ihnen, das Gelernte auf einem bestimmten Gebiet zu vervollständigen.

Die Meisterzahlen

Gewisse Meisterzahlen sind vollständig in sich selbst, und die einzelnen Zahlen werden nicht zusammengezählt. Diese besonderen Zahlen haben eine sehr macht-volle Schwingung. Das Universum lädt Sie ein, auf die-se Zahlen zu achten und entsprechend zu handeln, da sie eine wichtige Botschaft für Sie enthalten. Ihre Füh-rer und Engel werden dafür sorgen, dass Sie auf sie auf-merksam werden.

11 Die 11 ist die Zahl der Meisterschaft. Sie sind auf-gefordert, Ihre Beziehungen und Lebensumstände un-ter die Lupe zu nehmen. Übernehmen Sie die Verant-wortung dafür, dass Sie diese selbst erschaffen haben. Dann können Sie sie auch verändern, vorausgesetzt Sie möchten es.

22 Die 22 ist die Zahl des Baumeisters. Sie weist Sie dar-auf hin, dass es an der Zeit ist, Mitschöpfer des Lebens zu werden, das Sie führen möchten. Arbeiten Sie also daran, Ihre Vision zu verwirklichen.

33 Die 33 ist die Zahl des Christus-Bewusstseins. Wenn Sie diese Zahl sehen, ist das eine Aufforderung des Uni-versums, mit dem Christus-Licht zu arbeiten.

44 Die 44 ist die Schwingung des Goldenen Atlantis. Die Zahl lädt Sie ein, die Energie des Goldenen Atlantis in Ihr Leben zu bringen. Leben Sie so wie damals in der fünften Dimension. Arbeiten Sie harmonisch mit ande-ren zusammen und achten und respektieren Sie alle Le-bensformen.

55 Die 55 ist die Schwingung Metatrons. Sie sind einge-laden, sich über das weltliche Denken zu erheben und gemeinsam mit Metatron an der höchsten Erleuchtung zu arbeiten. Denken Sie daran, dass seine Farbe ein gol-

denes Orange ist, stimmen Sie sich auf ihn ein und hören Sie auf seine Botschaften.

66 Wenn Sie die Zahl 66 sehen, soll Sie das daran erinnern, dass Sie nicht nur die kleine irdische Persönlichkeit sind, für die Sie sich halten. Sie sind ein großes kosmisches Wesen, das den Himmel beeinflussen kann.
Akzeptieren Sie Ihre Rolle als universelles Wesen.

77 Die 77 ist die Schwingung des Himmels. Sie lädt Sie
ein, mit Ihrem höheren Selbst im siebten Himmel zu
leben, und fordert Sie auf, sich so oft wie möglich mit
der Erde, den Engeln und Meistern sowie dem ganzen
Kosmos zu verbinden. Die 77 ist ein Ruf zur höchsten
Erleuchtung.

88 Die 88 ist die Schwingung Ihrer ICH-BIN-Gegenwart oder Monade – also des ursprünglichen göttlichen
Funkens. Diese Zahl fordert Sie auf, mit der ewigen Liebe Ihrer ICH-BIN-Gegenwart zu verschmelzen.

99 Die 99 zeigt an, dass Sie Ihre irdischen Lektionen
gelernt haben.

Wenn Sie eine dreifache Zahl sehen, bedeutet sie dasselbe wie die doppelte Zahl, aber auf einer noch höheren
Schwingungsfrequenz. So lädt die 333 Sie zum Beispiel
ein, mit dem Christus-Bewusstsein zu arbeiten, aber auf
einer höheren Ebene.

Als ich dieses Kapitel schrieb, gebar die Partnerin
des Musikers Andrew Brel einen Sohn. Byron kam am
28. Mai 2009 zur Welt. Ich zählte die Zahlen intuitiv zusammen, also 28 (der Tag) plus 5 (der Monat) plus 11 (die
Quersumme des Jahres) und kam auf 44, die Schwin-

gungszahl des Goldenen Atlantis. Als ich Andrew davon erzählte, schnappte er unwillkürlich nach Luft, denn er hatte für die Geburt eine Sammlung mit Dutzenden von klassischen Aufnahmen zusammengestellt, aber seine Freundin wollte, dass er immer nur eine bestimmte CD spielte – und zwar seine eigene *Golden Atlantis*-CD. Byron wurde also praktisch in die Schwingung des Goldenen Atlantis hineingeboren. Als ich meinen Führer befragte, bestätigte mir Kumeka, dass Byron in Atlantis viel Licht in sich getragen hatte und sehr mächtig gewesen war. Er hatte sich jetzt wieder inkarniert, um diese Energie in die Welt zu bringen.

Dann fiel mir plötzlich auf, dass die 28 ja normalerweise auch auf seine Quersumme reduziert wird. Also zählte ich $2 + 8 + 5 + 2 + 0 + 0 + 9 = 26 = 2 + 6 = 8$ und kam auf die Zahl der Unendlichkeit, was bedeutet, dass Byron zur Umwandlung der Welt beitragen kann. Ich fragte meinen Führer Kumeka danach, und er bestätigte mir, dass Byron im Goldenen Atlantis über gewaltiges Licht und gewaltige Macht verfügt hatte und dass er sich nun wieder inkarniert hatte, um der Welt diese Energie zu schenken.

Möglicherweise wird er während seiner Kindheit durch die Zahl 8 beeinflusst werden. Wenn er dann aber erwachsen wird, wird ihn die heilige Zahl 44 allmählich überstrahlen, sodass er seine wahre Macht und Autorität offenbaren kann.

Als Metatron mit mir Kontakt aufnahm, sah ich zum ersten Mal, wie viele Autos in meiner Nachbarschaft die 55 auf ihren Nummernschildern hatten. Es war wirklich sehr merkwürdig, da es mir vorher nie aufgefallen war. Aufgrund der vielen Digitaluhren, die überall vorhanden sind, wird die Aufmerksamkeit vieler Menschen stärker auf multiple Zahlen gelenkt, von denen einige uns besonders stark beeinflussen. Sie werden von der geistigen Welt als kleine universelle Weckrufe benutzt. Kumeka übermittelte mir die folgenden Informationen darüber:

03.03 bedeutet: Ab jetzt geht es für Sie voran.

04.04 bedeutet: Es ist an der Zeit, ein Projekt zu konkretisieren und dann damit loszulegen.

06.06 bedeutet: Nehmen Sie die Hilfe an, die verfügbar ist, und arbeiten Sie mit anderen zusammen.

07.07 bedeutet: Schauen Sie sich das, was Sie tun, von einer höheren spirituellen Warte aus an.

08.08 bedeutet: Vertrauen Sie dem Prozess und folgen Sie Ihrer inneren Führung.

09.09 bedeutet: Eine bestimmte Phase geht nun zu Ende.

10.10 bedeutet: Etwas Neues beginnt. Bereiten Sie sich darauf vor.

11.11 bedeutet: Etwas Neues beginnt bald auf höherer Ebene. Diese Zahl wurde vor Äonen im kollektiven Unterbewusstsein verankert, daher wird die neue höhere Schwingung während der kosmischen Momente jeweils um 11.11 Uhr einströmen.

12.12 bedeutet: Sie müssen sich einen disziplinierten spirituellen Lebensstil angewöhnen.

13.13 bedeutet: Akzeptieren Sie, wer Sie sind, und seien Sie anderen ein weiser Führer.

14.14 bedeutet: Bereiten Sie sich auf die Wiederkehr des Christus-Lichtes vor.

Immer wenn Sie eine doppelte Zahl sehen, verdoppeln sich auch ihre Energie und ihr Einfluss. Wenn Sie eine dreifache Zahl sehen, dann verdreifacht sich auch ihre Wirkung.

Jedem Planeten, jedem Stern und jeder Galaxie sind kosmische Zahlen zugeordnet, die alle zusammenwirken und ein harmonisches Gefüge ergeben. Die Erde hat zum Beispiel die Zahl 3.

1   Sirius und Sonne
2   Plejaden
3   Erde
4   Merkur
5   Mars und Andromeda
6   Milchstraße, Venus und Jupiter
7   Orion und Andromeda
8   Neptun
9   Saturn und Mond

(Beachten Sie bitte, dass Andromeda sowohl auf der 5 als auch auf der 7 schwingt.)

Bis zum Jahr 2032 wird die wahre Bedeutung der Zahlen verstanden worden sein. Es ist jetzt an der Zeit, sich der Energie der Sterne und Planeten stärker zu öffnen, indem wir den ihnen zugeordneten Zahlen stärkere Beachtung schenken.

Die Beziehungen der Zahlen zu Chakras, Orten, Gestirnen und Erzengeln

Zahl	Chakra	Ort	Gestirn	Erzengel
1	Erdstern	London	Sirius, Sonne	Sandalphon
2	Basis	Wüste Gobi China, Mongolei	Plejaden	Gabriel
3	Sakral	Honolulu, Hawaii	Erde	Gabriel
3	Nabel	Fidschi	Erde	Gabriel
4	Solarplexus	Ganz Südafrika	Merkur	Uriel
5	Herz	Glastonbury	Andromeda, Mars	Chamuel
6	Kosmisches Herz	Guatemala	Venus	Die universelle Engelin Maria
6	Hals	Luxor, Ägypten	Milchstraße	Michael
7	Drittes Auge	Afghanistan	Andromeda, Orion	Raphael
8	Alle Chakras		Neptun	Azariel
9	Krone	Machu Picchu, Peru	Saturn, Mond	Jophiel
10	Kausal	Tibet	der spirituelle Aspekt des Sirius	Christiel
11	Seelenstern	Agra, Indien	Alkione (Eta Tauri)	Mariel
12	Sternentor	Arktis	ein Energiehaufen in den Plejaden, der mit einem Wurmloch verbunden ist, das direkt zum göttlichen Quell führt	Metatron

Wenn ich zwei galaktische Verbindungen erwähne, hat die erste mehr Kraft und die zweite einen geringeren Einfluss.

41 Was wir tun können, um die Energie von Atlantis auf höherem Niveau zurückzubringen

Die Energie von Atlantis ist latent in unseren Chakras vorhanden. Wir müssen diese Zentren so fein justieren, dass wir wieder Zugang zu ihr bekommen. Die Engel und Einhörner werden uns dabei helfen.

1.   Der erste Schritt ist die Erleuchtung. Die Einhörner werden alle Menschen, deren Herz offen ist, helfen, die Schleier der Illusion aufzulösen, sodass sie erleuchtet werden. (Detaillierte Informationen dazu finden Sie in Kapitel 38 »Erleuchtung«.)

2.   Bitten Sie die Einhörner, im Traum zu Ihnen zu kommen. Bitten Sie sie, mit Ihren zwölf Chakras vom Erdstern aufwärts zu arbeiten und sie in eine fünfdimensionale Schwingung zu versetzen. Bitten Sie die Engel, den richtigen Ton für jedes Chakra zu singen, während die Einhörner ihre Arbeit tun.

Meine Freundin Diane Egby Edwards, eine Klangheilerin, hat Töne eingehend erforscht und mit ihnen besonders im Zusammenhang mit Heilung experimentiert.

Sie sagt, dass zwar alle Töne schön sind, man aber mittlerweile weiß, dass die verschiedenen Intervalle eine Reihe von unterschiedlichen psychologischen, emotionalen und physiologischen Effekten haben. Sie hat mir großzügigerweise gestattet, die nachfolgenden Erklärungen von ihrer CD *Magical Sound* hier wiederzugeben:

»Jede Materieform hat ihren eigenen Klang, so strahlen zum Beispiel Bäume oder die Zellen des Körpers Schwingungsfrequenzen aus, die für das menschliche Ohr jenseits des hörbaren Bereichs liegen.

Eine Schwingung ist eine Welle, und als Frequenz bezeichnet man die Geschwindigkeit der Welle. Alle Wesen und jede Materie bestehen aus Molekülen, von denen jede eine eigene Schwingungsfrequenz aufweist, die sich mit jedem anderen Molekül des betreffenden Wesens entweder in Resonanz oder Dissonanz befindet. Wenn all unsere Moleküle harmonisch zusammenschwingen, nennen wir das Wohlbefinden. Wenn es dissonante Moleküle gibt, kommt es zu physischer oder psychischer Krankheit. Wenn Moleküle bestimmten Frequenzen ausgesetzt sind, schwingen sie mit. Das ist die Grundlage der Klangheilung.

Kombinationen verschiedener Frequenzen erzeugen Klänge, die heilsamer wirken als andere. Diese Kombinationen nennt man Intervalle. Jeder Intervall hat aufgrund der erzeugten Harmonien eine andere Wirkung. Wenn man zum Beispiel C + G kombiniert, hört man nicht nur diese beiden Grundnoten. Sie weben ein Spektrum anderer Noten in den Klang ein, den Sie hören. Diese anderen sind alle Töne, die sich mit C + G in Resonanz befinden und die Harmonien genannt werden. Diese Harmonien bewirken die Heilung auf so effektive Weise. C + G, auch als ideale Quinte bezeichnet, ist der vollkommenste Klang des Universums, der die Menschen in die Glückseligkeit entrücken kann.«

Diane hat mir freundlicherweise die folgenden Noten für die Engel der Chakras gegeben, die sie unter der Führung von Kumeka und Fekorm, dem Meister der Musik, ausgependelt hat.

Dritter Intervall (Terz): glücklich und freudvoll
Vierter Intervall (Quarte): merkwürdig, mystisch
Fünfter Intervall (Quinte): richtet die Chakras aus, bewegt Energien, erzeugt Ausdehnung
Sechster Intervall (Sexte): rein, liebevoll, süß

3. Bitten Sie die Engel und Einhörner Ihnen zu helfen, sich mit dem innersten Herzen der Tiere zu verbinden.

4. Bitten Sie Erzengel Sandalphon darum, Sie in eine fünfdimensionale Blase zu hüllen.

5. Bitten Sie die Liebesengel, eine Blase der Liebe um Sie und andere Menschen herum zu erzeugen.

6. Bitten Sie die Engel, Ihnen zu helfen, auf fünfdimensionale Weise zu sehen, zu hören und zu sprechen.

7. Viele Menschen sind nicht wirklich mit der Erde verbunden. Sie sind einfach nur hier. Sie können aber nicht

wirklich glücklich sein und dem Planeten bei seiner Entwicklung helfen, wenn Sie die Verbindung zur Erde nicht fühlen. Um Ihnen dabei zu helfen, biete ich Ihnen die folgende Übung an.

Eine Visualisierungsübung:
Bewusst mit der Erde verbinden

a. Nehmen Sie Kontakt zu Erzengel Sandalphon auf. Sie können dies tun, während Sie draußen in der Natur sind und mit den Füßen den Boden berühren, oder Sie können es drinnen tun und es sich nur vorstellen.

b. Stellen Sie sich vor, dass Wurzeln aus Ihrem Erdstern-Chakra bis tief in das liebende Zentrum der Erde wachsen.

c. Ziehen Sie diese Energie in Ihr Herz, bis Sie sich ganz von Liebe erfüllt fühlen und das Gefühl haben, hierher zu gehören.

d. Wenn Sie wirklich wissen, dass Mutter Erde Sie wahrhaft leidenschaftlich liebt, können Sie auch von Herzen auf diese Liebe reagieren. (Kumeka bestand auf den Worten »wahrhaft leidenschaftlich«, um die Bedeutung und Tiefe der Liebe von Gaia für jeden von uns zu betonen.)

8. Verbinden Sie sich mit der Sonne und ziehen Sie das göttlich Männliche auf die Erde herab. Verbinden Sie sich mit dem Mond und ziehen Sie das göttlich Weibliche auf die Erde herab. Um dies bewusst zu tun, müssen Sie hinausgehen und in dem Licht des betreffenden Himmelskörpers baden. Atmen Sie seine Energie in Ihre Zellen hinein.

9. Achten Sie die Energie des Wassers, zum Beispiel in Form von Wellen, Wasserfällen oder reißenden Gebirgsbächen. Achten Sie aber auch jeden einzelnen Wassertropfen. Ein einzelner Wassertropfen auf Ihrer Zunge verkörpert die Essenz des Lebens.

10. Öffnen Sie Ihre zwölf Chakras und verbinden Sie den Erdstern mit der Erde und das Sternentor mit dem göttlichen Quell. Ziehen Sie Erdenergie in Ihr Herz hinauf und die Energie des göttlichen Quells in Ihr Herz hinunter. Strahlen Sie dann aus Ihrem Herzen Liebe und Frieden für die ganze Welt aus.

11. Setzen Sie sich hin und stellen Sie sich vor, Sie würden den ganzen Planeten in Ihren Händen halten. Schenken Sie ihm Ihre Liebe. Empfangen Sie seine Liebe.

Übersicht der Chakras, der zugehörigen Erzengel, Noten und Farben

Chakra	Erzengel	Noten, um das Chakra richtig zu stimmen	Fünfdimensionale Farbe
Erdstern	Sandalphon	F + B (Quarte)	Schwarzweiß (Yin und Yang)
Basis	Gabriel	E + B (Quinte)	Platin
Sakral	Gabriel	E + B (Quinte)	Blassrosa
Nabel	Gabriel	E + B (Quinte)	Orange
Solarplexus	Uriel	D + B (Sexte)	Gold

Chakra	Erzengel	Noten, um das Chakra richtig zu stimmen	Fünfdimensionale Farbe
Herz	Chamuel	F + C (Quinte)	Weiß
Hals	Michael	D + A (Quinte)	Königsblau
Drittes Auge	Raphael	E + A (Quarte)	Kristallklar
Krone	Jophiel	C + A (Sexte)	Kristallklar
Kausal	Christiel	A + C (Terz)	Weiß
Seelenstern	Zadkiel, Mariel	C (512 Hz), F C (128 Hz)	Magenta
Sternentor	Metatron	G + C#	Dunkles Gold

Teil V

Vorbereitung auf den Übergang zum Goldenen Zeitalter

42 Die zwölf Aufstiegs-Chakras

Auf dem Weg der Erleuchtung und des Aufstiegs ist es unerlässlich, dass wir unsere zwölf Chakras öffnen. Zurzeit des Goldenen Atlantis besaßen wir alle zwölf aktive Chakras und trugen in uns weit mehr Licht und größere Weisheit, als dies gegenwärtig der Fall ist.

Wenn alle Chakras offen sind, werden auch die zwölf Stränge der DNA aktiviert. In diesen Strängen verbergen sich unglaubliche spirituelle und mediale Gaben, die nur darauf warten, zu uns zurückzukehren, sobald wir erwachen und die zwölf Chakras aktivieren. Aus diesem Grund ist es so wichtig, sie zu verstehen und wieder mit ihnen zu arbeiten.

Das Erdstern-Chakra

Um den Erdstern, der sich etwa dreißig Zentimeter unter den Füßen befindet und schwarz-weiß (Yin und Yang) ist, kümmert sich Erzengel Sandalphon. Hier ist das gesamte Potenzial dieses Lebens wie ein Same im Boden verborgen. Erzengel Sandalphon nährt ihn, aber es liegt in unserer Verantwortung, ihn dabei zu unterstützen.

Immer wenn Sie barfuß laufen oder in der Natur spazieren gehen, tragen Sie etwas zur Entwicklung dieses

Chakras bei. Und damit wachsen auch die Samen Ihrer göttlichen Möglichkeiten heran.

Der Erdstern ist das Fundament Ihres spirituellen Wachstums. Weil Sie sich nicht höher strecken können als Sie graben können, ist es so wichtig, dieses Chakra zu entwickeln. Zwei universelle Engel bringen die Energie dieses Zentrums direkt in die Mitte der Erde und verankern sie dort. Der eine heißt Roquiel, ist schwarz und gehört zum göttlich Weiblichen; der andere heißt Gersisa, ist grau und bewohnt die Hohlerde. Diese beiden universellen Engel sind heute sehr aktiv, um uns zu helfen, ein starkes spirituelles Fundament zu errichten.

Wenn alle anderen Chakras – auch das zwölfte, das Sternentor – so weit sind, entflammt das Erdstern-Chakra. Nur dann kann sich das Sternentor vollständig öffnen und erstrahlen.

Das Basis-Chakra

Auf der fünfdimensionalen Ebene ist dieses Chakra platinfarben. Es verbindet uns mit der Weisheit der Delfine. Wenn die Kundalini erwacht und in dieses Chakra strömt, werden Freude und Entzücken zur Grundlage Ihres Lebens. Dann fühlen Sie sich vollkommen sicher und vertrauen darauf, dass sich das Universum immer um Ihr Wohlergehen kümmern wird. Erzengel Gabriel beaufsichtigt dieses Chakra. Wenn alle Ängste in diesem sowie im Sakral- und Nabel-Chakra aufgelöst sind, gewinnen Sie neue Klarheit und ein Gefühl für Ihre Bestimmung.

Das Sakral-Chakra

Etwas oberhalb des Basis-Chakras befindet sich dieses, in einem blassen Rosaton strahlende Chakra, das sich ebenfalls in der Obhut von Erzengel Gabriel befindet. Hier geht es um transzendente Sexualität und um den Ausdruck zärtlicher, wahrer Liebe.

Wenn sich dieses Chakra auf der fünfdimensionalen Ebene öffnet, verändern sich Ihre Beziehungen, weil Sie nicht länger Signale der Bedürftigkeit oder des Begehrens aussenden, sondern eine höhere, selbstbewusste, liebevolle Energie.

Das Nabel-Chakra

Dieses Chakra, das in der fünften Dimension orangefarben leuchtet und sich ebenfalls in der Obhut Erzengels Gabriel befindet, heißt alle Menschen willkommen; es drückt Geselligkeit und Akzeptanz aus.

Das Solarplexus-Chakra

Der Solarplexus leuchtet in einem satten Goldton und strahlt Frieden, Weisheit und die Fähigkeit, Menschen und Situationen zu beruhigen, aus. Erzengel Uriel hält dieses Zentrum in seinem Licht.

Das Herz-Chakra

Das fünfdimensionale Zentrum des Herz-Chakras ist schneeweiß und befindet sich in der Obhut von Erzengel Chamuel. Weil Sie reine Liebe ausstrahlen, sehen Sie alles und alle durch die Augen der Liebe. Sie stehen in Kontakt mit dem kosmischen Herzen.

Das Hals-Chakra

Strahlt dieses Chakra königsblau, erhalten Sie automatisch den Schutz, die Kraft und den Mut von Erzengel Michael. Sie arbeiten mit ihm und tragen sowohl seinen blauen Mantel als auch sein Schwert der Wahrheit und seinen Schutzschild. Sie setzen diese Instrumente ein, um anderen zu helfen.

Das Dritte-Auge-Chakra

Das allsehende Auge ist in der fünften Dimension vollkommen durchsichtig – wie eine Kristallkugel. Sie bereiten sich auf Ihre Reise zur Erleuchtung vor. Erzengel Raphael gewährt Ihnen die Gabe der Heilung und des Reichtums.

Das Kronen-Chakra

Sie tragen nun die Kristallkrone des tausendblättrigen Lotus auf dem Kopf. Sie öffnet sich vollständig und ermöglicht es Ihnen, das Licht Ihrer Seele zu empfangen und die unteren Chakras mit ihm zu nähren. Dieses Zentrum befindet sich in der Obhut von Erzengel Jophiel.

Das Kausal-Chakra

Dieses schneeweiße Chakra oberhalb und etwas hinter dem Kronen-Chakra ist der Ort, an dem Sie in die Stille eintreten. Erzengel Christiel kümmert sich darum. Ist es offen und empfangsbereit, lassen Wesen aus den höheren geistigen Welten ihre Samen der Weisheit in Ihr Bewusstsein einströmen.

Das Seelenstern-Chakra

Dieses Chakra hat zwei Funktionen: Zum einen wandelt dort Erzengel Zadkiel das Karma unserer Vorfahren um, das sich im unteren Teil befindet. Zum anderen lässt Erzengel Mariel die Weisheit Ihrer Seele einströmen, wenn es geöffnet ist, sodass Sie im täglichen Leben Zugang dazu haben. Dieses Chakra erstrahlt im Magenta des göttlich Weiblichen.

Das Sternentor-Chakra

Erzengel Metatron, Fürst des Antlitzes genannt, weil er der einzige Engel ist, der direkt in das Licht Gottes schauen darf, beaufsichtigt Ihren Aufstieg. Er arbeitet mit dem Sternentor-Chakra, das in einem wunderschönen Goldton erstrahlt. Öffnet es sich, haben Sie Zugang zum Licht des göttlichen Quells.

Zwei universelle Engel helfen, die Energie des Erdstern-Chakras tief im Planeten zu verankern; zwei weitere Engel helfen Ihnen, das Sternentor-Chakra mit dem göttlichen Quell zu verbinden. Serafina, die zu den Seraphim gehört, hilft Metatron, die Energien des Sternentors zu justieren. Danach beginnt sie damit, die Leiter vom göttlichen Quell zum Sternentor zu bauen. Ist die Leiter fertig, hilft sie Ihnen, sie zu erklettern. Zudem hat sie ein Refugium in einer anderen Dimension, das eine intergalaktische Ausbildungsstätte ist, in der Sie sich als kosmischer Botschafter für die Erde ausbilden lassen können, sofern Sie dies wünschen.

Butyalil arbeitet gemeinsam mit Metatron und Serafina daran, die kosmischen Ströme auszurichten, welche die Erde an ihrem Platz halten.

Eine Übung: Erwecken Sie Ihren Erdstern

1. Stehen Sie mit den Füßen in hüftbreitem Abstand fest auf dem Boden.

2. Konzentrieren Sie sich auf die Füße und stellen Sie sich vor, dass Energie in einem nach unten gerichteten Dreieck, dessen Spitze sich etwa dreißig Zentimeter unter den Füßen befindet, in den Boden strömt.

3. Richten Sie nun Ihre Aufmerksamkeit auf die Zehen, dann auf die Außenseiten der Füße, auf die Fersen und schließlich auf die Innenseiten. Schaukeln Sie leicht hin und her, während Sie damit fortfahren, bis Sie das Gefühl haben, Ihr Erdstern sei verankert.

4. Richten Sie Ihre Aufmerksamkeit nun auf den Erdstern. Stellen Sie ihn sich wie eine leuchtende Kammer unter Ihren Füßen vor.

5. Sehen Sie, wie die Samen Ihres Potenzials in dieser Kammer heranreifen.

6. Dort befindet sich Ihre Kundalini.

7. Darunter befindet sich eine Verbindung zum Zentrum der Erde.

Eine Übung: Aktivieren Sie Ihre zwölf Chakras

Sie können diese Übung wie hier beschrieben ausführen, aber wenn Sie mit den Chakras besser vertraut sind, können Sie sie auch beim Spazierengehen, während einer Zugfahrt, eines Fluges oder auf dem Beifahrersitz eines Autos ausführen. Die Übung ist sehr einfach, und je häufiger Sie sie ausführen, desto besser verankern, öffnen und aktivieren Sie Ihre Aufstiegs-Chakras.

1. Zünden Sie eine Kerze an – wenn möglich.

2. Sitzen Sie ruhig da und lassen Sie sich durch nichts ablenken.

3. Konzentrieren Sie sich auf Ihr Erdstern-Chakra unter den Füßen und bitten Sie Erzengel Sandalphon, mit Ihnen in Kontakt zu treten. Warten Sie, bis Sie spüren, dass er bei Ihnen ist. Dann atmen Sie dreimal in Ihr schwarz-weißes Erdstern-Chakra.

4. Konzentrieren Sie sich auf das Basis-Chakra in Höhe des Schambeins und bitten Sie Erzengel Gabriel, mit Ihnen in Kontakt zu treten. Warten Sie, bis Sie spüren, dass er bei Ihnen ist. Dann atmen Sie dreimal in Ihr platinfarbenes Basis-Chakra hinein.

5. Richten Sie Ihre Aufmerksamkeit nun auf das Sakral-Chakra und bitten Sie Erzengel Gabriel, seine Energie dort einströmen zu lassen. Atmen Sie dann dreimal in Ihr blassrosa Sakral-Chakra.

6. Konzentrieren Sie sich nun auf Ihr Nabel-Chakra und laden Sie Erzengel Gabriel ein, seine Energie dort einströmen zu lassen. Atmen Sie dann dreimal in ihr leuchtend orangefarbenes Nabel-Chakra hinein.

7. Richten Sie Ihre Aufmerksamkeit nun auf Ihren Solarplexus und bitten Sie Erzengel Uriel, die Energie der Weisheit dort einströmen zu lassen. Atmen Sie dann dreimal in Ihr sattgoldenes Solarplexus-Chakra.

8. Gehen Sie weiter zum Herz-Chakra und laden Sie Erzengel Chamuel ein, Sie zur reinen Liebe zu erwecken. Atmen Sie dann dreimal in Ihr schneeweißes Herz-Chakra hinein.

9. Konzentrieren Sie sich auf Ihr Hals-Chakra und bitten Sie Erzengel Michael, Sie dort zu berühren. Atmen Sie dann dreimal in Ihr königsblaues Hals-Chakra.

10. Richten Sie Ihre Aufmerksamkeit auf das Dritte Auge und lassen Sie sich dort von Erzengel Raphael helfen. Atmen Sie dann dreimal in Ihr kristallklares Drittes Auge.

11. Lassen Sie Ihre Aufmerksamkeit nun zum Kronen-Chakra wandern. Spüren Sie, wie Erzengel Jophiel, der Engel der Weisheit, dieses Chakra weiter öffnet. Atmen Sie dann dreimal in Ihr kristallklares Kronen-Chakra hinein.

12. Aktivieren Sie nun die transzendenten Chakras über dem Kopf. Richten Sie Ihre Aufmerksamkeit auf das schneeweiße Kausal-Chakra und lassen Sie sich von Erzengel Christiel dabei helfen. Atmen Sie dreimal in Ihr schneeweißes Kausal-Chakra.

13. Etwas weiter oben befindet sich das magentafarbene Seelenstern-Chakra. Spüren Sie, wie Erzengel Mariel dort mit Ihnen arbeitet. Atmen Sie dreimal in das magentafarbene Seelenstern-Chakra.

14. Nun ist es an der Zeit, sich dem Sternentor zuzuwenden. Rufen Sie Erzengel Metatron an und spüren Sie, wie er dieses höchste der Chakras erweitert. Atmen Sie dann dreimal in diese goldene Lichtkugel hinein.

15. Danken Sie den Erzengeln dafür, dass sie Ihre Chakras aktiviert haben, und öffnen Sie die Augen.

43 Unsere Rolle im großen Plan

Sie sind wahrlich gesegnet, während dieser Zeit auf Erden zu leben. Es ist ein unglaubliches Privileg, mit den Energien zu arbeiten, die 2012 eingeströmt sind und uns auf das neue Goldene Zeitalter vorzubereiten. Nie hat es eine solche Möglichkeit spirituellen Wachstums wie heute gegeben. Sie sind aufgefordert, das Beste aus dieser von Gott gegebenen Möglichkeit zu machen.

Um vorbereitet zu sein, wird von uns erwartet, dass wir uns von allen Ängsten und von jeder Form der Negativität befreien und sie durch Liebe, Frieden, Freude und Reichtumsbewusstsein ersetzen. Sie können dies tun, indem Sie mit den in diesem Buch beschriebenen Übungen arbeiten. Je mehr Negativität Sie umwandeln, desto heller wird Ihr Licht erstrahlen und umso besser können die Engel und Erleuchteten durch Sie wirken.

Wie Sie den Prozess unterstützen können

1. Sorgen Sie für Frieden und Harmonie in Ihrem Leben. Dann wird Ihre Energie automatisch das Schwingungsniveau aller Menschen anheben, mit denen Sie in Kontakt kommen.

2. Begreifen Sie, dass alle Menschen gleichwertig sind, und verhalten Sie sich entsprechend.

3. Ehren Sie alle Lebensformen des Planeten: von Steinen und Pflanzen über Insekten bis hin zu Tieren und Menschen.

4. Geben Sie der Angst, der Finsternis und der Massenhysterie keine Nahrung. Konzentrieren Sie sich stattdessen auf das Gute, Weise und Große, damit sich diese Eigenschaften verbreiten können.

5. Stellen Sie sich vor, dass alle Wesen auf Erden in Frieden und Liebe miteinander leben.

6. Gehen Sie mit den Füßen auf dem Boden und dem Kopf im Himmel.

Wenn genug Menschen dies tun, muss sich das Bewusstseinsniveau aller zwangsläufig anheben. Ihre Aufgabe besteht darin, Ihr Licht stabil zu halten und als Leuchtfeuer zu dienen. Sie können Tausende Seelen beeinflussen und sie womöglich sogar zum Aufstieg führen.

Läuterung

Wenn Sie murrisch, reizbar oder leicht aus der Fassung zu bringen sind, wenn Sie sich Sorgen machen oder glauben, dass Sie nicht bekommen, was Ihnen zusteht, und dass das Leben ungerecht ist, dann müssen Sie sich läutern, bevor Sie Ihr Energieniveau anheben können. Hier sind einige Vorschläge, wie Sie dies tun können.

Erste Übung: In der Natur

Gehen Sie in die Natur hinaus. Gehen Sie in der Nähe von Bäumen oder Wasser spazieren oder barfuß im Gras. Bitten Sie die Natur, Ihre niederen Energien umzuwandeln.

Umarmen Sie einen Baum. Stellen Sie sich vor, dass sich Wurzeln aus Ihren Füßen mit den Wurzeln des Baumes verbinden, sodass alle unharmonischen Energien abfließen können.

Zweite Übung:
Die gold- und silberviolette Flamme der Umwandlung

Diese Flamme ist die machtvollste aller Transmutationsenergien. Da sie Sie öffnet, müssen Sie sich mit einem Schutz umgeben, bevor Sie sie anrufen. Dann wird sie Ihre Aura und Ihre Zellen reinigen. Sie können sie auch zu anderen schicken, um ihnen zu helfen.

Stellen Sie sich zuerst vor, dass Sie in Erzengel Michaels dunkelblauen Schutzmantel gehüllt sind. Als Alternative können Sie sich auch jedes andere Schutzinstrument vorstellen, dem Sie vertrauen.

Sagen Sie im Stillen oder laut: »Ich rufe die gold- und silberviolette Flamme an.«

Spüren Sie, wie sie Sie einhüllt.

Atmen Sie sie in Ihre Aura und Ihre Zellen ein.

Danken Sie der Flamme.

Dritte Übung: Orbs von Erzengel Zadkiel

Legen Sie den Namen oder ein Foto der Person oder des Ortes, die der Läuterung bedürfen (natürlich auch Ihr eigenes!), auf das Foto eines Orbs von Erzengel Zadkiel. Das violette Licht dieses Erzengels wird dann automatisch zu der Person oder dem Ort strömen und helfen, dort blockierte Energie umzuwandeln. (Fotos von Erzengel Zadkiels Orbs finden Sie auf den Orbs-Karten.[9])

Angst auflösen

Angst ist eine niederfrequente Energie, die wir alle in einem gewissen Maß bewusst oder unbewusst in uns tragen. Aber Angst verhindert, dass wir Zugang zu unserer wahren Weisheit haben. Zudem ist es sehr leicht, Angst von einem anderen Menschen oder einem Ort aufzunehmen, es sei denn, wir sorgen dafür, dass unsere Aura stark bleibt. Da Erzengel Uriel Angst mit seinem wunderschönen goldenen Licht umwandelt, dürfen wir ihn bitten uns zu helfen, diese Energie aufzulösen.

Erste Visualisierungsübung: Die eigene Angst auflösen

Entspannen Sie sich und rufen Sie Erzengel Uriel an.

Bitten Sie ihn im Stillen oder laut darum, eine Kugel aus goldener Energie in Ihren Solarplexus zu legen.

9 Diana Cooper und Kathy Crosswell: *Orbs-Karten*. Ansata, München 2009

Bitten Sie ihn, Ihren Solarplexus mit Selbstvertrauen und Weisheit zu füllen.

Atmen Sie seine goldene Energie ein, bis Sie spüren, dass sich Ihr Solarplexus entspannt hat und von Frieden erfüllt ist.

Danken Sie Erzengel Uriel für seine Hilfe.

Zweite Visualisierungsübung:
Die Angst anderer Menschen oder Orte auflösen
Um die Ängste anderer Menschen oder von Orten aufzulösen, erschaffen Sie einen Ball mit der Energie von Erzengel Uriel und senden diesen aus. Das kann man ganz wunderbar in einer Gruppe tun.

Halten Sie Ihre Hände in einem Abstand von fünfzehn Zentimetern vor dem Solarplexus, als ob Sie dort einen Ball halten würden.

Rufen Sie Erzengel Uriel an und bitten Sie ihn, Ihnen zu helfen, einen Ball des Friedens, der Weisheit und des Vertrauens zu erschaffen.

Konzentrieren Sie sich auf Frieden, Ruhe, Weisheit und Vertrauen und summen Sie in diesen Ball in Ihren Händen hinein.

Stellen Sie sich dabei vor, der Ball würde größer und goldener werden.

Wenn Sie damit fertig sind, legen Sie den Ball in den Solarplexus oder das Herz eines anderen Menschen oder stellen Sie sich vor, dass Sie ihn zu einem Menschen oder einem Ort senden.

Danken Sie Erzengel Uriel.

Illusionen auflösen

In Wirklichkeit existiert nur Liebe. Wenn Sie etwas oder jemanden als böse, hässlich oder verabscheuungswürdig wahrnehmen, sehen Sie durch die Augen der Illusion, die Ihre Wahrnehmung verzerrt. Im Folgenden schildere ich einige Möglichkeiten, diese Illusion aufzulösen.

Segnungen

In der fünften Dimension sehen, hören und sprechen Sie vom Standpunkt der Liebe aus. Wenn sich zum Beispiel jemand grausam verhält, beobachten Sie dies und segnen Sie ihn mit Güte. Gleichzeitig stellen Sie sich vor, dass er mit offenem Herzen handelt. Dadurch ziehen Sie ihn in eine höhere Dimension hinein.

Feuerdrachen

Drachen sind vierdimensionale Elementarwesen, deren Herzen offen sind und die eine große Liebe zur Menschheit hegen. Sie handeln immer im Interesse des Wohles aller Wesen. Sie können einen Feuerdrachen herbeirufen und ihn bitten, Ihre Illusionen zu verbrennen. Sie können aber auch Feuerdrachen aussenden, um die Illusionen anderer Menschen zu verbrennen.

Die Vision bewahren

Wenn Sie eine Vision für sich selbst, einen Freund, ein Land oder ein Projekt in das höchste Licht heben, können Wunder geschehen. Wenn Sie darüber sprechen, sollten Sie dies voller Begeisterung tun, nur positive Worte verwenden und alle negativen Gedanken in der gold- und silbervioletten Flamme umwandeln. Hier sind einige Möglichkeiten, wie Sie dies tun können.

Stellen Sie sich die Vision vor oder zeichnen Sie sie auf. Bekräftigen Sie: »Dieses oder etwas Besseres wird sich zum Wohle aller Beteiligten manifestieren.« Lassen Sie dann los und überlassen Sie es den Engel zu tun, was notwendig ist.

Stellen Sie sich die Vision vor oder zeichnen Sie sie auf. Singen Sie dann OM. Die Engel werden Ihnen zur Hilfe eilen.

Dient Ihre Vision dem Wohle anderer und der Menschheit, werden die Einhörner Ihr Licht sehen und Sie mit ihrem schneeweißen Licht unterstützen. Es ist hilfreich, die Einhörner bewusst um Unterstützung zu bitten.

Die spirituelle Praxis

Es ist sehr hilfreich, eine spirituelle Praxis zu haben, die Sie regelmäßig ausüben – zum Beispiel morgens und/ oder abends. Hier sind einige Vorschläge, die Sie Ihren Bedürfnissen anpassen können.

Erste Übung:
Spirituelle Morgenpraxis – Weihen Sie den Tag

1. Errichten Sie einen Altar, der so klein oder groß sein kann, wie Sie es wünschen. Stellen Sie eine Kerze darauf und irgendetwas, das Licht trägt – wie Blumen, Fotos oder Kristalle.

2. Setzen oder knien Sie sich davor.

3. Zünden Sie die Kerze an und weihen Sie sie diesem Tag. Vielleicht möchten Sie auch drei Kerzen entzünden, die Sie verschiedenen Dingen weihen – zum Beispiel den Tieren, Ihrer Familie, dem Weltfrieden, der Hilfe für ein bestimmtes Land, etwas Persönlichem wie Ihrer Arbeit oder sich selbst. Sprechen Sie ein Gebet, während Sie die Kerzen anzünden.

4. Rufen Sie Erzengel Michael an und bitten Sie ihn, Sie in seinen dunkelblauen Schutzmantel zu hüllen. Sie können auch Erzengel Gabriel oder den goldenen Christus-Strahl um Schutz bitten oder jeden anderen Schutz anrufen, der für Sie stimmig ist.

5. Tun Sie dann eines der Folgenden oder alle:
Bitten Sie die gold- und silberviolette Flamme während des Tages den Weg vor Ihnen zu erhellen. Sagen Sie diese Affirmation zehnmal auf.

Trommeln Sie oder schlagen Sie Klangschalen an. Singen Sie ein Mantra einhundertacht Mal. Es gibt dazu viele Bücher und CDs mit wunderbaren Mantras.

Schauen Sie sich den Orb eines Erzengels an und atmen Sie seine Energie ein.

Segnen Sie Menschen oder Orte. Senden Sie ihnen voller Freude, was sie brauchen.

Senden Sie allen Menschen oder der ganzen Welt Frieden und Heilung.

Stellen Sie sich vor, wie der Planet erstrahlt, und segnen Sie ihn.

6. Wenn Sie so weit sind, bitten Sie Erzengel Sandalphon, Sie in seine Blase zu hüllen, um Sie zu erden und Sie in der fünften Dimension zu halten. Sie können dies auch für andere Menschen tun, wenn Sie von ihnen darum gebeten wurden. Ich bitte Sandalphons Engel, an meinem Gartentor zu stehen und alle, die hindurchgehen, in eine fünfdimensionale Blase zu hüllen.

7. Am Ende bekräftigen Sie: »So sei es. Es ist vollbracht.« Lösen Sie sich dann geistig von allem, was Sie aufgenommen haben könnten.

Wenn Sie andere Methoden kennen, bei denen Sie bleiben möchten, fügen Sie diese hinzu. Wenn Sie etwas völlig anderes tun möchten, ist das auch in Ordnung. Tun Sie bitte das, was für Sie stimmt.

Zweite Übung:
Spirituelle Abendpraxis – Weihen Sie die Nacht
Es ist gut, diese Übung vor dem Altar auszuführen, aber ich muss gestehen, dass ich eine Kerze auf meinem Nachttisch anzünde, sie der Welt weihe und mich dann auf mein Kissen setze.

Während des Schlafes verlässt Ihr Geist seine körperliche Hülle und reist zu den inneren Welten. Häufig reisen Sie zu Ihrem Heimatplaneten, um spirituelle Tröstung und

Nahrung zu empfangen, aber es kann auch sein, dass Sie zu vielen anderen Welten reisen, um dort Anleitung, Wissen oder Hilfe zu erhalten, um zu heilen oder geheilt zu werden.

Bevor Sie anfangen, sollten Sie sich überlegen, wohin Ihr Geist reisen soll – zum Beispiel zu einem besonderen Portal, zum Refugium eines Meisters oder Erzengels oder zu einem anderen Planeten, um dort zu lehren, zu heilen und zu dienen oder um dort Unterweisung zu bekommen und geheilt zu werden.

1. Hüllen Sie sich wie am Morgen auch in Ihren Schutz.

2. Rufen Sie Erzengel Sandalphon an und bitten Sie ihn, Sie und alle, die Sie darum gebeten haben, in seine fünfdimensionale Blase zu hüllen. Die anderen müssen bereit sein, diesen Segen zu empfangen und ihn zu erbitten. Bitten Sie die Engel, an Ihrer Haustür zu stehen und alle, die eintreten, in eine fünfdimensionale Blase zu hüllen.

3. Tun Sie dann eines der folgenden oder alle:
Schicken Sie bestimmten Menschen oder Orten Liebe und Heilung.

Senden Sie die Friedensengel in jene Teile der Welt, die Frieden brauchen.

Benennen Sie den Ort, den Sie während des Schlafes aufsuchen möchten, und bitten Sie darum, das Höchste zu empfangen.

Bitten Sie Ihren Drachen, dieses vierdimensionale Elementarwesen, Sie zu begleiten, um alle niederen Energien zu verbrennen, die Ihre Reise stören könnten.

Bieten Sie während des Schlafes Ihre Dienste an.

Bitten Sie darum, geheilt zu werden und Energie für den nächsten Tag zu empfangen.

Bitten Sie die Einhörner, Ihre zwölf fünfdimensionalen Chakras ins Gleichgewicht zu bringen.

Bitten Sie die Engel, während des Schlafes über Ihnen zu singen.

Wenn Sie die Augen schließen, tun Sie dies in dem Wissen, dass der Schlafzustand in spiritueller Hinsicht ebenso wichtig ist wie alles, was Sie während des Wachzustands tun. Der Schlaf bietet Ihnen außerordentliche Möglichkeiten, Ihr spirituelles Wachstum und Ihren Aufstieg zu beschleunigen. Zudem können Sie anderen in dieser Zeit wirklich helfen.

Den eigenen Geist stärken

Es ist in dieser schnelllebigen Zeit leicht, sich gestresst zu fühlen. Stress erzeugt aber niedere Gefühle und Energien. Alle Themen, mit denen wir uns nicht auseinandergesetzt haben, darunter auch Themen aus der Kindheit und Jugend sowie aus anderen Leben, rücken nun ins Zentrum unserer Aufmerksamkeit. Wir leben in einer Zeit, in der wir viele Emotionen klären und loslassen können. Im Folgenden schildere ich Möglichkeiten, wie wir das Alte loslassen und unseren Geist stärken können.

Die Natur

Eines Morgens ging es mir gar nicht gut. Eine meiner Töchter hatte mich wegen irgendetwas aus ihrer Kindheit angeschnauzt, und da ich es mir zu eigen gemacht hatte, quälte ich mich, während ich darüber nachdachte. Ich war sehr wütend und aufgebracht.

Also beschloss ich, einen Spaziergang im nahe gelegenen Wald zu machen und mir von den Bäumen helfen zu lassen. Es war ein sonniger Tag, aber die Luft war ziemlich frisch. Ich sagte: »Natur, ich übergebe dir diese Gefühle.«

Im selben Augenblick merkte ich, dass sich eine Fee auf meiner Schulter niedergelassen hatte. Ich bat sie zu singen, konnte sie aber nicht hören. Das war frustrierend, aber ich wusste, dass es an meinem niedrigen Energieniveau lag. Ich spürte, dass viele Elementarwesen in meiner Nähe waren, darunter auch Gobolino, mein wunderbarer Koboldfreund. Plötzlich sangen sie alle gemeinsam meinen Namen voller Liebe und Fürsorge, und ich konnte es hören. Die Engel stimmten ein, und ein Einhorn fügte sein Licht hinzu. Es kam mir vor, als würde der Himmel mich mit Wellen über Wellen der Liebe überschütten, während sie immer wieder sangen: »Diana ... Diana ... Diana ...«

Als sie geendet hatten, trat ein Moment Stille ein. Dann erhielt ich die Botschaft: »Vergib dem Menschen, der du damals warst, und erfreue dich an dem, der du heute bist.« Noch Stunden später konnte ich die Wärme in meinem Herzen spüren und die alten blockierten Gefühle waren verschwunden. Ich versuchte mich zu erinnern, was mich so aus der Fassung gebracht hatte, aber es war nichts mehr da.

Eine der besten Möglichkeiten, Altes loszulassen, seinen Geist zu stärken und die Stimmung anzuheben, besteht darin, in einen Nadelwald oder ans Meer zu gehen und der Natur die niederen Gefühle zu übergeben. Wenn Sie bereit sind loszulassen, wird sie Sie in der fünften Dimension halten.

Die Elemente

Wasser, Luft, Feuer und Erde besitzen große reinigende Eigenschaften und verbinden uns mit jenen höheren Energien, die uns in Freude und Harmonie mit unserem Leben bringen können. Alle Elemente besitzen kosmische Eigenschaften, und wenn Sie dies verstehen und sie in Ihre Zellen einatmen, können Sie Ihre Lebensumstände tief greifend verändern. Zurzeit sind wir nicht geübt darin, mit Wasser, Luft, Feuer und Erde zu arbeiten, und erkennen daher ihre Macht nicht. Aber wenn die große Reinigung auf dem Planeten beginnt, müssen wir sie verstehen, damit wir uns ihre Gaben zunutze machen können.

Je höher Ihre Schwingungsfrequenz ist, desto weniger werden Sie von den Elementen betroffen sein. Wenn ein Sturm vorhergesagt wird, sollten Sie daher Ihre Schwingung erhöhen.

Eines Abends kündigte sich ein Sturm an, und Gaia kam zu mir, um mit mir darüber zu sprechen. Sie sagte, die Zerstörungen durch Wirbelstürme, die sich kürzlich in den Vereinigten Staaten ereignet hatten, wären nicht so groß gewesen, wenn die Menschen Kontakt zu den Elementarwesen der Luft aufgenommen hätten – also zu den Sylphen und ihrem Elementarmeister Dom.

Die Einhörner sind ebenfalls für das Element Luft zuständig. Wir können Kontakt zu ihnen aufnehmen, ihnen sagen, was die Luft tun soll, und sie bitten, sich darum zu kümmern. Hätten genügend Menschen die Sylphen still darum gebeten, auf sanfte Weise zu reinigen, die Eigenschaften der Erleuchtung zu bringen und die Fähigkeit, die Dinge von einer höheren Warte aus zu betrachten, hätte es in den Vereinigten Staaten keine Zerstörungen gegeben, und die Menschen wären ein Stück weit auf ihrem Aufstiegsweg vorangekommen.

Wir müssen wissen, was wir wollen. Wenn Schüler nicht mit dem Schulsystem zurechtkommen, können Sie die Einhörner und Dom bitten, eine Brise wehen zu lassen, die Begeisterung für das Lernen zu ihnen bringt. Gleichzeitig bitten Sie darum, diese Brise durch das Bildungsministerium wehen zu lassen, um Inspiration und Weisheit dorthin zu bringen.

Wir können das Element Luft nutzen, um den Gesang der Engel auf der ganzen Welt zu verbreiten. Um Asthmakranken zu helfen, können wir die Einhörner und den Elementarmeister Dom bitten, die Luft zu reinigen. Dann können wir die Sylphen bitten, diese saubere Luft zu verbreiten.

Engel und andere siebendimensionale Wesen sind die Essenz der Energieschwingung der Luft. Sie wollen nur das höchste Wohl aller. Wenn Sie Angst vor einem Sturm haben, zeigen Sie damit, dass Sie nicht an diese siebendimensionalen Wesen glauben. Wenn Sie während einer Brise spazieren gehen, können Sie richtiggehend spüren, wie Ihr Gehirn durchlüftet wird. Aber es passiert noch mehr, denn Sie bekommen so die Möglichkeit mit den kosmischen Mächten zu arbeiten.

Wenn wir niedere Schwingungen aussenden, blockieren wir dadurch den Fluss der Energie. Auch eine Leylinie kann auf diese Weise blockiert werden. Wenn sich die Schwingungsfrequenz des Planeten erhöht, wird die Blockade gewaltsam beseitigt werden müssen, was zu Erdbeben wie dem in Haiti führen kann. Senden wir aber siebendimensionales Licht oder Engel zu dieser Blockade, löst sie sich sanft auf. So haben wir die Möglichkeit, größere Schäden zu vermeiden.

Wenn wir uns zu viele Sorgen machen, verringern wir das Potenzial der Luft. Wenn wir unsere Schwingung erhöhen, werden wir auf allen Ebenen freier. Die Schwerkraft ist mit niederen Schwingungsfrequenzen verbunden, aber wenn wir aufsteigen, befreien wir uns von der Schwerkraft und steigen in den Raum auf. Die Gaben, die viele Menschen während des Goldenen Zeitalters von Atlantis besaßen, sind fünf- bis siebendimensionale Aspekte der Luft – zum Beispiel Telepathie oder Levitation. Wenn wir mit den Sylphen, Dom und den Einhörnern arbeiten, gewinnen wir diese Gaben wieder, denn wir bringen uns in Harmonie mit der Weisheit der Luft. Wir können darum bitten, den Geist der Menschen zu heilen, damit sie auf einer höheren Frequenz miteinander kommunizieren und telepathische Fähigkeiten erwerben können.

Wenn Sie etwas Altes loslassen und Ihren Geist stärken möchten, sollten Sie duschen, baden, schwimmen oder entlang des Wassers spazieren gehen. Segnen Sie das Wasser. Bitten Sie es dann darum, das Alte wegzuwaschen und es durch höhere Eigenschaften zu ersetzen.

Die Erde liebt Sie. Solange Sie auf dem Planeten wandeln, sind Sie seiner Fürsorge und Zärtlichkeit sicher. Wenn Sie barfuß spazieren gehen, stellen Sie eine Verbindung her, die es der Erde ermöglicht, Ihre alten Gefühle zu übernehmen und Sie mit Freude zu erfüllen. Die Erde hilft Ihnen, bodenständig, fürsorglich und fähig zu sein und das alte Wissen wieder hervorzubringen.

Feuer wandelt das Alte auf sehr machtvolle Weise um. Schreiben Sie Ihre alten Gefühle auf und verbrennen Sie sie. Atmen Sie dann die höheren Eigenschaften des Feuers wie Begeisterung, Inspiration und Vitalität ein. Wenn Sie jemandem einen Brief schreiben und diesen dann verbrennen, hat dies aufgrund der kosmischen Eigenschaften und der Weisheit des Feuers gewaltige energetische Auswirkungen.

Singen

Wenn wir singen, atmen wir tiefer. Daher nehmen wir mehr von der Energie Gottes auf. Das gemeinsame Singen mit anderen bringt uns in Harmonie und Übereinstimmung mit Menschen und Umständen.

Kinderlachen

Der Klang, der einen der Schlüssel zum Universum – jenen zum Portal der Hohlerde – aktiviert, ist unschuldiges Lachen, wie das von kleinen Kindern. Dies ist eine Schwingung reiner Freude, und immer wenn ich dieses Lachen höre, muss ich selbst lächeln und bin glücklich.

Erste Übung: Religiosität in Spiritualität verwandeln
Die Grundlage jedes Dogmas ist Angst, die Grundlage der Spiritualität Liebe. Der Terrorismus entspringt ebenso wie die Furcht vor Gott der kollektiven Angst jener, die andere durch Angstmacherei kontrollieren wollen. Das kann nicht länger akzeptiert werden und muss daher geheilt werden, bevor das neue Goldene Zeitalter anbrechen kann. Sie können das auf folgende Weise unterstützen.

Schreiben Sie den Namen der betreffenden Religion oder einer besonderen Aktion auf ein Blatt Papier und legen Sie dieses auf ein Foto der Orbs der Erzengel Uriel, Butyalil, Gabriel, Michael und Metatron, der Einhörner oder Mutter Maria.

Rufen Sie diese mächtigen Wesen an und bitten Sie sie, den Dogmatismus der Religionen umzuwandeln und ihre Energie auf das Niveau der Liebe und Inspiration anzuheben.

Zweite Visualisierungsübung:
Dogmatismus in Spiritualität verwandeln
Überlegen Sie sich, ob Sie diese Energie einer bestimmten Religion oder allen Religionen senden wollen.
1. Suchen Sie sich einen ruhigen Ort, an dem Sie nicht gestört werden.

2. Zünden Sie eine Kerze an.

3. Schließen Sie die Augen und entspannen Sie sich ein paar Minuten lang.

4. Bitten Sie Erzengel Michael, Ihnen seinen dunkelblauen Schutzmantel umzulegen.

5. Hüllen Sie sich in die Liebe, Heilung, Weisheit und den Schutz des Christus-Lichts.

6. Rufen Sie den goldenen Erzengel Uriel an und spüren Sie ihn neben sich.

7. Rufen Sie das schneeweiße Licht des universellen Engels Butyalil an und spüren Sie ihn neben sich.

8. Rufen Sie das schneeweiße Licht von Erzengel Gabriel an und spüren Sie ihn neben sich.

9. Rufen Sie das dunkelblaue Licht Erzengel Michaels an und spüren Sie ihn neben sich.

10. Rufen Sie das orangefarbene Licht von Erzengel Metatron an und spüren Sie ihn neben sich.

11. Rufen Sie ein schneeweißes Einhorn herbei und spüren Sie es neben sich.

12. Rufen Sie das aquamarinblaue Licht der universellen Engelin Mutter Maria an und spüren Sie sie neben sich.

13. Stellen Sie sich ein sehr dickes Buch vor, in dem all die von Menschen gemachten Gesetze aller Religionen aufgezeichnet sind. Sehen Sie, wie die mächtigen Engel ihre Liebe, ihr Licht, ihre Weisheit und ihr Mitgefühl in dieses Buch strömen lassen, bis es verschwindet und sich in eine riesige weißrosa Rose verwandelt, die reine Liebe ausstrahlt.

14. Sehen Sie, wie die Engel über alle religiösen Einrichtungen fliegen und die Rose der höheren Spiritualität in die Auras der Gebäude legen.

15. Sehen Sie, wie sich die Herzen und der Geist dogmatischer Menschen überall auf der Welt öffnen und golden erstrahlen.

16. Öffnen Sie sich, um einen Segen zu empfangen.

17. Danken Sie den universellen Engeln und öffnen Sie die Augen.

Den Planeten heilen

Erste Übung: Das Karma eines Landes auflösen
Merkmal eines fünfdimensionalen Menschen ist es, dass er nicht nur sich, sondern auch anderen Menschen, nicht nur seinem Land, sondern auch anderen Ländern helfen möchte, weil er erkannt hat, dass wir alle Teil des einen Ganzen sind.

Zünden Sie eine Kerze an und bitten Sie die Engel, die alten Energien des betreffenden Landes zu heilen und umzuwandeln.

Senden Sie die gold- und silberviolette Flamme umgeben von einem Kreis aus goldenem Christus-Licht mit einem sechszackigen Stern in der Mitte zu dem betreffenden Land oder zeichnen Sie diese Figur und legen sie auf eine Landkarte. Dies ist sehr machtvolles Symbol der Wandlung, das jede Form alten Karmas seit den Tagen von Atlantis auflöst.

Stellen Sie sich vor, dass das Licht entlang der Leylinien in das betreffende Land strömt.

Rufen Sie den mächtigen universellen Engel Butyalil an, der für die kosmischen Strömungen verantwortlich ist, und bitten Sie ihn, über dem betreffenden Land zu singen.

Zweite Übung:
Einem Ort oder Land positive Energie senden
Stellen Sie sich Blasen voller Liebe vor, die die Menschen dort berühren.

Bitten Sie die Engel der Liebe und des Friedens über dem betreffenden Land zu singen.

Segnen Sie die Menschen und ihre Führer mit Freude, Frieden, Integrität, Reichtum, Weisheit und allen anderen Eigenschaften, die sie brauchen.

Zünden Sie eine Kerze an und schicken Sie die höheren Eigenschaften des Elementes Feuer, um die in diesem Ort oder Land lebenden Menschen zu inspirieren und ihnen Mut zu machen.

Bitten Sie ein Einhorn, dem betreffenden Land die höheren Eigenschaften des Elementes Luft zu bringen – wie Erleuchtung und Aufstieg.

Dritte Visualisierungsübung: Den Planeten heilen
1. Suchen Sie sich einen ruhigen Ort, an dem Sie niemand stört.
2. Zünden Sie eine Kerze an.
3. Schließen Sie die Augen und entspannen Sie sich ein paar Minuten lang.
4. Bitten Sie Erzengel Michael, Ihnen seinen dunkelblauen Schutzmantel umzulegen.
5. Hüllen Sie sich in die Liebe, Heilung, Weisheit und den Schutz des Christus-Lichts.
6. Bitten Sie ein schneeweißes Einhorn, zu Ihnen zu kommen. Spüren Sie seine Liebe und sein wundersames Licht

und lassen Sie zu, dass es Sie mit Liebe und Erleuchtung aus seinem Horn überschüttet.

7. Setzen Sie sich auf seinen Rücken. Es steigt auf und Sie sehen den Planeten von oben.

8. Nehmen Sie die schönen Engel wahr, die Sie in allen Farben umgeben.

9. Lassen Sie sich vom Einhorn an einen Ort bringen, der Frieden und Heilung braucht. Bitten Sie es, Kugeln schneeweißen Lichts zu dem unter Ihnen liegenden Land zu senden. Stellen Sie sich vor, dass die Menschen und das Land diese Kugeln aufnehmen und sich öffnen.

10. Bitten Sie die Engel, von Frieden und Harmonie zu singen. Bitten Sie die Elementarwesen der Luft, diesen Gesang über die ganze Erde zu verbreiten. Hören Sie einen Augenblick lang in der Gewissheit zu, dass dieser Gesang tatsächlich ertönt, auch wenn er für Sie nicht im hörbaren Bereich liegt.

11. Bitten Sie die machtvollen Engel, gemeinsam das Licht ihrer verschiedenen Strahlen in die Leylinien des Planeten zu schicken. Schauen Sie zu, wie das Netz aus Licht erstrahlt.

12. Stellen Sie sich vor, dass der ganze Planet in goldenem Licht erstrahlt und bereit ist, ins neue Goldene Zeitalter einzugehen.

13. Entspannen Sie sich, während das Einhorn Sie an Ihren Ausgangspunkt zurückbringt.

14. Bedanken Sie sich bei ihm und den Engeln.

15. Öffnen Sie die Augen und nehmen Sie die Dankbarkeit der geistigen Welt entgegen.

Meine persönlichen Vorbereitungen

Auf der praktischen Ebene habe ich mein Heim bereits so ökologisch wie möglich ausgestattet. Ich habe eine Solaranlage und Holzöfen, ich spare Wasser, wo ich kann. Da ich an Autarkie glaube und mich selbst versorgen möchte, pflanze ich Gemüse und Obst an. Ich habe vor, dies in noch größerem Ausmaß zu tun.

Metatron hat mir versichert, dass alle zur rechten Zeit am rechten Ort sein werden. Seinem Rat folgend suche ich einen Ort, an dem das Land rein ist, und wo ich daran mitwirken kann, eine fünfdimensionale Gemeinschaft aufzubauen. Ich weiß, dass dies nach seinem Zeitplan geschehen wird, nicht nach meinem.

Aber bis dahin gestalte ich mein Heim so leicht und hell wie möglich. Deshalb habe ich auch, wo immer möglich, große neue Fenster einbauen lassen. Das macht es für das Haus nämlich leichter, die fünfdimensionale Energie zu bewahren. Jeden Tag bitte ich Erzengel Sandalphons Engel, an meinem Gartentor zu stehen und alle, die es durchschreiten, in eine fünfdimensionale Blase zu hüllen. Am Gartentor und an den Fenstern befinden sich zudem Kristalle, die sicherstellen sollen, dass niemand und nichts mit einer niederen Frequenz eindringen kann.

Sowohl Kumeka als auch Metatron erinnern mich

immer wieder daran, dass die geistige Welt Spaß und Lachen liebt, daher habe ich für meine Enkel und andere Kinder (von den Erwachsenen ganz zu schweigen), die zu Besuch kommen, im Garten allerlei Spielgeräte aufstellen lassen. Wir alle lieben das Trampolin, die Schaukeln und die Rutsche, aber der Eingang zur Höhle ist nur groß genug für die Kleinen.

Um die höchste Schwingungsfrequenz aufrechtzuerhalten, nehme ich regelmäßig Kontakt zu den Bäumen im Garten auf und ehre sie. Ich ehre auch die Elementarwesen, von denen manchmal Hunderte auf dem Gelände sind. Als meine neugeborene Enkeltochter zu Besuch kam, versammelten sie sich, um sie zu begrüßen, und wir Erwachsenen hielten einen Moment lang inne, damit auch sie sie begrüßen konnte. Die Elementarwesen waren begeistert, denn es kommt nicht häufig vor, dass sie so liebevoll einem Neugeborenen vorgestellt werden.

Bei jeder anstehenden Entscheidung frage ich mich: »Was ist das Höchste, das ich hier tun kann?« Aus diesem Grund übergab ich die *Diana Cooper School* den Lehrerinnen als eine gemeinnützige Einrichtung. Gemeinsam erschaffen wir Größeres, als ich es allein hätte können. Das war eine ganz erstaunliche Erfahrung für mich. Indem ich losließ, empfing ich mehr, als ich mir je hätte träumen lassen.

Die größte Herausforderung besteht für mich darin, ein Gleichgewicht zwischen Arbeit und Freizeit zu finden, denn es ist für mich sehr leicht, mich zu überarbeiten. Aber ich werde gezwungen hinzuhören, da Kumeka in mein linkes Ohr summt und Metatron in mein rechtes. Die beiden sagen mir, wann ich aufhören und mich entspannen soll.

Freue ich mich auf die nächsten fünfundzwanzig Jahre? Aber ja! Ich finde es unglaublich, Teil dieser unvorstellbaren Veränderung zu sein. Ich liebe die Idee, an einer neuen Lebensweise mitzuwirken, die so natürlich und nachhaltig wie möglich ist. Mein Herz singt vor Freude, wenn ich nur daran denke, meinen Weg Hand in Hand mit Engeln, Meistern, Einhörnern und Elementarwesen zu gehen und ihnen zu gestatten, mich zu führen und zu unterstützen.

Lassen Sie uns gemeinsam Freude und Lachen in die Welt bringen und miteinander in dieses neue wunderbare Leben gehen.

Anhang

Die zwölf spirituellen Chakras des Planeten

Da der Planet physische, geistige, emotionale und spirituelle Chakras besitzt, herrscht so große Uneinigkeit, wenn Menschen darüber diskutieren. Dies sind die zwölf spirituellen Chakras, die mit jeweils einem Erzengel in Verbindung stehen. Sie entsprechen aber nicht den Refugien der Erzengel.

Chakra	Ort
1. Erdstern-Chakra	London, Großbritannien
2. Basis-Chakra	Wüste Gobi, China
3. Sakral-Chakra	Honolulu, Hawaii
4. Nabel-Chakra	Fidschi-Inseln
5. Solarplexus-Chakra	ganz Südafrika
6. Herz-Chakra	Glastonbury, Großbritannien
7. Hals-Chakra	Luxor, Ägypten
8. Drittes-Auge-Chakra	Afghanistan
9. Kronen-Chakra	Machu Picchu, Peru
10. Kausal-Chakra	Tibet
11. Seelenstern-Chakra	Agra, Indien
12. Sternentor-Chakra	Arktis

ERDSTERN
London

HERZ
Glastonbury

3
SAKRAL
Honolulu

KRONE 9
Machu Picchu

Die zwölf spirituellen Chakras des Planeten

STERNENTOR
Arktis
12

BASIS
Wüste Gobi
2

DRITTES AUGE
Afghanistan KAUSAL
Tibet
8
10

KEHLE
Luxor
7

SEELENSTERN
Agra
11

NABEL
Fidschi
4

SOLARPLEXUS
Südafrika
5

Die dreiunddreißig kosmischen Portale

Die alten Kulturen
1. Atlantis – Atlantik
2. Lemuria – Hawaii
3. Hohlerde – Oklahoma, Kansas, Nebraska, Süddakota, südlicher Teil von Norddakota
4. Mu – Pazifik

Australasien
5. Weisheit der Aborigines – Uluru, Australien
6. Weisheit der Maori – Fidschi

Amerika
7. Weisheit der amerikanischen Ureinwohner – Sedona, USA
8. Großer Kristall von Atlantis – Bermudadreieck
9. Banff, Kanada
10. Weisheit der Inuit – Alaska, Arktis
11. Südpol
12. Weisheit der Mayas – Honduras
13. Weisheit der Inkas – Peru

Afrika

14. Weisheit der Dogon – Mali
15. Sphinx – Ägypten

Naher Osten

16. Mesopotamien (Irak)

Ferner Osten

17. Quelle des Ganges, Indien
18. Varanasi, Indien
19. Manila, Philippinen
20. Mongolei
21. Angkor Wat, Kambodscha
22. Guanyin – entlang der Seidenstraße, China
23. Wuhan, Ostchina
24. Ansi (Anshan), Nordchina

Europa

25. York, Großbritannien
26. Andorra
27. Vor der Küste von Marseille, Frankreich

Russland

28. Omsk, Ural
29. Sibirien
30. Agata, Nordrussland
31. Vulkan Opala, Kamtschatka
32. Gora Chen, Ostsibirien
33. Nordpol, Arktis

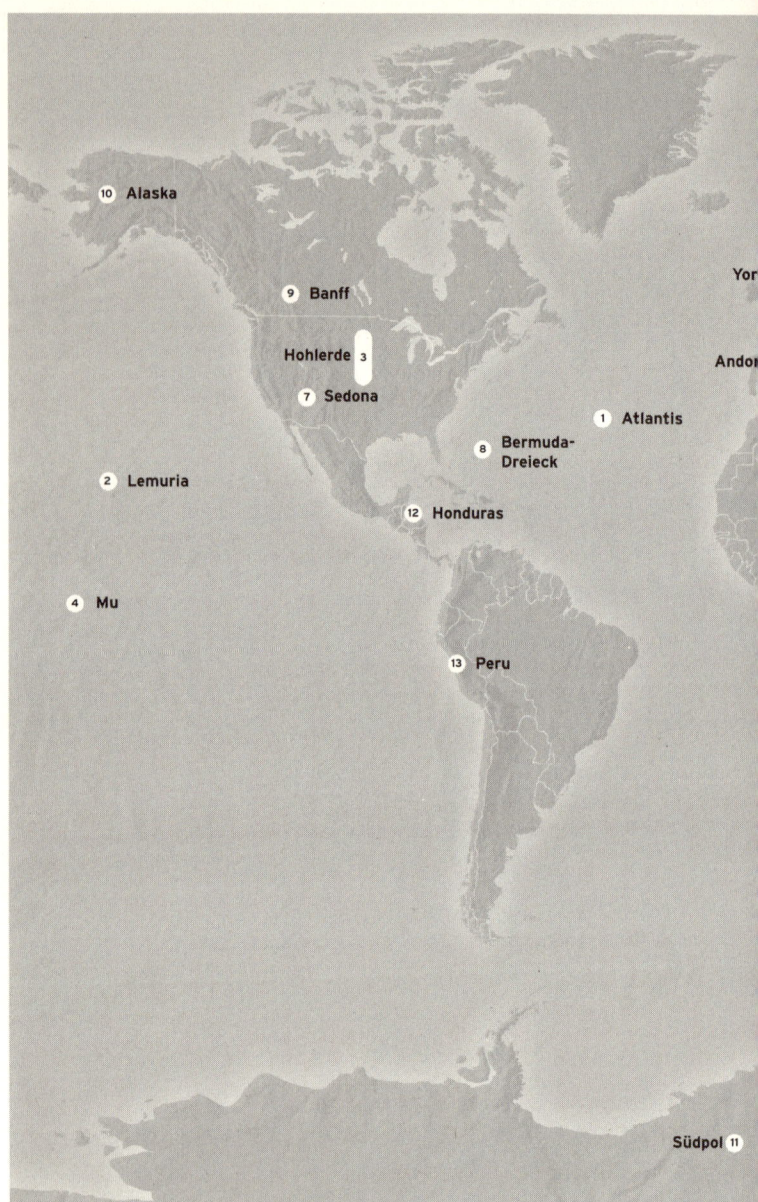

Die dreiunddreißig kosmischen Portale

Nordpol

30 Agata

Gora Chen 32   29 Sibirien

28 Omsk

31 Opala

20 Mongolei 24 Shanxi
22 Seidenstraße

Vor der Küste
von Marseille

16 Mesopotamien
(Irak)   17 Ganges (Quelle) 23 Wuhan

Sphinx 15

Varanasi 18

Angkor Wat 21   19 Manila

Fidschi 6

5 Uluru

Literaturhinweise

Diana Cooper: *Engel sind immer um uns. Bewegende Zeugnisse
für die Gegenwart der himmlischen Helfer.* Ansata Verlag,
München 2014

*Schlüssel zur höheren Welt. Entfalte die Energie und Weisheit des
Universums in dir.* Heyne Verlag, München 2013

*Das Wunder des Einhorns. Begegnung mit den erleuchteten Wesen der
siebten Dimension.* Heyne Verlag, München 2011

*Der neue Engel-Ratgeber. Schutz, Beistand und Trost finden in jeder
Lebenslage.* Heyne Verlag, München 2011

*Der spirituelle Lebens-Ratgeber. Im Einklang mit dem Universum fühlen,
denken, handeln.* Ansata Verlag, München 2003

Die Engel antworten. Himmlische Hilfe erhalten in jeder Lebenssituation.
Heyne Verlag, München 2012

Die Engel, deine Freunde. Vom Wirken himmlischer Mächte im Alltag.
Heyne Verlag, München 2008

*Die Kraft des inneren Friedens. Aus der inneren Mitte Zuversicht,
Gelassenheit und Freude schöpfen.* Heyne Verlag, München 2007

*Begegne deiner Seele. Befreie dein Herz und empfange die Energie
des Universums.* Heyne Verlag, München 2007

Ich schenke mir ein neues Leben. Sieben Schritte zu mir selbst.
Heyne Verlag, München 2005

In Licht und Liebe leben. Entdecke, wozu du bestimmt bist – und tue es!
Heyne Verlag, München 2006

Diana Cooper/Shaaron Hutton: *Entdecke Atlantis. Das Urwissen
der Menschheit verstehen und heute nutzen.* Ansata Verlag,
München 2006

Diana Cooper/Kathy Crosswell: *Orbs. Boten der Liebe, Heilung und
Weisheit.* Heyne Verlag, München 2013

Orbs. Wegbereiter für den Aufstieg ins Licht. Ansata Verlag,
   München 2010

Diane Egby Edwards: *Magical Sound.* (CD)

Jonathan Goldman: *Klangheilung. Die Schöpferkraft des Oberton-
   gesangs.* Amra Verlag, Hanau 2008

Elisabeth Haich: *Einweihung.* Aquamarin, Grafing 2007

Peter Michael Hamel: *Durch Musik zum Selbst: Wie man Musik neu
   erleben und erfahren kann.* Bärenreiter Verlag, Kassel 1992